[英国] 戴维·福特 著　吴周放 译

基督教神学

牛津通识读本·

Theology

A Very Short Introduction

译林出版社

图书在版编目（CIP）数据

基督教神学/（英）福特（Ford, D. F.）著；吴周放译.
—南京：译林出版社，2014.6（2024.3重印）
（牛津通识读本）
书名原文：Theology: A Very Short Introduction
ISBN 978-7-5447-3287-1

Ⅰ.①基… Ⅱ.①福… ②吴… Ⅲ.①基督教 - 神学 - 研究
Ⅳ.①B972

中国版本图书馆 CIP 数据核字（2012）第 219804 号

著作权合同登记号 图字：10-2014-197 号

基督教神学 ［英国］ 戴维 · 福特 / 著 吴周放 / 译

责任编辑 何本国 陈 锐
责任印制 董 虎

原文出版 Oxford University Press, 1999
出版发行 译林出版社
地 址 南京市湖南路 1 号 A 楼
邮 箱 yilin@yilin.com
网 址 www.yilin.com
市场热线 025-86633278
排 版 南京展望文化发展有限公司
印 刷 江苏凤凰通达印刷有限公司
开 本 890 毫米 × 1260 毫米 1/32
印 张 11.75
插 页 4
版 次 2014 年 6 月第 1 版
印 次 2024 年 3 月第 10 次印刷
书 号 ISBN 978-7-5447-3287-1
定 价 39.00 元

序言

何光沪

一

这套“牛津通识读本”，英文原名是“A Very Short Introduction”，意思是“很短的介绍”。对各门学科，或各个门类系统的知识，进行“很短的介绍”，做这件功德无量的事，不能不介绍“神学”——读者手里这一本，英文原名就是《神学：很短的介绍》。换言之，少了这一本，这件功德就不圆满了。为什么呢？

英国大教育家、著作家、神学家纽曼（J. H. Newman），在其对世界高等教育影响甚大的《大学的理念》一书中指出，大学（University）的任务，就是向年轻人传授“全面的知识”（universal knowledge），使他们能够恰当地认识自己、认识社会、认识世界及其根本，从而成为全面发展的人；如果传授的基本知识不“全面”（universal），就不能叫做“大学”（university），而传授的基本知识要“全面”，就不能缺少“神学”这个讨论“世界之根本”的学科。

用我们中国的话来说，“通识”就必须“全面”；“全面”是“通识”的前提。至少，对“世界之根本”一无所思，或者毫不在意，你这个“识”就不“通”，不能叫做“通识”。

二

讨论“世界根本”或“世界本原”的学科，我们都知道有哲学。但是我们又知道，哲学常常被认为是深奥晦涩的“阳春白雪”，广大民众或“下里巴人”与之无缘，或者是“曲高和寡”。那么，一般人是否就注定“无缘”考虑或探究这类问题，是否就注定浑浑噩噩一辈子，从来不会一闪念，永远不会问一问“我从哪里来”、“要往哪里去”、“我到世上走一遭，为的是什么”、“这个有善有恶、悲欢离合的世界，究竟有什么意思”之类问题呢？是否就注定对“世界根本”、“人生意义”之类问题麻木不仁、毫不关切呢？当然不是！因为，人与动物的一大区别，就是人会提这类问题，会有这种关切，哪怕只是一闪念，哪怕只有一会儿！

那么，他们的这类问题、这种关切，又如何表现、如何表达呢？答曰：通过宗教。

全人类的绝大多数，或曰在世上活过的绝大部分人，都不是通过哲学，而是通过宗教，来提出这类问题，来表达他们对“世界根本”、“人生意义”的关切。所以宗教学家发现，人同动物的一大区别，就是人有宗教。宗教学家还发现，世界上没有一个国家没有宗教，没有一个民族没有宗教；历史上没有一个时期没有宗教，没有一种文明没有宗教；早在有文明之前，人类就有了宗教，直至文明高度发达的今天，世界人口中仍有百分之八十的人信奉各种各样的宗教！

什么是宗教？按照 20 世纪数一数二的神学家兼哲学家蒂里希（Paul Tillich）的说法，宗教是“人的终极关切”，就是人生在世形形色色的关切之中，最为重大，最为根本的关切，就是对世界本原、对存在本身的关切。

什么是神学？按照当今剑桥大学神学家兼宗教学家、本书作者福特(David Ford)的说法，神学是“对宗教所提出的问题及宗教本身的思考”，也可以说，就是对人的“终极关切”所提出的问题的思考，就是对人的“终极关切”本身的思考。

由此看来，各门学科若缺了“神学”，岂止是不“全面”呢？那岂不是忽略了人作为“万物灵长”之灵？“通识读本”因有了“神学”，岂止是更“通识”呢？这实际上是在提醒人们，人生若不寻求终极，就无法真正“通达”！

三

这本“神学”，不单是对神学的“很短的介绍”，而且是很“全”、很“通”、很“精”、很“实”、很“前”的介绍。

说它很“全”，是说它在这么小的一本书里，居然论及了基督教神学的几乎全部基本论题(尽管从“目录”中看不出这一点)。正如作者所说，他的目的是要为这门学科“画地图”，即给读者描绘出这门学科虽然简略但尽量完整的全貌。他十分清楚这本书的篇幅局限和自己本身的专业局限，但他还是从各宗教共通的视野开始，再把镜头定格在“基督教神学”之上；而且他在描绘基督教神学全景之时，还一直不忘(比如说)教育、学术与社会的需要，一直不忘其他宗教的参照，一直不忘世界历史的发展形势。

说它很“通”，是说它的态度和观点十分“通达”、“开通”，或“开放”。当然，这同它的“全”是有关系的，要全面，就要开放，就不能自我封闭，不能局限一隅。例如，它在介绍神学分类时，不单列举了主流学术神学的几大类型，而且介绍了同无神论或非宗教思想相关的神学观。又如，它在论及基督教神学的焦点即“拯救”这一议题时，专门客观地介绍了佛教的观点；在论及圣经学和神学认识之时，则又引人入胜地通盘介绍了现代阐释学和哲学认识论的理论。

说它很“精”，是说它的介绍很“精练”，论述很“精到”。当然，这首先是因为作者是一位真正“专精”的专家，同时，这也同他的“通达”有关，他毕竟是“精通”此道的一位“精深”的学者。例如，在读到他用家庭关系的重要与冲突，来比喻宗教的重要与冲突，他论及“认识上帝”，竟然从“认识苹果”说起的时候，我不得不说，那十分“精彩”。又如，他把基督教神学的各项论题归并到“拯救”这一主题之下，把对上帝的认识引申到对“智慧”的寻求之中，这些都令我不得不佩服他的“精辟”。

说它很“实”，是说它很切近于社会的实际、学术的实际、人生的实际。它一开头就关注于现实社会的种种“洪流”（政治的、经济的、文化的等等巨变）如何冲击当代的神学，而且到最后也不忘神学对学术和教育、对教会和社会应负的“责任”。它对神学学习的实际步骤，例如语言训练、文本阐释、历史理解等等，一板一眼，娓娓道来，可使年轻时“失学”的我这一辈“学者”得以明白，我辈缺陷何在；也可使有志于此的年轻学生知道，应该如何入门。它更指出了神学的实践特征，从开头以“经济学应该关注影响经济走向”为譬喻，到中间讲“神正论”不重在“解释罪恶”而重在“抵制罪恶”，再到最后讲认识上帝靠的是爱的实践，要用“决定”的行动来塑造自己的人生，无不如此！

最后，说它很“前”，是说它很“前沿”，很“先进”，或者“很新”。这本“介绍”尽管是基本的介绍，却并不陈旧，而是体现了这一学科发展的新动态，包含了不少新观点和新内容。例如，它从“宗教学”（此书译为“宗教研究”）的角度入手讲“神学”，这本身就是西方神学破除多年旧框框（例如一些大学神学系改名为“神学与宗教学系”）的一个反映。它对其他宗教教义的开放态度，它对所谓“比较神学”任务的讨论，则反映了西方神学界和宗教学界适应宗教多元化形势，建设“诸宗教神学”（theology of religions）的新趋势。此外，它对于当代阐释学、认识论以及一些当代神学家理论的引用，也处处显示出其虽然属于“基础”介绍，却仍然处于“前沿”位置。

四

最后，我必须说，这本小书使我想起了我同作者的两点小“缘分”。

一是 2002 年夏天，我和妻子同香港道风山的汉语基督教文化研究所总监杨熙楠一起，在爱尔兰参加“第三届欧洲中国普世会议”（The Third European Ecumenical Conference on China）之后，专程到剑桥大学拜访过福特教授。在他家里喝过福特太太煮的午茶之后，福特先生又亲自带我们参观他们那在剑桥别具一格的新办公楼。交谈时间虽然不长，但是福特先生的亲切和热情，给我留下了难忘的印象，我也至今珍藏着他赠送的小幅水粉画——剑桥大学著名的“数学家桥”。

二是我现在写这篇文章之时，正作为上述研究所“驻所教授”，身处道风山山麓之下，而我的主人正是杨熙楠先生，还有研究所的研究员林子淳博士。林博士恰好就是我当年访问福特教授时，在他家里见到的他的博士研究生，现在已经是一位很有成就的学者了！

时过八年，手捧福特先生这本小书，脑海里浮现出在他家喝茶的情景，觉得这个世界真的很小，真的很奇妙！

2011年2月2日—10日

于香港道风山下

目录

第一部分 对该领域的描述 1

1 导言:巨变中的神学与宗教 3

2 神学与宗教研究:该领域的形成 15

第二部分 神学探索 31

3 思考上帝 33

4 上帝面前的生活:崇拜与伦理 48

5 面对邪恶 67

6 耶稣基督 82

7 拯救——范围及强度 102

第三部分 技巧、学科与方法 121

8 从过往到当下:文本与历史 123

9 体验、认识与智慧 141

第四部分 前景展望 163

10 面向第三个千年的神学 165

索引 171

英文原文 179

第一部分

对该领域的描述

第一章

导言:巨变中的神学与宗教

泛言之，神学即是对宗教所提出的问题及宗教本身的思考。下一章,我们将对神学在学术意义上更为确切的定义加以审视,但就揭示神学领域的范畴来说,上述定义目前而言也就够了。

据估计,全球人口中有四五十亿人都与世界几大宗教有着直接关联,而且除此之外尚有其他许许多多的人受到宗教的影响或者对宗教所提出来的问题饶有兴趣。媒体对宗教的兴趣非常之大,且通常都是在坏消息里体现——这倒也不难理解。不管是在所谓“多事之地”还是在其他形势不甚紧张的区域,世界范围的冲突当中有不少(或者说十有八九)都带有明显的宗教特征。就在落笔之时我还记得过去几个月的一些新闻报道,这些报道侧重于问题的宗教因素，而新闻的发生地几乎遍及全球:北爱尔兰、法国、前南斯拉夫、前苏联的许多地方、中东、印度、巴基斯坦、阿富汗、缅甸、斯里兰卡、印度尼西亚、美国、墨西哥、萨尔瓦多、巴西、阿尔及利亚、苏丹、埃及、尼日利亚、南非、卢旺达、布隆迪及肯尼亚。

但这只不过是冰山一角。为什么如此众多的人都认为宗教是那么富有争议,那么重要,以至于在看到自己的宗教存亡攸关时，他们会争斗、会痛苦、会作出巨大牺牲？答案是，宗教事关生活的整个形态。显而易见，宗教在不同群体和个人生活中的作用可大可小，但通常宗教所做的是对生活整体诸多层面的塑造。世界几大信仰千百年来全面地影响了各种文明，并与不同的文化、不同的经济和政治体系共存。就个体而言，涉足宗教往往会影响人们看待现实的方式，影响人们的所信所思、所感所为，甚而至于影响婚嫁对象，以及各种各样对其身份认同至关重要的事。

凡此种种，无怪乎宗教总是争议的渊薮。家庭是暴力犯罪最频繁发生的场所，而最深厚的情感、最亲密的关系、最不可推卸的责任又都汇集此处。就其对人们的深刻影响而言，宗教与家庭生活有不少相似之处，不管是好是坏，对人们的身份认同和行为方式都至关重要。“败坏至善便是至恶”——正是这些至关重要的东西才有可能造成极端的错误。如果对我们的影响不是那么深刻，其毁灭的力量也不会如此巨大。

与家庭一样，宗教的许多影响根深蒂固，无所不及，令人难以察觉。因此，即便是那些自认为已经抛家舍业或放弃信仰的人，通常也还是会继续受到家庭或宗教的影响，还是得有个新的家庭或者新的信仰之类的东西才能觉得生活如意。对于处于信仰危机或者信仰转变当中的人来说，在苦苦思索那些重大问题的时候，少不了要触及宽泛意义上的神学。

那些悠游于某一特定信仰的人也同样会遭遇他们自己的重大问题。世界上各种宗教的千百万信众都在殚精竭虑地思索着他们的信仰及其内涵。问题不断出现，不是没有现成的答案可资参考，就是答案一大堆，且都看似合理。上帝（或者安拉，或者用于其他信仰的同等称呼）是如何卷入当今世界以及我们的生活的？我们应当给孩子们教些什么呢？但凡安乐死就一概错误吗？家庭、学校、职场以及军队中都应有什么样的道德标准？现代科学对我们的信仰意味着什么？有没有对恶的辩护？该如何理解死亡？我的使命是什么？我该如何解读经书？我该遵从怎样的权威，遵从到什么程度？对于金钱我们应持何种态度？祈祷和礼拜到底应当摆在什么样的优先位置？信仰的真理性如何才能得到检验和巩固？

因此，不管个人在某个信仰群体及其机构中处境如何，都免不了会碰到神学问题。

关于本书

千百年以来，尤其在当下，上述及其他一些问题是如何被提出来的，又是怎样获得解答的？想要对此一探究竟的人正是本书的目标读者。

倘若在某一问题的探讨上更有早行人，向关注过这一问题的前辈们讨教自然是情理之中的事。只需对神学稍有涉足，我们便会发现一个由千百年来世界各地男男女女组成的令人向往的群体，他们也曾苦苦思索着我们今天遇到的问题，或者曾经提出过别样的问题，有过别样的回答，而我们却从未想到过。当研究者接触到古往今来的大思想家们的思想时，一个共同的反应是："他们就是在直接说给我们听。"但也常常会听到有人说："真够新奇！可这讲得通吗？怎么还有人那么想？"希望读完本书后，读者诸君不仅会或多或少地感受一下上述两种反应，而且也已经学会如何超越这两种反应。"这听来千真万确！""这根本就不可能正确！"——两种反应都很极端，但在实际中却都能引人走向神学研究。也就是说，两种极端反应激励我们去进一步思考，尽量利用所有资源，包括已有的最精妙的思想。许多醉心于神学问题的人，终其一生都不知道借助已有资源来使自己的思考更为广博、深邃和切适。本书要做的就是试图使读者免蹈此辙。

首先要说明的是，本书介绍神学的方法是以研究促引导，并邀请读者身体力行。有些导论或以有关神学研究之可能性的问题展开，或以研究方法的问题展开，讨论的是该采取怎样的推理和认识方式，或者需要什么样的技巧。这些问题虽然都很重要，但直到本书结尾部分我才会具体论及。在此之前，我想做两件事。在第一部分我将简要描述自己如何看待当前的宗教现状和学术现状（第一章余下部分），以及在此背景下的神学学科和宗教研究的情况（见第二章）。接着在第二部分我将探究神学，给出神学对一系列关键问题所作思考的例子（第三到第七章）。完成了这两部分，我才会更为细致地去分析这种思考从何而来——对语篇、经文、传统的运用，历史探询的本质，经验、理解、认识的方法，以及追求智慧的无上重要性（第八和第九章）。最后，第四部分（第十章）将展望未来，以期在神学进入第三个千年之际作出简要的预言性补遗。

究竟是专注于某一主要的宗教传统，还是介绍多种传统，这个问题让我费尽思量。权衡再三，我决定通过基督教神学使讨论得以集中。首先，最实际的考虑就是本书意在提供“简介”。宗教至少跟语言及伴之而生的文化同样复杂，同时又与它们同样多种多样，影响久远，很少有人指望着小小简介能同时论及好几种宗教传统。有鉴于此，我的原则是，力图通晓一种“语言”，而不犯险，弄得到头来像个游客似的对几种“语言”都浅尝辄止。丛书中有些书专就犹太教、佛教以及伊斯兰教进行探讨，本书并非基督教简介，但就其他几本书对相关信仰的思考来说，倒的确是种补充。第二点考虑是，要想对神学思考有所了解，较之每次引入新话题都得重起炉灶来说，有个共同的体系显然更为有利。这使得我们的讨论能够更加深入，各章关联更多，而当我们在第八、第九章进行反思时，那些与不同经书、宗教传统以及学术体系相关的、复杂得不可想象的任务也得以避免。第三点考虑是，基督教是世界上最大的宗教（当前具体规模如何，估算各有不同，但介于十二亿五千万到十五亿之间的信徒应该是有的），在各类三级学院中专攻基督教神学的学生和教师数量远远多过研究其他神学的，并且借由现代性（定义见下文）的启示，基督教进行了深入的神学思考（这一点恐怕只有犹太教能与之比肩）。最后一点考虑是，基督教神学乃是我的学术专攻领域。

因此，本书主要是通过基督教的例子来进行神学思考，但同时也试图以某种方式激发与其他宗教传统相关的类似思考，激发不同宗教传统中的思想家们富有成效的思想交融。

多重洪流冲击下的当代神学

有宗教信仰也好，无宗教信仰也罢，所有领域中都有人被神学问题深深吸引——我在上文对这种情形进行描述时是节制的。这种明显经过了调整的描述，在数百年间、在许多有别于今的情况下大概还算是准确的。宗教的重要性一直伴随着人类历史，宗教频繁地引发冲突和质疑，人们不得不解决信奉与不信奉宗教的问题（尽管对于某些群体而言，信奉与否难以判定）。作为探究神学的背景，现在我想来问问，我们这个时代有什么特别之处。

我的回答是，我们这个时代似乎有一个显而易见的区别性标志：正在发生的种种嬗变，节奏快、程度深、涉及面广。

要对“现代性”追根溯源很不容易。它起自欧洲文艺复兴？伽利略？宗教改革？牛顿？对南北美洲的殖民？资本主义的兴起？具备军队和官僚机构的民族国家？启蒙运动？法国和美国的革命和民主制度？还是起自工业革命？种种事件揭示了一系列变化的不同方面，这些变化都堪称史无前例，并且意味着一个巨大的变迁：正如在其他领域一样，在宗教领域从20世纪的视角来看也理应以“此前”和“此间”来区划不同的历史时期，不管过渡期可以追溯到哪里。所说的不同方面包括文化、科学、技术、宗教、帝国、经济、政治、社会以及知识。它们联动共进，形成了一种不断变化和革新的力量，成为现代性的永久特征。自主要滥觞于欧洲（实际的起源非常复杂）起，这种力量已遍布全球，见诸多个领域，如战争与武器、市场资本主义及其国际公司、通信、大众传媒及信息传播，还有污染、毒品和流行性疾病等伴生问题。

这一时期的影响一直以来都势不可当。上述生活的方方面面无一能保持实质上的连续性，这对个人、群体、整个民族、区域、宗教都造成了身份方面的巨大问题。即便在保持连续性方面煞费苦心，这种防守性的努力在发生了根本改变的背景下也只能事与愿违，到头来保住的东西其实已然走样。

高等教育在此形势下又如何呢？上个世纪，在大众教育风行全球之际，各级教育机构的数量成倍增长。同时出现的还有史无前例的知识大爆炸。所有传统的学科都得以扩充，许多新学科和学科分支也得以增设。除此之外，新的信息交流、存储和提取方法使得来自全球各地、关于所有历史时期的信息变得更为庞大,其结果又是一幅势不可当的景象。就算是刚刚着手,想要对这个资讯丰富、运行日益复杂的社会应付裕如,也应视教育为重中之重。

宗教又是怎样？因为触及生活的方方面面,宗教受到了种种变迁所引起的深刻而复杂的影响。各大宗教都植根于前现代时期,它们需要与传统保持足够的一致,因此,现代性永不停歇的变化和连根拔起式的影响对它们冲击尤其猛烈。各大宗教的应对之策不尽相同(这些应对之策在各大宗教内部都有表现),从一个极端到另一个极端,有的为了“与时俱进”一变而面目全非,有的极力抵制任何变化,一仍其旧。

多重洪流冲击下的宗教还有一个更加关键的特征。大多数宗教自身几乎要被洪流淹没——或者被上帝（或其他的某位神,不管我们如何称呼那位对于人类而言至高无上者);或者被超越我们的某种力量所发出的启示或指令,这种力量会促成根本性改变;或者被祈祷、冥想、修行以及其他需要全身心投入的活动。面对洪流压境,各种宗教都有数个世纪的前现代的经验。洪流压境不单是上帝使然，也是由人类自身的状态造成的,如疾病,饥荒,战争,邪恶,情欲,对金钱、名誉和权力的迷恋,暴饮暴食;还有比较正面的,如对真善美的狂热追求。

换言之,每个宗教在或好或坏的大形势下总能创造出自己塑造生活形态的智慧。在前现代时期,每个宗教都经历了危机和重要变迁,在此过程中,除了其他事宜,它们都需要进行艰难的思考和缜密的辩论。这些宗教今天所面临的一个关键问题是,他们曾经的所思所悟,以及其他思想资源,能否应对各个层面出现的空前变化。每个宗教都有数百万接受了良好教育的信徒,他们置身于资讯丰富的“学习型社会”之中,每天都会面对来自媒体和其他渠道的对其信仰的挑战以及别样的选择。他们的反应会有什么样的特点呢?

我所定义的广义神学正是由此入题的。身陷现代性的变化之境,同时汲取一种或几种宗教信仰的智慧,神学就是这样思考着自己的各种问题。是信徒也好,不是信徒也罢,对于被这些重大问题所深深吸引的人们来说,惊惑、怀疑、崇信、权衡、讨论、阅读、倾听、冥想、审辨、裁决,往往都是家常便饭。各种影响都得承受,从礼拜、教育、布道,到小说、工作经历和苦难。有谁能说清在实现判断、决定和基本定位的过程中,什么是决定性的?也有一些组织、群体、教会联合会、讨论会、宗教会议以及理事会,他们对这些问题的思考更多地着眼于社会,并且具备更多的官方性质。没有直接参与其中的人,大多数对于头脑里、家庭中以及更大的群体内部的这种活动鲜有觉察。但是,在现代性错综复杂的问题当中,这种活动的特征对个体的生存方式、对群体和信仰的塑造都非常关键。

到目前为止,我所谈论的都是广义神学,也就是对宗教所提出的问题以及宗教本身的思考。但我也提到了另外一处各种洪流涌动的地方:高等教育——在此我指的是教育机构,尤其指第三等级的教育机构(大学、继续教育学院、职业学校,以及研究班)。现在我要总结性地提出三点,这三点会将目前的介绍性讨论与第二章对学术意义上的神学的全面探究联系起来。

首先,高等教育中的神学处于上述各种洪流的汇集之地。宗教正在从根本上遭受着洪流的冲击,同时也经受着巨大的变革;高等教育深陷现代性之中,既在塑造现代性又在研究现代性,同时自身也经历着各种重大变化;学科的成倍增长,再加上知识大爆炸,对一个有赖众多学科的课题冲击尤为巨大。要想找到一个与神学和宗教毫不沾边的学科可不容易，下章将会讨论这种情况所引发的问题。

其次，在某些学术场合，神学的处境尤其敏感。我指的是那些不是由教会或者宗教团体所办，但教授神学的教育机构。这其中是有些风险的，可能会有这样的情况：一方面，宗教团体并未真正"掌控"这些机构，甚或对之颇有疑虑；另一方面，其他学科总想将异己之学去之而后快——比如，既然大多数神学问题都是在哲学或者思想史的课堂上讨论的，为何不能把《古兰经》研究放到阿拉伯语系，把《新约》纳入经典文学这门课程？但这可能也会带来一些正面的结果，比如，神学与其他学科的联系会更加多样，其他学科与宗教团体之间的关系可以得到调停，宗教的意义、真理、实践及美等问题或可被赋予应有的学术意义，因为好也罢、坏也罢，宗教自古及今总是举足轻重。

最后要说的是，还有一个问题，它使得上述有关现代性的讨论可以更进一步，因此有必要用一个总结性的简短章节来专门阐述。

神学与后现代性

有个说法已经流传了一段时间，它认为我们所处的时代算是"后现代"而不是什么现代。这一说法意味纷纭。我的理解是，上述说法首先指的是 20 世纪那些削弱了人们对现代性的信心，对人们造成了精神创伤的事件和形势。世界大战；法西斯主义意识形态和恐怖；纳粹大屠杀；种族灭绝；核武器的使用；现代科学和工业所造成的毁灭性、污染性及不公正的后果；现代文化中生活的琐碎化；许多现代社会当中的性别歧视和种族偏见：所有这一切已使现代性相对于早前及其他"苟延残喘"的文化所貌似具备的优越感和复杂性所剩无几。换句话说，上文罗列的现代巨变并不一定都是好事。变化并不一定意味着进步。

此外，哲学、神学以及其他思想领域促成了一种氛围，即彻底怀疑一切对生命的整体理解。它们尤其关注人类存在的关键“整合因素”。

例如，我们试图理解生活的方式之一，就是将自身看做某个无所不包的历史或者戏剧的一部分。它有可能是我们的家族传说，民族的传奇，上帝涉足人间的故事，人类进步的叙述，革命运动的记录，甚或是电视上的肥皂剧。后现代的思想家们对这种整合体验的方式极为怀疑，并试图表明这些故事有多种不同的叙述方式。总之，他们已经颠覆了无所不包的“元叙述”这个观念。“元叙述”一词是指将现实通过类似于故事的情节进行整合的那些方式。这样的例子包括：马克思主义关于资本主义发展的论断，即资本主义必然遭遇随之而来的革命，促成一个无阶级社会；或者“人类进步的神话”，认为历史是一个不断进步的过程；或者传统基督教的元叙述，从创世到耶稣基督的生、死以及复活，到历史最终的圆满完结。后现代思想家们怀疑，这样的元叙述实际上只是有权势者将符合自身利益的有关现实的观点强加于人的手段，后现代主义强调的则是经验和历史所具有的支离破碎甚至荒谬的本质。

整合因素遭受抨击的第二个例子就是人类本身这个概念。这个概念可以被视为调适、内驱力和吸引力的综合体，它在现代条件下已是支离破碎甚或被彻底打碎。一个人的身份没有中心可言；来自外部以及我们本身（尤其是潜意识和无意识）的多重压力将我们摧垮；在所有这一切当中，我们非常随意地屡屡尝试着创建并重建自己的身份。

第三个例子是对理智或者理性丧失了信心。这种丧失被视为提高主导能力的训练。“知识就是力量”，并且被用来对人进行操控。理性辩论被看成是强权群体用以达成自身目的的强制手段，因而深受怀疑。他们试图控制教育、研究方向、交流、博学之士和权威人士，以及被视为渊博的、真实的东西。语言尤其备受关注：语言所指的是否果真就是现实，或者它不过是为权力和控制服务的一套辞令？如果对语言比附现实并创造一个可信的、意义共享的世界的能力毫无信任，推理就无从谈起。

对神学的这种后现代怀疑会产生什么样的结果呢？由于神学通常需要一个包罗万象的故事，需要在人类自身（或灵魂）中寻找某种整合与连贯性，并运用理性的辩论，所以这种怀疑往往就成了后现代思想家们首先怀疑的对象。极端的后现代主义将一切明显与以往神学衣钵相传的神学思想都排除在外。

不过，后现代思维对于本书将要呈现的神学概念还是有所助益的。即便承认后现代思维对叙事、自我以及理性辩论的极端怀疑确乎难以为继（第八章和第九章将对此进行讨论），这种思维总还是积极有效地使现代性在更佳的视角中得到审视。各种形式的理性已经信心满满，甚至经常是盛气凌人地主宰着现代生活的主要领域，而通过对现代性消极方面的敏锐发现，以及对各种理性的压迫可能的揭露，后现代思维已经使现代性得到了更好的审视。认为前现代陈旧落后、没有意义而对其不屑一顾，以为我们已经将其超越，这些想法不能再被视为顺理成章。走出那种优越感的禁锢，心怀敬意，我们大可以放开手脚地去接触前现代的各种资源，甚至可以期待从中获得教益。换成神学的方式来进行表述则是，后现代性有效地揭露了近几个世纪以来造成可怕后果的“偶像崇拜”。后现代批评容易走极端，其怀疑趋于虚无主义;但好处是,现代的优越感更难以为继,因此深深植根于前现代之中的宗教更有理由被视为当前生活及思想的塑造者。

后现代性的最后一个相关特征就在于它将大众文化和"高雅"文化混合在一起。在建筑、小说、诗歌、音乐以及其他媒体当中,我们经常会发现以往被称为"高雅"或"经典"的东西现在以全新的方式被广为接触,而其间的界线也变得难以划清。对于神学来说,这一点非常重要,因为,要想时刻了解数十亿信徒以及其他试图回答神学问题的人看待生命这一问题的实际状况,神学就必须不断地跨越理论与实践、复杂方法与一般理解、准确的术语与常识性意义之间的界限。那些公认的最伟大的神学家已经将精神方面的复杂性与一种能力结合起来,这种能力就是将自己的思想与日常生活相联系的能力。后现代思想的某些方面给人的印象是,它们已经迷失于深奥的语言游戏;然而,还有另一些方面,它们勇往直前地跨越各种边界,以期把不同层次的、通常互相孤立的文化整合到一起;自认对宗教群体、公众生活以及学术科目肩负责任的神学,都可以从这些观点中获益良多。

下一章将会更细致地审视学术背景下的神学。

第二章

神学与宗教研究:该领域的形成

上一章宽泛地将神学定义为对宗教所提问题及宗教本身的思考。随后,又就种种洪流的冲击对现代世界作了描述,其中,宗教既是洪流促成者又是洪流当中生命的塑造者,而神学正是在这种背景下追寻着自己的问题。我还简要描述了教育和研究领域的某些洪流,那里正是学术神学的厕身之处;我也提出了,所谓"后现代性"这一现象在某些方面对神学是有帮助的。现在,应该更密切地来审视学术意义上的神学了。

广义的神学定义该如何展开,才能适用于学术意义上的神学呢? 我的看法是,神学应对的是着眼于宗教所提出的关于意义、真理、美和实践的问题,这些问题需要通过一系列的学科来探究。这个提法意在将各种机构中的神学悉数囊括,因此仍然很宽泛。神学的研究背景各不相同,这一点既重要,又颇具争议,当下就必须面对。

超越信仰声明式的神学和中立的宗教研究

要想修一门神学课程, 那就可能要去下述三类机构之一。各机构混杂不堪,层次各异,为了简单起见,我想描述一下进入神学的三种基本途径。

首先，你可以前往与某个教会或者其他宗教信仰相关的机构。由于对主办的教会或其他团体负有责任，那里研究的神学可能就是“信仰声明式”的。

其次，你可以去大学或者学院的“宗教研究”系。在那儿，数种宗教通过不同的学科得到研究。在不同的宗教中，神学会作为历史的组成部分或者生命的现象现身。这里的主要关注对象是宗教思想和实践的意义、分析、两者间的相互关系，包括它们与其所处背景之间的关联方式。不停地追问神学的真理性，或是试图创立一种富有建设性的神学，通常都会被泼冷水。

最后，你还可以去修一门“神学与宗教研究”课程。在这门课上，你或许有机会通过不同学科去研究不同的宗教信仰，并以描述的、批判的，同时又具有建设性的方式去探究真、美以及实践的问题。这样的课程大部分都设在大学里。

环顾欧洲、北美及其他地区，高等院校中在我看来属于“最佳做法”的范例当中，能胜人一筹的往往就是那些努力将神学与宗教研究相结合——或者更进一步，干脆拒绝承认对二者作任何简单区划——的研究方法。现在的情况似乎是，在顶尖的宗教研究中心，大家通常不会违心地认为某个学者能完全中立，不偏不倚。他们也明白，画条线，声称在对宗教进行学术研究的过程中，探究真理和实践的问题只能到此为止，不可逾越——这根本就是独断妄为。承认了这一点，宗教研究就必须给理性信仰保留空间，使建设性的、实践的神学得以确立。这就好比经济学系不单要关注经济史、计量经济学，关注描述、分析、创建经济理论的各种方法，还要关注在现在和未来应该以何种方式影响经济走向。影响因素可能包括建设性理论、优劣判断、社会政策和政治方针，以及整个世界观。

在顶尖的神学中心，另一种趋向已悄然出现，以弥补不足。他们意识到，如果上帝真真切切与整个现实相关联，那么他们要关注的就不能仅限于宗教研究范围内的那些东西，其他学科，如经济学、医学、自然科学以及法学都应有所涉猎。神学中有关美、真理、实践的重大问题需要尽可能全面地从其他诸多学科那里得到充实。

所有这些意味着，不是要在“信仰声明式”神学和“中立的”宗教研究之间作非此即彼的选择，而是要对之进行超越。但这并不是说该领域从此就是同质的，而是意味着，对不同机构的划分有了其他方式，不再是简单的二元划分。继之而来的一个关键问题就是：现在拿什么来对它们进行划分呢？

神学与宗教研究：目的与责任

不同机构之间最明显的区别在于其主要目的。如果你要去的是神学院或者其他与基督教会相关的机构，可想而知，其主要目的就在于提供基督教徒投身教会及社会所需的教育和训练，不管他们是否担任神职。大学院系的主要目的则是就各类宗教信仰进行学术研究。但我在前文主张，神学和宗教研究应当你中有我，我中有你。如此，怎样才能最好地描述二者之间的异同呢？

为此我提出了“责任生态”这个概念，它对神学和宗教研究来说均可适用，但在两者当中所占的比重却各不相同。这里所说的责任有三个基本取向。

第一是面向世界范围内的学术群体及其学科。这种责任在学术意义上能做到尽善尽美自然最好。其目的不仅在于给意义与真理的问题以公正评判，同时也是为了关注奉献、行为规范以及价值等问题。这涉及到对文本、历史、法律、传统、实践、制度、思想、艺术等的研究,因为它们自古及今都与宗教不无关系。伴随这种研究取向的是传授知识的责任——尽可能提供最好的教育。

责任之二是面向教会及其他宗教群体。这离不开第一点责任的履行——教会和其他宗教群体需要对与自身相关的问题展开高质量的研究和讨论,需要拥有受过良好教育且通晓神学的成员以及其他人。宗教界属于学习型群体,他们从与其他学习型群体的互动中获益,同时也需要培养自己的教育机构。当宗教群体对研究、学识及理性信仰持消极态度,或者未能明智地面对重大问题、发现及事态发展时,曾经产生过灾难性的后果。而当理性信仰、深入的学习与富有想象力的智慧携手并进时,也曾取得过非凡的成就。

责任之三也许是学术界和宗教界都最容易忽视的。它所面向的是整个社会。对于许多有关政治、法律、经济、媒体、教育、医疗及家庭生活的讨论, 宗教和神学方面的关切都至关重要。但是,对于这些主题,高质量的、具有神学见解的关注应该向何处寻觅呢?若没有跨学科、跨信仰群体及跨国界的通力合作,就很难真正认清问题的复杂性。这或许正是当前世界神学图景中最大的缺憾。

如果这就是涵盖了学术界、宗教界以及不同社会的"责任生态",显然,不同的机构在其中会有极为不同的侧重点。所有机构都应该在原则上承认这三种责任,但他们对这些责任的平衡则可能大不相同。如何恰当地进行平衡,这需要深入、彻底的讨论,其中神学思考起到了根本作用。事实上,世界上最好的做法就体现了这一点。不过,核心意思还是很清楚的:通过指明基本责任来对这个主题的不同形态进行区分，这比在神学与宗教研究之间创造一个二元体制更能令人满意。

在本书余下部分，我将假定，当神学能向不同学科、各信仰群体以及关于重大公共问题的各种讨论学习，并反过来对之进行补益时，这门学科最为繁荣。但现在，我们该由这个领域的机构形态转向其思想形态了。

基督教神学的类型

不同背景中基督教神学的情况可谓五花八门。在贸然涉及具体话题之前，我会先描画一幅该领域的地图，帮我们指引道路。我将提出一种思考基督教神学的方式（其实我要讲的许多内容对其他宗教的神学也同样适用），比起媒体或其他人惯用的标签，这种方式更有助于理解基督教神学的多样性。

最常见的标签是效仿政治学的：保守神学、自由神学、激进神学。这些术语的优势是揭示了基督教神学的一个关键问题：过去如何与现在及未来相联系。假如你是“保守的”，这通常意味着你想保留过去的某种形式，抵制现在的变化。“自由”意味着你轻松自如地面对过去的权威，面临当代的各种要求时更能接受变化——其神学诉求是上帝本身及上帝赋予人的自由。“激进”意味着你能接受根本的改变，往往借助于诉诸耶稣及早期教会基督教的根基。

保守、自由、激进的这种划分，问题之一就在于它们将各种实际差异很大的神学混为一谈。神学家们在处理今昔关系方面迥然不同，神学的不同类型也就由此产生，对此我们需要更合理的方法来加以识别。18 世纪以来，英国和德国思想界是如何看待耶稣基督的呢？在就此问题撰文讨论时，由于当时对神学理论的描述乏善可陈，美国神学家汉斯·弗雷时时受挫。那些描述过于粗糙，没有抓住至关重要的一些区别。因此，他决心有所超越，并最终得出了在我看来最有帮助的神学类型的划分方法。（汉斯·弗雷，《基督教神学的类型》）他本人对于克服神学与宗教研究之间的分裂也非常关注，而他的类型划分图与本章业已提出的有关机构形态的结论极为契合。

五种类型，两个极端

弗雷的基本想法就是将神学划分为五种类型。想象一条线，两端之间夹有三点，两端代表了基督教与现代性或后现代性相关联的两种截然不同的方式。

一端，即第一种类型，将某种当代的哲学理论、世界观或行为事项完全放在首位。比如，现在假定你是一个持无神论的唯物主义者，你相信物质是唯一的或者说终极的现实，由此，万事万物都能被理解，而物质的宇宙只是"无知觉的现实"，不需要任何进一步的解释。你会极度怀疑基督教神学。你坚信自己的世界观更加可靠，但凡涉及神学讨论，你总是以自己那一套去评价。你能够利用有关宗教和基督教的种种"解释"——但那只是在史学、遗传学、心理学、经济学、社会学、哲学等方面。所有这些学科当然都能以非唯物主义的方式加以理解，但你所相信的是无神论和唯物主义的解释。所以，你评判神学观点的依据是看它们是否符合你的体系，而大多数并不符合。

或者假定你所笃信的是某种伦理体系——一套尊重人、尊重环境的伦理，男女平等的视角，一种对人类幸福最大化的关注。你出于其他理由对这套体系深信不疑，在接触基督教神学时你的判断会受其支配。与持无神论的唯物主义者不同，你会发现许多在你看来可以接受的东西——上述每种伦理观点都有其基督教版本。但你并不是在参与基督教神学的讨论:你已经拿定主意,接受的只是适于自己体系的基督教的只言片语。

或者假定你对上述各种探求真理或伦理的方式都不认同,对你而言,世界观并不主要是靠头脑来领悟或者凭意志去行动:它是用想象去构想种种可能。你不会像唯物主义者那样言必称客观真理,或者用明确的伦理原则来指导自己的行为。相反,你与种种可能性周旋,找寻有意义的事物,并把它当做令人愉悦的生活模式。对你的选择无法给出评判标准——生活就像一项没有外部标准的艺术活动,你总是在尝试着不同的选择对象和生活形态。基督教可以成为富于想象力的种种可能性的源泉,但它们必须符合你的艺术判断。

第一种类型是一种极端,因为它从外部看待基督教神学,着手处已是心有定见(或者是固有的意愿或想象),只在适于自己体系的地方加以利用。然而,这代表了我们文化中对待基督教(或其他宗教)神学的一种普遍态度:认为它已经过时、是骗人的玩意儿、不道德、制约了人们的想象力,只有当它与自己的体系相符时才表示同意,与神学没有任何严肃的对话,也不承认它有任何实际影响。往往,这种极端类型根本无视神学中最精彩的部分,所做的只是把基督教描画成滑稽可笑的模样。不过,这种极端即便是当其博闻明达之时,也还是会时常表现出上章所说的"优越感",这种优越感具有很强的现代性。

另一个极端,即第五种类型,试图沿用《圣经》设定的那种世界观——经典神学,或者说基督教的传统形式,并以此看待一切现实。在这个极端,对当代体系和世界观的排斥极为强烈。第一种类型阻碍对话,是因为它相信自己的外部体系很优越;

第五种类型阻碍对话，则是因为它相信有了基督教的某种内部体系就已足够。假定你是个基督徒，相信《圣经》所言明了无误，是上帝启示人类的言语，可以放之四海，横亘古今，而且你（或者你的教会）对其也有正确的领会，那么很明显，要紧的就在于相信它并继续身体力行：其他的探究则可能导致怀疑、迷惑，无法专注于身体力行。你会因此被那些与你意见相左的人称做“基要主义者”，而你认为这只不过突显了他们有着与你不同的“基要”，你仍乐于信守自己的“基要”。（值得注意的是，大多数真正的基督教基要主义者并不完全符合这种情况——比如，他们关心的往往是以科学为根据来论证“神创说”。）

第五种类型现在还有更为复杂的形式。其中比较普遍的一种跟哲学家维特根斯坦的“语言游戏”思想有关（并不十分确定）。这种形式认为，我们都置身于复杂的“语言”当中，这种语言塑造了我们的理解、行为和想象。基督教就是这样一种语言游戏，它有自身的完整性，你不该以其他游戏规则来评判它，就像你不能把象棋规则挪用到网球运动中一样。因此，以其他诸如无神论的唯物主义、伊斯兰教或者世俗的男女平等思想之类的语言游戏为据，是无法充分解释并理解基督教的。神学的任务是要弄清基督教属于何种“游戏”，并由此推断出它给信众所带来的后果。用外来术语论证基督教信仰是毫无意义的——这无异于变换游戏。

一、五两种极端类型也可被视为殊途同归，因为它们都具有一种倾向：按照既定体系（不管是不是基督教）看待一切事物，并阻碍跨界对话的可能。假如坚决奉行上述几种类型中的某一种，你很可能会觉得学术神学中极少有令人信服的东西。但如果对许多人类同胞觉得有意义的问题还有那么点兴趣的话，或许你愿意继续读下去。认为一和五两种类型都不足信的人还是不得不认真对待它们，这不仅是因为千百万人都处于这两个极端，还因为这两种类型对其他选择发出了持续的尖锐质疑。

处于学术神学核心的三大类型

在上述两个极端之间便是或可称为学术神学主流的几种类型。

第二种类型认真对待外部体系，但同时也想探讨基督教神学中别具特色的部分。在诸多外部哲学和世界观当中，有些更适用于基督教信仰。为何不从中选出一种用来理解基督教，表明信仰如何有其合理性并且在今天依然合乎时宜呢？20 世纪颇具影响的神学家和《圣经》研究学者鲁道夫·布尔特曼（1884—1976）发现，存在主义哲学中有一则描述跟《新约》中对人类存在的最深刻的分析是一致的。我们被各种各样的不安全因素包围，被引诱着去选择各种形式的安全感，这些安全感限制了好的可能，使我们自闭于他人和上帝。但存在着一种可能，那就是相信上帝，摒弃找寻虚假的安全感的冲动，自由生活；因此尽管有生与死的焦虑，我们仍可以去爱、去信任、去希望。布尔特曼认为福音书能让我们生活在那种自由之中。这个好消息激励我们作出决定：相信耶稣基督之道便是上帝之道，并在此信仰中生活。我们不应寻找实证所给予的安全感（这类问题不可能会有实证），但是，通过确定信仰，我们将会发现自己从此面目一新，进入一种无此信仰便不可想象的生存状态。友谊和婚姻与此有着明显的相似之处：没有长期的信任，你根本就不会知道什么才是美好的友谊和如意的婚姻。

因此，布尔特曼表明了福音书如何在存在主义的意义上发挥着作用。布尔特曼神学的另一方面是“去除神话色彩”。他指出,《新约》作者及后来的基督教徒都不可避免地以他们所处时代的世界观来表达自己的信仰。他使用存在主义来辨别那些作者和基督教徒所要表达的核心思想,这使他得以将他们一以贯之的信息与“虚构的”或他们世界观中特有的思想区分开来。

由此可见,布尔特曼所用策略的特征是,运用当代思想来重新阐释他所认为的福音书的核心而不计其余。这种策略其他人未尝没有用过,只不过他们采用的是与存在主义很不相同的哲学体系和行为事项。有时候,由于所采用的哲学体系或者行为事项喧宾夺主,这种策略就会偏向第一种类型,基督教也似乎沦为只是对它的例证。不过,布尔特曼不允许存在主义哲学像那样支配基督教信仰。福音书的核心是通过信任与自由改造人类生活。这在存在主义的体系中也是说得通的,但它带来的结果却与无神论的存在主义(如马丁·海德格尔或让—保罗·萨特的)大不相同。

如果不承认存在主义之类的哲学体系发挥着那种整合作用,这时,第三种类型就出现了。第三种类型恰好居于线段的中间,因为它拒绝承认任何一个体系能独当重任。所有的哲学体系和世界观都可能有助于基督教神学研究。因此,最佳方案就是,避免系统地将基督教与其他形式的理解相联系,相反,要建立它们之间的对话。此处的“相互关系”是关键概念,其目标就在于要将基督教信仰及实践所提出的问题与应对这些问题的其他方法相关联。只有身临其境地处于这些对话当中,你才能预知什么才是最能启迪人的东西。因此,存在主义或许有助于描述人类的焦虑和不安全感,其描述方式与福音书里信仰、希望和爱的讯息相互联系。但是,要想弄清作为造物主的上帝如何与现代的科学理解方式相互关联,存在主义或许就了无用处了;而要从社会科学和教会神学之间的交流中学习,存在主义或许也不相干。即便毋须成批引进,其他哲学体系或宗教思想或许也可以大有助益。

20 世纪最著名的"关联神学"的倡导者要数保罗·蒂利希(1886—1965)。他在德国工作过(直到不得不逃离纳粹统治),也在美国工作过,与哲学、宗教、艺术、心理学,以及对文化、政治、历史的阐释,进行过广泛的神学对话。他首要关切的是将信仰与文化相互关联。实现这一点的主要做法是,揭示宗教符号如何应付有关生活和历史的意义这样的基本问题。他对"符号"的定义非常宽泛:不光是视觉图像,仪式、故事、圣徒甚至思想都可作为强有力的符号,只要我们能从中发现意义。比如,在面对危及我们生命的毁灭性力量时,一个关键的符号就是"造物主上帝";"耶稣基督"这个符号,应对的是我们通过我们自身、他人以及我们的存在基础所经历的异化和疏离;而"上帝的王国"这个符号与历史的意义这个问题相互关联,催生了对历史的神学理解与其他理解之间的广泛对话。在谈及任何"中间道路"时,就蒂利希的批评来看,他未能保持微妙的平衡——他的批评认为,信仰不是以宗教压倒文化,就是以文化压倒信仰。

第四种类型试图避开这样的棘手情形,更看重基督教的自我描述。它并没有走向第五种类型的那种极端,但仍然坚信基督教之外的任何体系都不能主宰对基督教信仰主要内容的理解方式。这是"信仰寻求理解",基本上相信经典基督教关于上帝和福音的信仰声明的主线,但也参与了广泛的对话。它认为第三种类型先天失衡:借以进行对话的中立立场是不存在的,因此必须得有一个基本的认同,对于基督教信仰或者赞成或者反对。第四种类型承认了一种对信仰的基本认同,但也承认需要对信仰不断检验并将信仰与其他立场相联系。这种类型吸引人的地方部分在于,它认识到了基督教信仰不仅仅是一种思想立场,也是千百年来遍及世界的一个群体的生活方式。生活在这个群体当中,你无法违心地保持中立,但你还是会去追求真理,不管它来自何方,而第四种类型就是如此行事的一种途径。如果你不是基督教徒,你或许还是会珍视第四种类型,因为为了弄清到底该同意什么、反对什么,你会想要了解明智的基督教主流理解方式是什么样的。

瑞士神学家卡尔·巴特(1886—1968)遵循的就是类似第四种类型的方法。部分地由于第一次世界大战(1914—1918)的冲击,后来又通过反对希特勒和纳粹,他对基督教由于与现代西方文化、政治和文明的联盟而遭受连累表现出了深深的关切。他批评了基督教教会为帝国、军队以及那些从基督教的视角看来问题重重的意识形态体系充当牧师的做法。他因此而面临的挑战是,要解释何为"基督教视角"。他撰写了六百万字的《教会教义学》来应对这个挑战,探求如何以耶稣基督的上帝为核心来理解现实。他讨论了教义的主要领域——上帝、创世、人类、罪、耶稣基督、拯救(称义、圣洁、使命)、圣灵、教会、伦理、上帝的王国。在对上述领域展开讨论的过程中,他与古往今来的各种立场、传统和思想家进行了数场讨论。但他要做的主要是表明"宜居"的基督教神学是什么样的,为那些与《圣经》和主流基督教传统相一致的主要教义提供一个丰富且经过检验的概念。

超越种种类型:卡尔·拉纳

任何思想复杂的思想家都不可能会被准确地归入某一个

类型，但在描绘所涉领域的图景方面，类型的划分还是有帮助的。粗线条地了解了上述五种类型之后，接下来就该辨识它们如何以复杂的方式相互作用了。我将以对20世纪伟大的神学家卡尔·拉纳（1904—1984）的简要描述来结束本节。拉纳是一个耶稣会会士，深受一战后欧洲罗马天主教学术狂热氛围的熏陶。在为第二次梵蒂冈大公会议（1962—1965）这个堪称20世纪基督教历史上意义最为重大的事件铺平道路方面，他起到了领路人的作用，此后他又对大会的审议工作作出了颇有影响的贡献。在20世纪的天主教神学家当中，他的著述读者最多。

拉纳自己的思想体系有赖于他对基督教传统——尤其是对经卷、奥古斯丁的著述、早期教会的希腊神学家们的著述、托马斯·阿奎那的著述、创建了自己的耶稣会制度的罗耀拉的圣依纳爵（1495—1556）的著述，以及天主教的礼拜传统和属灵传统——的涵泳工夫，还有他富有冒险精神的对现代思想，尤其是哲学的钻研。有人试图从康德和黑格尔的哲学出发，来重新思考阿奎那的哲学和神学观念，这对拉纳影响尤甚。拉纳的研究也借助了哲学家马丁·海德格尔的哲学思想。要对他的神学结论进行归类，非常困难。或许对这种做法最好的描述就是它兼具二、三、四这三种类型的特点。与第二种类型相一致，他创立了将哲学体系纳入神学的“先验神学”。与第三种类型相一致，他进行了无数的对话，试图将基督教信仰和实践与林林总总的其他理解方式和实践相关联。他从未就神学写过什么鸿篇巨制，倒是对论文这种形式情有独钟。这意味着要使他的思想自成体系非常困难：在他二十多卷的《神学研究》中，他的意外发现有如泉水，不断涌出，表明他的先验哲学和神学并未显示出他思想的全貌。不过，就像第四种类型一样，他怀抱信仰，寻求理解，可以认为他首先是在为现代基督教徒提供一种宜居的主流神学与属灵特征。

结语

本章将学术意义上的神学定义为一门学科，应对的是意义、真理、美和实践等问题，以及基于宗教而提出、通过诸多学科来探究的实践行为。本章也展现了神学的机构形态和学术形态。

就机构而言，更适用于上一时期、运用“信仰声明式”神学和“中立的”宗教研究等范畴的那些方法，无法最好地描述这个领域。我于是提出了从目的和责任方面来对机构进行描述。有些机构更偏向于宗教群体，有些偏向于学科，但它们对神学和宗教研究都应是开放的。在该领域的“道德生态”中，针对学界和信仰群体的两种责任都需要以对社会上的其他群体以及国际社会的责任来补足，以求完整。各类机构均应在理论上认识到所有这三种责任，但其综合几种责任的方式则各不相同。上述描述是在评估数个国家该领域的“最佳实践”的基础之上作出的。

在思想方面，保守、自由、激进等标签无法最好地对该领域进行描述。如此，本书描绘了一幅别样的基督教神学地图，用以展示几种主要的选择。区分不同类型神学的主轴，在于将过去与现在以及未来相联系的方式。在一个极端(第一种类型)中，神学评价从外部进行，依据是看它是否符合某种现代的思想体系或行为事项。在另一个极端(第五种类型)，神学是对过去表达的基督教信仰内容的重复，因此完全内在于基督教信仰。两极之间尚有本书最为关注的三种类型。第二种类型试图对基督教别具特色之处予以公正评判，但却选择了一种现代的思想体系来显示它依然合乎时宜。第三种类型在研究时没有使用任何整体性的整合，并且不断地将基督教信仰与各种问题、哲学、符号、学科和世界观相互关联。第四种类型着重考虑了基督教的自我描述，一言以蔽之，即“信仰寻求理解”。但任何一位明达老练的思想家，如卡尔·拉纳，都有可能超越上述任何一种类型。

思考了神学这门学科，现在该进入直接的神学思考了，就从上帝开始吧。

第二部分

神学探索

第三章

思考上帝

上帝是实在的吗?

本章关注的正是这个基本问题。这一基本问题引导我们对上帝进行思考,意在就我们如何理解上帝以及我们自己,就一般的现实和人类理解,开显出关于上帝问题的一些巨大启示。

上帝是否实在这一问题包含两个至关重要的方面。第一个方面是:何为上帝?第二个方面是:何为实在?

上帝的含义

使用词语就得知道它的含义,对“上帝”这个词来说也是如此。你自己把什么样的意思跟这个词联系在一起呢?这个问题值得一问。答案将在很大程度上取决于你的背景、所接受的教育、你的认同,这在西方文化中或许会有多种构成因素。即便并非信徒,你也很可能与犹太教徒、基督教徒、穆斯林、印度教徒以及佛教徒有所交往,对遍在(上帝无所不在)和全知(上帝无所不知)这类哲学概念略知一二。你会了解到,其他的许多教派都各有其不同的“神”,你还会见识到敬神者的行为,哪怕是通过媒体或者葬礼。你肯定也遇到过(或持有)这种信念:所有这些神都不可能是实在的，对不同信仰的最佳解释是，神是人创造的，是人类欲望、恐惧、幻想的投影。

如果当真对“上帝”是否实在这个问题进行一番彻查，情况会怎样呢？你会去检验哪位神呢？你不可能同时去检验所有的神，而且即便你努力想从所有神身上提取所谓“神性”这种精华，在“神性”究竟是什么这个问题上仍会众说纷纭。并且很明显的是，相较之下有些神更适合作为检验对象——很少有人会投入大量精力去探究一位古代印加神的实在性，把这样的神当做今天膜拜的最佳对象。信仰上帝的人往往是通过结识其他信徒产生那种信仰的。这是有道理的：首选的检验对象应该历经了千百年的讨论与选择，且被那些对我们来说很重要的人所重视。这自然是更为明智的，因为已然对我们产生影响的往往就是上帝这个概念——不管这影响是积极的、消极的，还是根本就不为我们所知。

当今，数十亿人都严肃对待世界各大宗教中“上帝”的主要人选。这些有关信仰和生命的宗教，通常对此问题已经有过千百年的理性讨论，既有他们自己在理解神性方面的拓展，也有与不同理解的论战。根据我在第一章导言里所说的，我将主要关注基督教徒所崇拜的上帝，但在本章末尾我会再次探讨不同的神这一问题。

在我们的文化当中，很多人对任何信仰传统都已经超然处之，“上帝”一词所唤起的图景实际上非常模糊。大众关于上帝的模糊看法或媒体对于上帝的见解，与某一宗教对上帝的核心理解之间往往存在差距。在某一群体中上帝的概念已被讨论并检验了千百年，他们所真正崇信的“上帝”被视为检验对象，这自然合情合理。因此我给神下了一个最宽泛、有效的定义，即

"受崇拜者"。这就将问题直接引向了对某些群体崇拜行为的审视,以及对其有关神的概念之产生过程的探究。理性信仰者崇信上帝实际上都信些什么呢?神学的一项基本任务就是"思考上帝",以求对此问题作出公正评判。这也正是我现在为基督教徒们所崇拜的上帝要做的事情。

三位一体的上帝

主流基督教教义相信上帝是三位一体的。这个上帝与前面说到的模糊概念大不相同,如果有人说"我不信上帝",通常他的意思并不是说他经过一番思量后最终不接受三位一体的概念。崇信三位一体的上帝本身就非常值得注意,需要对其产生的过程和意义进行基本的解释。我将以一个主流基督教徒的立足点对此予以说明,并指出与之相关的一些重大问题。

耶稣与第一批基督教信徒都是犹太人,因此要辨识他们所崇拜的上帝主要是靠研读犹太经文,即基督教徒们所说的《旧约》。其中有一则故事极为关键,说的是摩西在"燃烧的灌木"前,出自《出埃及记》第三章。这就是所谓的"圣灵显现",也就是上帝示己于人,它是犹太教徒和基督教徒讨论上帝所引用的主要文本之一。在靠近何烈山[①]的沙漠中,摩西碰到了一丛燃烧的灌木,火焰熊熊,树木却安然无恙,一个声音对他说道:"我是你父亲的神,亚伯拉罕的神,以撒的神,也是雅各的神。"(《出埃及记》,3:6)这个声音继续说道:"我已经目睹了我的子民在埃及遭受的痛苦……我知道他们的苦难,因而降临来解救他们……。"(3:7—8)上帝让摩西去见法老并许诺会与他同

① 即西奈山。——除特别注明外,本书注释均为译者所加,以下不再一一说明。

在，而当摩西问到上帝的名字时，他得到的是这样的回答："我就是我所是的。"（3:14）从这则故事当中会得到什么样的上帝概念呢？自然是众说纷纭，无休无止，但就当前的讨论，至关重要的有这么三点。

首先，上帝是通过崇拜他的关键人物得以辨识的，如亚伯拉罕、以撒和雅各：他们的故事是弄清上帝是谁的主要途径。其次，上帝是通过心怀怜悯与慈悲，救民于苦难而为人所知的，是站在正义一方的。最后，"我就是我所是的"这种神秘的名号至少说明，上帝可以按自己决定的方式自由成为上帝：没有"归化"可言，只有"永远超乎想象"，上帝在历史上可以不断地创造奇迹。

现在，让我们越过千百年的历史来看看耶稣（后面的第六章将对耶稣作更为详尽的探讨）。他正是处于崇拜上帝这个传统之中。但是，随着信徒们对耶稣的身份、耶稣的生死与复活逐渐达成一致，他们最终确信耶稣与这位上帝同一。该怎么理解这种非同寻常的结论呢？关键在于耶稣复活一节。这一点我们将在第六章作更为细致的研究，当下且让我们以早期基督教徒的立足点来对此问题进行审视。

对第一批基督教徒而言，耶稣复活堪称与上帝等量齐观的一个事件，影响了他们对耶稣、对历史、对自己，以及对上帝的理解。根据"燃烧的灌木"的故事，上帝现在明确地是"亚伯拉罕、以撒、雅各，以及耶稣的神"，而通过耶稣，上帝心怀悲悯地在历史上最黑暗的时期来到人间。耶稣复活就是那种伟大的奇迹。教徒们将之归功于上帝，认为耶稣的死而复生堪比创世。这一事件之要旨在于耶稣之位格，他由此依照上帝的旨意被视同上帝。耶稣被视为上帝的自我表现（或成了肉身的"道"），内在于上帝，信徒们从而开始将耶稣纳入崇拜对象。指向耶稣的说法、名号、行为方式林林总总，但总体是倾向于认为他有着无限的意义、无穷的活力和无尽的善，与上帝不可分割。不仅如此，他的生命也能以无限多的方式被分享。这在《新约》故事中有所表现：圣灵降临节上，耶稣将圣灵广撒人间；升天的耶稣把圣灵呼入信众。

因此，耶稣复活一事基本的神学结构或可归结为：上帝施行；耶稣以上帝行动的内容出现；人们通过自耶稣而来的圣灵得以转化。这可以被看成是后来三位一体教义的种子。造物主上帝说"我唯我所愿"；这个上帝明确的自我表达和自我奉献见诸耶稣以及圣灵。这与"燃烧的灌木"故事中的上帝并无二致，只是试图对一个巨大的奇迹作出公正评判。

然而，用了三百多年的时间，这些暗示才为人所知并在三位一体的教义中达成一致。这个过程本身就在很大程度上表明了基督教神学的本质。神学思考纷繁复杂的背景包括：把这种信仰传递给新成员（在口称"以圣父、圣子、圣灵之名"的洗礼中达到顶峰）、持续不断地崇拜这个上帝、确定《新约》的内容、阐述经文和传统、与最老成的当代哲学和文化展开斗争、应对来自异教徒和犹太教徒的挑战、处理基督教的内部纷争、在日常生活中坚守信仰。随着教会由受迫害的群体逐渐转而成为罗马帝国的一支重要力量，基督教关于教义的争论也从此蒙上了政治色彩。

这当中乱象丛生，波谲云诡。个中故事引人入胜，想要对基督教神学一探究竟则不可不知。对于基督教徒所理解的神学的本质，这个过程暗含以下几点：神学结论并非只是从权威声明中得出的推论，而是由那些崇拜者们得出，他们肩负责任，与上帝、彼此、经文、周遭的文化、日常生活，以及历史的风云变幻和兴衰沉浮相关联；《圣经》是与上帝和现实生活都密切相关的那种思维的范式；耶稣的生、死和复活表明了上帝脆弱地介入生活的程度，一方面允许人们去曲解、去误读、去作大恶，另一方面又绝不会就此罢休；在这位上帝面前人们究竟如何共处，这是一个没有尽头的学习过程，而神学思考对此至关重要。

关于当时的议题现在仍是激辩不已，但就我们目前的主题——“上帝”而言，直到今天，绝大多数基督教徒都一致认为若干世纪前的那些结论是正确的。上帝三位一体说已经成为基本的基督教智慧，而在20世纪，三位一体神学又经历了一次新的蓬勃发展。各界对此教义都有了全新思考，其中包括天主教教徒、新教教徒、东正教教徒、福音会教徒、五旬节教会教徒、女权主义者、后现代主义者、政教分离主义神学家、传教工作者、自然科学家、心理学家、社会理论家、音乐家、诗人、哲学家、非洲人、亚洲人、澳大利亚人、世界各宗教的神学家，不一而足！

那么，关于基督教上帝的意义，能从中得出哪些神学教益呢？种种教益可由一种形式笼而统之，即“崇拜的智慧”。

首先，存在着一个否定的准则：永远不要想象上帝，如果你没有考虑到三位一体的方方面面——上帝是造物主并超越他所创造的一切；是否涉足种种历史乱象，全由上帝自己决定；在圣灵中上帝自我奉献，自我分享。规则是：与上帝发生关联时，切不可忽视以上某个甚或几个方面。

其次是一条肯定的准则：上帝就是爱，上帝的存在本身就涵盖了一种关系——三位一体是对圣父、圣子、圣灵的动态关联。上帝之一体乃大爱的生命，丰富复杂，泽被万物。

再次就是，要随时准备着迎接来自这位上帝的更多奇迹。

总是需要不断地认识，而20世纪的神学研究可以看做是将“三位一体的革命”推进了一步——比如，探究现代自然科学和爱因斯坦时空理论对上帝的意义，或者询问何以将耶稣之死在某种意义上视做上帝之死，或者着眼于五旬节教会运动来为圣灵正名。

最后就是，对于基督教徒而言，在理解上帝如何与其他人所认定的神相联系时，很可能会有更多的意外发现：三位一体说业已成为基督教徒与其他宗教信仰者之间最富有成果的思想交锋的核心。崇拜者们意见各异地辨识各自的崇拜对象时，究竟是怎样一幅景象？人绝不会有一览全貌的可能。但是，三位一体说的许多教义给了基督教徒足够的余地来尊重他人的信仰，并在许多事关其他信仰与上帝的关系的问题上保持不可知的态度。

上帝的意义：结论

我们业已探究了基督教徒所崇拜的上帝的意义。在每个关节上，更为深入的神学议题都可能产生，而读者或许已经发现问题在不断涌现。在神学研究当中，几乎每一个关于重大议题的命题都必然充满争议，上帝正是这其中最大的议题。我希望到目前这个阶段，至少三件事是清楚明白的：切不可想当然地认为自己知晓“上帝”一词的意义；深入研究某些宗教，以期为理想的神学思考赋予必要的丰富而具体的意义，这是有价值的；基督教三位一体上帝的意义的确有某种合理性——即便是它对其他思想体系和世界观形成了挑战，引发的疑问之多远非自己所能回答。

但三位一体说是否就是对的呢？神学如何着手回答这一问

题，正是本章余下部分的主题。

上帝的实在性

我们如何确定某物是实在的？开口作答之际我们就意识到，这一定程度上有赖于我们所说的“某物”的性质。

如果问的是我当下就身处其中进行写作的房间中的一张桌子，那么我可以环顾四周，看得见那张桌子，也摸得到它。但是，如果我想知道三百年前某一天在某个房间是否有某张桌子，这可怎么办呢？任何尚在人世的人都无法查看那个房间，那个房间和那张桌子可能很久以前就都已毁坏了。那么，在那张桌子旁围坐交谈时的话语又当如何呢？在这些关乎史实的问题上或许还能收集一些佐证（或是考古所得，或是有案可稽），但是对于时人所提供的记述，很可能我们到头来无非还是信与不信两种态度。对于诸如谈话以及大多数需要借助渊博的知识和深入的思考来重现历史的其他事物，尤其如此。

其他的“事物”提出了不同的问题。你该如何去确立他人的思想、情感、梦境或意图的实在性呢？或者就你自己的吧，该如何确立呢？历史记录、小说或者诗歌的“实在意义”，情形又如何呢？价值观念、善、恶、谎言的实在性有什么意义呢？英语语言，“存在”于古往的、当下的、不同人群中、书面文本中、影片中、交谈时、对话时等等，它们有什么样的实在性呢？法律体系、即兴创作的音乐、科学理论、一光年，或者一个微笑，它们的实在性又怎样呢？

在所有这些各种各样的“实在性”中有一点必定是明确的，即判断某物实在与否并无单一标准。标准有误，巨大的混乱必将接踵而来。你正在阅读的这一页纸或许可以从物理和化学的角度加以分析——其纸其墨。但这种分析会全然无视文字意义的实在性——要分析这种意义，就需要懂得书写所用的语言，还要有特定的教育背景。

那么，上帝的实在性究竟如何？许多讨论（持不屑态度者尤甚）看起来正像是以物理和化学的方法来看待本页内容的意义。将预先确定的“实在性”的标准加诸有关“上帝”的某些定见，结论当然是这样的存在无法开显。

然而，这样地一笔带过，还是遗留了一个问题，即为何那么多的人都对上帝的实在性确信无疑，但解释起来却五花八门。近几个世纪以来，对名之曰上帝的现象作出的解释层出不穷。最常见的提法（可追溯到古希腊人）是，上帝是人类想象的投射，实现了一系列的功能。这种解释的问题在于，人们的想象有真有假，或者亦真亦假。不过，如果这种种“想象”能由某个学科独立或某几个学科合力尽可能详尽地作出解释，则这种提法也能增加说服力。在人类认识与解释的每个重要领域都有实践者——哲学家、历史学家、心理学家、精神分析学家、社会学家、经济学家、进化论生物学家、遗传学家、精神病学家、信息理论家等等——提出有关“上帝”的还原论表述。另一方面，相同领域的不同实践者则宣称，种种解释虽各有其合理之处，但都不够充分、透彻，并且，在确认上帝的实在性时，对上述种种学科也予以考虑，这种做法从思想上来说是合理的。

种种争辩无不引人入胜，都需要神学一一应对。有两点值得特别关注：使用或假定“上帝”的定义；使用或假定实在性的标准。本章是就这两点达成一致的开端，但也只是对种种争辩的一个简介，这些争辩顺理成章地引导人们涉足诸多学科，也必须应付各种纷繁复杂的问题。我已经讨论了三位一体上帝的概念;现在是对适于检验这位神的实在性的标准加以审视的时候了。

三位一体上帝的实在性:造物主上帝

倘若讨论的上帝正是基督教信仰及其神学中的三位一体上帝,情况该当如何?确定这位上帝的实在性都需要些什么?

首先需要有这样的认识:上帝是一切存在者的造物主。个中意味或可详加讨论,但于此只消设想上帝并非“处于”实在性中的某个客体,而是一切实在的源头和维系者,与一切实在有着密切的联系。用神学的话来说,上帝既是超验的(一切实在都有赖于上帝且“从无”而生),也寓于万物之中(上帝呈现于且存在于一切实在之中)。因此,上帝自身之实在不同于其他被造的实在;在就此基本区别进行表述方面,神学家们提出了许多想法。这些想法包括试图就某一方面对上帝的唯一性进行表述,如自我存在(唯一一个存在之源在乎己身的实在)、自由、爱、善、永恒、力量、呈现、美、荣耀、简单、自我交流、生发万物等等。

以语言表述上帝的唯一性而直指问题核心的一大进步,要数坎特伯雷大主教圣安塞姆关于上帝的描述:“至大无俦,超乎想象”——经由圣波拿文都拉的发挥,这种描述继而被补足为“至大至善,超乎想象”。进一步讲,无限伟大者非我辈有限之脑力所能理解。这位神永远超乎人类的理性能力,如果你自以为在某个定义中最终理解了上帝,那么请放心,你所理解的绝非这位上帝。上帝“永远更为伟大”,这对任何证明上帝存在的尝试都有着直接影响:没有什么体系可以大到能从中评价上帝的实在性。探求上帝的人不会有任何所谓中立的标准,对证据也无法一览全貌。上帝就是终极体系，只有上帝能窥见全貌。

那么，探求者该当何为？答案是，依照这个上帝的身份去努力探求上帝。探求一位业已发现了你的上帝意味着什么；你的探问由谁激起；正如奥古斯丁所言，谁比你更亲近你自己呢；谁企望被你发现；谁通过自然、历史、经卷以及你自己的经历中各种各样的符号来传达丰富的信息呢？找到这位上帝的秘密就在于开始相信这位上帝正是那样的上帝。正所谓信以启悟。这与人类关系的相似之处显而易见：任何真正有价值的理解与爱都需要信任，而在你自己和他人身上究竟会有何发现，关于这一点你不会得到什么预先保证。

但是，欲臻此信，所由何径？成规定法，于此殊乏。基督教及其他宗教各有其千差万别的入信之法。这通常都是通过你所信任的人来达成的，你相信他们的信仰听起来是正确的。进入信仰也可能是通过一本书、一次日落、某次特殊的经历、一首诗、一段音乐、一种苦难、一次善行、一次恶行，或是任何别的什么机缘。一般说来，这是许多因素慢慢积累、共同发力造成的结果，往往都是潜移默化的。不过，一种可能性是：质疑、探求意义、理性探索或许也会是唤醒信仰、促成决定的机缘。尽可能孜孜不倦地探求可以想见的最伟大的真理，自然不枉一试。

有关上帝存在及其本质的哲学和神学争辩正是由此切入。这些争辩充其量只是不再妄称：证明上帝的存在可以与证明一张桌子、一个历史事实通用一法。它们试图表明上帝的观念具备（或不具备）理性意义，能够（或不能够）与其他类型的认识相联系。在基督教徒之间、对上帝和真理有着不同认识的人之间，重大的争辩久已有之。上述所有学科也都卷入了这些争辩，而学科实践者对于上帝实在性的问题，质疑者有之，拥护者亦有之。在此过程中，对基督教造物主上帝的信仰不断受到挑战，重新被思考、被想象，得到了扩充，也变得更加丰富。不过，本章的经验是，只有对两个假定——上帝是如何被定义的；调查上帝的实在性时如何将上帝的本质考虑在内——保持警醒，方能紧扣主题，避免不知所云。

圣子上帝

造物主上帝的一个维度是特定历史时期上帝对人与事的干预，这一点上节略去未谈。基督教有关上帝的观念是以各种独特的方式自由表述上帝的身份，包括一位关键人物和一段关键历史，它揭示了一整套有关上帝实在性的进一步标准。显而易见，必定有那么一套适用于历史事件和人物的标准。如果耶稣基督就是上帝之子这个故事被视为能够揭示上帝的身份，那么有关耶稣的证据就必须真实可靠。

究竟何为“真实可靠”，这个问题甫一提出就一直争议不断。主流观点从来就不认为《圣经》记录的所有细节都应确切无误——若不然，记述出入颇大、甚至有些地方自相矛盾的《新约》怎么也不会被奉为圭臬。相反，重点是要相信，那些故事提供了足以采信的证据让人知道耶稣，知道他的所作所为和所受的苦难，并让人与耶稣产生关联。

就耶稣的实在性这一点而言，对证据的依赖至关重要。耶稣的历史无法重演——接近这段历史的唯一途径就是通过各种各样的证据。经过反复核实，人们对证据或信或不信，或者不全然相信。基督教信仰认为某些证据基本上是可信的。要是证据不同，对上帝的理解也就随之不同。因此，基督教经卷及其传统在某些方面，一如其核心人物那样易受伤害，这个核心人物被误解、被控制、被折磨，最终被杀害。基督教一直以来常常禁不住想要声称或争取一些更可靠、可确定、不那么容易招来疑惑和质疑的东西。不过，一直以来都有一个根深蒂固的传统，即坚称适用于这位上帝的可靠性的形式就是相信他人的言辞。这必定要招来异议，而基督教神学可采纳的唯一合理之道就是直面这种反复核实的需要，通过辨明事实来维护证据中的主要信息。

圣灵上帝

圣灵的实在性又是如何？传统观点是，割裂开来看，圣灵不得而知。圣灵以他／她／它的效验为人所知（关于在言辞上谈论圣灵的性别，颇有些引人入胜的问题），如信、爱、希望，又如在预言、教导、祛病等天赋之中。更为广泛的是，“圣灵之为”见诸整个天地万物，当天地万物堕落毁灭之际，圣灵可以重生，可以变化。圣灵与震撼人心的经历，如改变信仰、神灵感应等联系在一起；与世世代代追求智慧、建立群体的缓慢而悠长的过程联系在一起；与洗礼、授圣职礼等群体习俗联系在一起；与祈祷礼拜、斋戒和乐善好施等习惯联系在一起。

显然，要知晓这样的实在确乎方式多多，但均非直接方式，因为人们绝无可能直截了当地撞见圣灵。

这少不了一个复杂的学习过程，与任何有价值的学习一样，它要求信任、自律和长期的自我介入（通过头脑、想象力、感觉以及意志），直到以各种方式被转化。同时，根本拒绝踏上此途者有之，半途而返者有之，因疑而废者亦有之。但是，不专注于这个过程，就没有机会认识到实在性。任何中立的、置身事外的，以为可以“客观”看待圣灵之实在性的考察都被排除在外。

图 1 一副刻画五旬节的俄罗斯圣像画——圣灵降临

哪个上帝?

上一段应该已经明确了比较“上帝”人选的巨大困难。其中所描述的“通过自我介入来理解”,在其他信仰中也有相类之法。进退两难之境不言自明:置身印证上帝的任何传统之外,则对一切传统的认识有失之浅薄之虞;置身某一传统,又会排除多方对比理解的可能。

这是因为,每一个主要的信仰传统都是彻底的、终身的信奉。那是整个的生活方式,并不仅仅局限于信念或者对真理的体认。一个虔诚的、终生奉行犹太教习俗的人,不可能去虔诚地奉行伊斯兰教习俗或者新时代的“混搭”习俗。

不过,跨越不同宗教和世界观之间的界限,通过学习、合作、善意、友谊,孜孜不倦,渐臻“双语”甚或“多语”之境也不无可能。神学和对宗教的相关研究是实现这一步的重要组成部分。在应对上帝或者神这样的问题时,神学试图明智地弄清对于数十亿人而言,最有意义的实在究竟是什么。在神学的全盛时期,它认识到对塑造生命的真理、美和实践等重大问题不可能中立地对待,对这些问题谁也不可能像上帝那样一瞰全貌。得不出有关上帝实在性的结论性、论证性的证明,这对神学并不构成障碍——还有其他许多有价值的思想上的目标。坦言自己来自何方,而后耐心学习,就重大问题与他人(不管其信仰同于己或异乎己)进行交流、讨论——最丰富多彩的神学方面的思想交锋正是在这些人中间产生的。这种做法往往会带来眼界的转变、超乎想象的惊奇,尤其是在思考上帝的方式方面,同时,不可分割地,也包括对自己、他人以及天地万物的思考。

第四章
上帝面前的生活:崇拜与伦理

生而为人究竟意味着什么?本章将介绍对这一问题的神学思考。崇拜这种现象可以被视做人类生存的核心动力,本章以此开篇,随之进入对崇拜问题的神学讨论,又继之以对上帝和崇拜何以与伦理相关联的思考。最后,将理解人类的若干启示汇集于章末。

崇拜现象

定义崇拜以观察身处崇拜中的人与社群,这是可能的。保罗·蒂利希有言曰"终极关怀",意在使崇拜潜在地普适于芸芸众生。埃米尔·涂尔干说到过"促使社会有序运行的冲动",这些冲动可被视做终极关怀的一种社会形式,它整体支配着一个个群体中的人。崇拜可被定义为个体或群体满足其终极关怀的行为。被一种强大的整合性、强制性的关怀或欲望所支配,这就像是一神论——对一个神的崇拜。让自己的终极关怀散布各处,则像是多神论——对多个神的崇拜。

以上述关切、冲动和义务来描述自我及自我所在的群体,这并不困难。生活中每个重要领域都有那么一个方面,你并不是出于个人选择才经历这个方面(尽管在与其发生关联时你或许有不少选择可作)，但它却决定了你的行为。

想想金钱以及经济价值和经济活动的整个领域吧。这些都无计可避，且都具备主导个人、群体乃至整个国家及全球网络的能力。大量的精力和才智都不同形式地集中在为经济服务上了。如果这种情形在你生命中的重要性超过了其他的一切，那么，从崇拜形式的广义上讲，正如那句谚语所说，这就是“你的宗教”。或者，以我在第一章用到的词来形容，这就是一种“洪流”，一种挟裹了你整个生命的终极实在。

针对生活的其他基本方面，或许也可以提出相似的看法。你可能会被对自己的家人、自己的种族、自己的性别或者自己的国家的献身精神和责任感所支配，这种责任感和献身精神变得具有终极性。或者，你也可能想要在各种法律体系、社会以及国际社会当中伸张正义，被这种需要所支配。又或者，你最大的欲望可能就是享乐和自我实现，以至于为之心醉神迷，无法自拔。

如果，就像上一章所说的那样，受崇拜者即神明，那么崇拜的这种宽泛概念便指向了一个多神的世界，也即许多终极关切和欲望的对象，但在一般意义上，绝不可能所有那些对象都是“宗教性的”。这样一来，各种宗教便可被看成是崇拜的各种传统，其任务，正如尼古拉斯·拉施所言，在于迫使人们戒除那些主宰、虚耗和扭曲他们生活的、不够格的终极关切、神或偶像，通过与这些传统的成员、机构、实践和信念的紧密结合来重新定位并激发他们的欲望。

崇拜这一有趣的现象看来形式多样，既可以是宗教性质的，也可以是非宗教性质的。它不但与希腊宗教、万物有灵论、基督教以及伊斯兰教，也与法西斯主义、资本主义和“戴安娜”

现象有关联。但是，就这样泛泛地看待崇拜实际上困难重重。主要问题是，这会给人们留下一种印象，即通过某种所谓终极关切或欲望的普世的、不变的特征，人类就可以被理解。想要俯瞰人神关系，一览全貌，上一章针对这种企图已经作出了批评。作为发轫之举，这种尝试也算有益，但是，神学思考越是深入，就越是需要认识到所涉及到的“神”的性质至关重要。没有准备好就神的某个特定概念进行思考的神学，只能使自己陷入一种不堪境地，即罗列和描述种种选择对象而永不触及真理和实践的各项议题。知晓种种重要的选择对象确乎重要，但每个选择对象都自有其整套的意义的世界，蕴藏在世世代代的崇拜、争论和日常生活之中。不同选择间的对话固然必要，但正如上章所言，本书这样的简短导论优先考虑的只能是深入地至少就其中之一进行讨论。因此，基于以上对三位一体上帝的讨论，且让我们就对那位神的崇拜现象作一番神学思考吧。

神学和崇拜

探索崇拜现象可以一探神学矿藏至富之处。正如上章描述的那样，三位一体说本身是在千百年的崇拜过程中由思考得来的。千百年的历程表明崇拜如何涵盖了现实的基本方面，而这诸多方面引发了深刻的问题，也不可避免地带来了连连争议。

祈祷的五种基本形式的神学意涵便可聊作一例。

赞美上帝是一种动态的关系，头脑、想象力、情感和身体都要专注。赞美上帝时，思维不断地接受挑战，超越自我，以求公正地评判上帝，上帝永远超乎我们的认识。当崇拜者努力拓展思维，变得更有能力认识上帝时，这堪称是对崇拜者思想创造力的一种约请。出色的赞美总是试图从语言、音乐、姿态及其他表达方式中，提炼出某种对《圣经》、传统、其他崇拜者，以及对当时的场合都很敏感的东西。在最好的情形下，这包含了殚精竭虑的思考。当然，这绝不意味着它就不得不成为学术神学——大多数并非如此。但学术神学如果想要有什么深度，就必须应对此处提出的问题。

假如上帝因其所谓的"属性"或"至善"而被赞美，那么下面这些赞词各自又有何意义——善、慈爱、正义、自由、独立存在、永恒、无所不能、无处不在、悲悯、有耐心？我们是否只是基于对人的认识，来拓展我们关于这些赞词的可能意义的观念？或者，这些属性是不是以一种非常不同的方式适用于上帝？若真如此，它们如何具有合理性？我们创造出来的投影难道没有可能只是虚幻？上帝的三位一体为其种种属性增添了怎样的独特内容？神学书籍充满了关于这类问题的讨论。

对上帝的感恩是人们与其所赞颂的上帝之间的动态关系的又一个方面。假如我们整个的存在都有赖于上帝，且上帝又赐我们以真、善、美，那么以感恩作为回应自是可想而知。一个基本方面就是对上帝所行之事表示感激。但是，应该如何构想上帝的行为呢？上帝的行为是否能从其他事件及行为中分离出来，还是必须通过其他事件和行为才能窥见上帝在作为？人们如何认识到上帝在作为？对于基督教徒而言，如果上帝的活动范式是耶稣基督的生、死、复活，那么，他们今天该如何运用这一标准呢？

与第三种形式相关的上帝活动的关键方面又出现了，也就是为他人祈祷，又称代人祈祷。传统上，这被看成是通过圣灵协同耶稣基督的一种形式。在基督身上，上帝与整个世界汇合，他人的需要和苦难一时都寓于祈祷当中。代人祈祷就是在上帝面前与他人等同并代替他人向上帝发出请求。这对理解上帝及其发挥作用的方式有何暗示?应该把它看成是对上帝的神奇操纵或者看成是在改变上帝的主意吗?

同样的问题也见于对第四种祈祷模式的思考当中,也即为自己或者自己的群体请愿。《圣经》中对信徒有非常直接的鼓励,甚至命令,让他们向上帝请愿,并许诺有求必应。但是没有得到回应的祈祷呢? 难道上帝会区别对待,对那些祈祷者偏爱有加?我们能否想象上帝竟会对普罗大众个体生活的所有细节都加以关切?

最后就是告解,也即向上帝承认自己犯了错并祈求原谅的一种祈祷。在化身耶稣基督的上帝的光耀下直面自我,既让人认识到自己是如何地不完美, 也让人意识到自己身在神前,这位神明代表了对罪恶无所不包的宽恕。但罪又是什么? 耶稣之死的意义呢? 被宽恕和宽恕他人是如何关联的? 以后几章将探索这些问题,但眼下值得提出的是崇拜本身误入歧途的问题。

"败坏至善便是至恶", 一旦崇拜的动力被扭曲或误导,其影响就可能是灾难性的。当人们以只适于对待上帝的方式与某种处于上帝之下的事物相关联时,这种情况在其最露骨时就叫做"偶像崇拜"。个人或整个群体的所有天赋、精力、热情都被鼓动起来服务于某个并非上帝的事物,生命的整个"生态"被扭曲,被污染。一些常见的偶像包括:国家权力与荣耀、金钱与财富、地位与名誉、意识形态与各式的理想、享乐与自我实现、舒适与安全感、各种英雄人物。然而,崇拜的扭曲也并非总是那么露骨。所有真正的崇拜形式还是能保持下来,虽然也有某种堕落——或者是排除异己,或者是政治忠诚的腐化,或者是对需求置之不理,或者是道德沦丧,教义变质。神学的角色至关重要，它检验崇拜中所包含的一切，包括传经与布道。

对于某些特定文化当中崇拜所面临的重重困难，神学也会加以诊断，进行回应。在当今的西方文化当中，在第一章所描述的种种洪流之间，崇拜往往不得不勉力以保全自己的完整性、活力和意义。一种常见的应对之策是，让崇拜者们把心思全放在自己及其群体身上，将注意力集中于崇拜的方式（如礼拜的形式、牧师的领导、特色鲜明的教义或宗教体验），以降低人从三位一体的上帝身上分享爱、智慧与美的动力，也淡化在世间对它们的分享。神学在此试图唤醒崇拜者的记忆，让他们能够完全认识到其崇拜的源头、特征和方向。这是完全意义上的告解，是着眼于上帝的关联对个人及其群体的整个生活进行评估。就思想性而言，它要求严格，而争议也在所难免，并且，它会引发与其他人之间的深入讨论，这些人的“崇拜”——如上所述的广义“崇拜”，会引导他们作出评估，这种评估与着眼于三位一体上帝所作的评估或一致或不一致。

祈祷的五种形式——赞美、感恩、代祈、请愿和告解——只是神学崇拜及其所提问题的入门路径之一，这些问题关乎上帝、崇拜者、他人，以及世界万物之间的相互关联。其中一个关键的、反复提到的问题是如何理解上帝的活动，下一节将以人类活动为参照来讨论这个话题。

伦理与上帝

伦理思想或道德思想关注的是人们行为举止应当怎样或者可能怎样的问题。理解道德的方式多种多样。最为普遍的几个核心观念有：依从自己的良知；尽你的义务；培养一定的美德和习惯；让行为与某些价值、标准，或者某种关于善的观念相联系;坚守某些原则;接受某种特定传统的准则;见贤思齐;追随你最深层次的欲望;凡事考虑后果,作出理性选择。上述每一条都会提出许多问题,其中有些是以伦理理论的形式得以解答的,这些伦理理论的提出者包括柏拉图学派、亚里士多德学派、斯多葛学派、托马斯学派、康德学派、实用主义学派、存在主义学派和进化论学派等西方思想流派。

神学伦理就是郑重其事对待上帝的伦理。诸如上段提及的核心观念和思想流派或许也发挥着重要作用,但神学伦理的突出特征是上帝自始至终都至关重要。对神学伦理的理解,不管是出自宗教群体的内部还是外部,在当今世界都非常重要。所有宗教传统都会涉及到伦理,而许多关于个人、家庭、政治、教育、经济、医疗和其他事项的问题,都取决于是否可以就什么正确什么错误、什么更好什么更坏形成一致看法。争议各方需要具备辨别他人如何看待这些议题的能力。在当前形势下,事实往往是宗教立场尤其容易被歪曲——信众误传的几率往往并不亚于非信众。他们有时候会完全被视为权威——似乎一切信徒的道德都巨细无遗地由神的天命所口授;或者上帝可能被视为对道德毫无影响。

至关重要的问题又来了:哪位上帝?上帝创造了有良知和道德推理能力的人类,然后就对他们弃之不理了吗?上帝是否定下了圣诫或其他准则,并以是否信守那些圣诫或准则来对人进行裁决?上帝涉足人类生活的目的是否就在于引人向善?每种观点所想象的上帝都不相同。我将探究视上帝为三位一体的基督教神学伦理,以已经建立的体系为基础。关键问题是:上帝创造万物、维系万物,深深地涉足所有人类历史,尤其体现在耶稣基督身上,并且通过圣灵以多种方式呈现给天地万物——

在这样的上帝面前生活有着怎样的道德启示?我将在欲望和责任这两个标题下对此问题进行探讨。

基督教伦理——欲望

本章在开篇之初就终极关切、根本义务乃至冲动对崇拜进行宽泛定义时提到过欲望。我们最强烈的欲望令人欲罢不能,使人深受支配,它们不是全由自己作出的选择。难以抗拒的欲望几乎可以产生于生活中的任何一个领域。在人际关系中,欲望最为常见,但在饮食、喝酒、毒品、工作、金钱、权力、地位、美貌等方面欲望也同样存在。我们的经济和文化已经日益变得醉心于激起人们对商品、娱乐以及任何营利性事物的欲望。在生活的各个领域,欲望都是行为的基础,故而也是道德的基础。欲望的塑造和引导占据了人类生存的核心位置。

欲望、道德以及生活的每个重要领域相互交织,因此,道德与生活的其他领域,与我们的思维习惯、情感习惯和身体习惯无从分离。几大宗教都已承认了这一点。它们都关注对欲望的训练,方式多种多样。崇拜已经成为一个核心方式,其中习惯性的欲望被导向了所认为的最具满足感、最有价值的目标——上帝。包括教育、社会制度、习俗、规则、文化交流在内的一整套体系共同作用,维系着以崇拜为核心的欲望行为。在这套体系当中,绝不能认为伦理仅仅关注成问题的决定和选择:它所关注的是善的欲望的基本形成过程和维系过程,因此关注的也就是神性的事情。那么三位一体上帝和欲望是什么关系呢?

基督教神学关于欲望最重要的命题就是人为上帝之所欲。其实质就是相信,他们势不可当地被爱着他们的那个上帝所需要。上帝创造了他们,护佑他们,对他们讲话,选择他们,召唤他

图 2 乔治·鲁奥绘制的《圣像》(1933)

们，宽恕他们，教导他们，给他们以圣子圣灵。换言之，人们的任何活动在根源上都是被动的。这种被动性如何与人类活动相关联？这一点也许是基督教伦理最基本的问题（其他多数宗教传统都有自己的基本问题）。就当前的讨论而言，我们该如何从神学的角度去理解以下两方面的关系——一方面是被上帝需要，另一方面是对上帝的需要和上帝所需要的。

这一问题可以归入数个神学标题之下——这种关系位于神的自由与人的自由之间，慈悲与本性之间，称义与成圣之间，信仰与善行之间，圣灵与人类能力之间，上帝的主动和人类的回应之间。由于人的尊严、自由、能力、创造力和自治权等倍受重视，这已成为近几百年来西方思想界一个尤其尖锐的问题。麻烦在于，神的自由与人类的真正自由似乎是一种相争的态势。假如上帝掌控着主动权，我们怎么能够自由？要想成为完全成熟的人，我们是否必定要掌握主动权，不受制于他人的意志和欲望？上帝是对人类自由的一种侵犯，这是许多无神论思想中根深蒂固的观念。为了成为完全意义上的人，摆脱对上帝孩童般的依赖，像成人那样掌管自己的事务，难道我们不该做个无神论者吗？

神学方面对此问题的反应各不相同。有些已经接受了人与神的自由在一定程度上相争这一设想，从而试图为二者界定各自的范围。一种说法是，上帝创造了世界，然后赋予它完全的自治权，不存在神的“干预”。其他说法允许某种形式的神的活动——鼓励、交流、劝说，但不能越界侵犯人的自由和主动权。不过，主流的反应——代表人物第二章已经有所提及，如巴特和拉纳——一直以来认定人神自由并不相争。这能想得通吗？

基本做法就是拿人与人之间的爱作类比。倘若你爱我，你尽可用自己的自由来保全甚至加大我的自由。你采取主动所做的事或许完全都是为了我好，为了我的尊严。更深刻地讲，究其根本，可能自由并不是作为个体的我所"拥有"的东西——或许它只会在相互关系中，尤其是在爱的关系中完全绽放。因此，没有你主动的敬与爱，我就无法成为一个完全自由的人。只有在对他人作出回应时我才是自由的。当然，人群之中有各种各样对自由的歪曲——人们在使用它时或者是想左右局势，或者是想胁迫他人，或者是为了一己之私，或者是心存不轨，或者是愚昧无知。但是，当一个人心存上帝时，他所想象的自由就是一种能够创造并维系其他一切自由的自由，绝不会歪曲它，而是会主动去强化它。如果人们能以某些方式互相强化对方的自由，为什么神就不能做得更好呢？

然而，把上帝与他人相提并论是有问题的，人类"更好的"推断也可能无法给那种根本区别，或者说上帝的超然性，以公正评判。人们之间的互动有助于想象相互关系中存在非胁迫、非竞争自由的可能性；不过，上帝的自由是否并不那么势不可当、那么与众不同、神秘兮兮，以至于不该把它与人类的自由相提并论进行思考？

对此，神学的一个方法是去探索泾渭分明但却彼此关联的自由：自有的自由和创造的自由，第一位的自由和第二位的自由，自主的自由和依赖性的自由。这样一来，谈论依赖性自由或第二位的自由就没什么矛盾了——这只不过是以另一种方式在说：人类是被创造出来的，不具备神性。我们的自由以至其他的一切皆拜上帝所赐，完全自主的欲望就是想要成为上帝的欲望，这样的欲望是错误的。我们真正的自由在于能应对上帝的主动性——这给了我们巨大的活动余地，但也仅限于与上帝的关系这一方面；拜上帝所赐我们获得了自由，对此我们可以尽情表达感激之情。当我们回应上帝对我们的欲望，当我们使自己的欲望，即爱上帝、爱他人、爱天地万物的欲望，与上帝的欲望协调一致时，我们的欲望就会引导我们走向最圆满的荣耀。因此，上帝的独特性和主动性同时也被认定为人类彻底的荣耀。

但是，神学方面的深度目前并未完全探明。越是探究基督教神学，探究无神论者和其他人对它的批判，就越是会清楚地发现争论的根本既事关上帝的本质，也事关人类的本质。对很多人来说，基督教神学令人不快之处在于，它并不认为人性与上帝是不相容的，也不认为人性与上帝之间存在实质性的紧张局面。相反，由于相信上帝自由地通过耶稣化身为人，基督教神学不仅拒绝看到一种必要的紧张局面，甚而至于发现了神性与人性光芒四射的融合。对上帝的定义（许多定义都是如此）没有排除这种与人性的统合。这样一来，不但上帝的概念受到了影响——自然也涉及三位一体教义——人的概念也受到了影响。人并未因此而等同于神，但是通过与耶稣基督的关系，人被引入了与上帝有区别的统一。第六章将进一步对此进行讨论，它在不同方面都给人以启发，但就目前而言，要紧的是要注意到，基督教神学中关于如何理解人与神的自由的基本线索，是通过对耶稣基督的思考得出的。

《马太福音》、《马可福音》、《路加福音》中对耶稣生平和传教的记述一开始所道出的故事，揭示了被欲求和欲求作为基督教伦理观及上帝面前人类生活形态的根基所可能具有的意义。耶稣传道始自受洗。耶稣受洗之时，圣灵降临其身，圣父如是认定了耶稣："这是我的爱子，我所喜悦的。"（《马太福音》，3：17）这是一幅耶稣为上帝所乐见、所欲求的情景。耶稣"由圣灵引导”，在旷野里四十天的斋戒当中受到了试探。在面临种种选择时——对食物，对令人艳羡、不劳而获的成功，以及对权力的欲望，种种试探可被视做对他是否希求上帝、欲求上帝之所欲的一种试炼。其一生所为统而观之，决定性地依赖于生而为上帝之所欲，依赖于信赖上帝之道，依赖于他借以应对诱惑的无所不包的欲求：“当拜主你的神，单要侍奉他。”（《马太福音》，4：10）在生死复活的整个过程当中，耶稣始终被描述为维系着一种统一，即一方面为圣父所派、所欲、所认定，另一方面又自由地满足着上帝的欲念和意旨。以故事形式对此所作的描述已被基督教神学奉为圭臬——其中的神学议题将在第六章展开进一步讨论。目前的要点是，耶稣被描述成了为上帝所欲求、欲求上帝及上帝欲求的对象三者合一的化身，并且这是理解他的生、死、复活的核心所在。

基督教伦理——责任

欲为上帝之所欲者，必当背负责任。以基督教关于耶稣一生的经典诠释视之，耶稣在上帝面前替众人背负了全部责任，直至最终被钉死于十字架。这在后来成为“为他人，为上帝”的一种模式，是基督教爱的伦理的核心。

要尽到在上帝面前的责任，就少不了一整套的“生态系统”。这样的生态系统要想生机勃勃、一派繁荣，那么诸如上面提及的敬神信众、对上帝的信仰、祈祷、塑造生命的欲望等生态龛就不可或缺。这是普遍的认识。对于此生态系统中许多其他的生态龛，基督教神学也进行了探究。比如德行的问题——七种传统的德行是：信心、希望、爱、谨慎、正义、勇气和自制。上述七种德行及其他相关德行都各自衍生出了一套神学文献。而每种恶行也是如此——传统的“七宗罪”包括：傲慢、暴怒、嫉妒、贪婪、懒惰、色欲、暴食。

要对负责任的行为作神学方面的探究，基本途径（对有些人而言则是唯一重要的途径）就是通过思考《圣经》。上帝有何旨意？基督教徒要将《旧约》中的所有律法都施诸己身吗？若不然，则于他们而言，《旧约》律法之权威性何在？犹太教千百年来对此律法的诠释和实践于基督教徒而言有何教益？如何对待《旧约》中给出的行为规范？是否应视之为律法？如若不然，则其地位究竟如何？诸如“登山宝训”（《马太福音》，5—7）之类的段落是否应被赋予特别的权威？言及奴隶或妇女从属地位之类的段落对于差别悬殊的不同文化而言，能否当做无谓之说？对于林林总总的各类话题，诸如结婚与离婚、法律制度的标准、对贫穷者应有的公道、金钱、工作、纳税、战争、维护和平、敌意、好的政府、言辞的运用、同情、同性恋、善意等等，《圣经》给我们以何种教益？一旦我们发现《圣经》教益所指在乎最初的时势，那么，时移世易，我们如今又该对其作何种诠释？《圣经》又将怎样与那些无法在《圣经》中类比取譬的情形以及伦理方面的两难之境（现代医学中不乏其例）发生关联？类似的部分重大议题将在第八章文本阐释中加以讨论。

对于多数基督教徒而言（在实践中，乃至有时在理论当中），《圣经》诠释必须佐之以对以往基督教徒之所教以及从今世教会之所学的审视方能完整。伦理教义也有可能体现对其他许多源头的密切关注，比如上述各哲学流派，史学、社会学、人类学、心理学、生物学、文学研究等学科资源，或者其他宗教的智慧。利用这些源头形成伦理智慧和决策的各种途径，争议连连。

而对于那些身处不同境地、时时需要负责任地作出判断、决策和行动的人而言，基督教神学伦理有助于个人和群体形成其智、其心、其志。这类人的伦理和政治生活会多角度地得以阐明，与对基督教信仰敬而远之甚或充满敌意的人也可能有交会联合之处。不过，对于基督教徒而言（对于怀有其他伦理主张的人也一样），这样的联合究竟能走多远始终是个问题。比如，在离婚、同性恋结婚、媒体或道德教育的标准等问题上，为了家庭生活和和美美所进行的联合何时竟成了令人难以接受的妥协？当自由被滥用，被用来操纵或腐化那些脆弱的人时，"宽容"应该走多远？

在基督教内部，不同的教会（以及教会中的不同群体）代表了对这些问题的不同回答，并且在所有层面上都存在激烈的讨论。这些讨论如以神学的视角观之，有三个基本方面耐人寻味，值得指出。

首先，尽管辨识上帝之法很少在各种讨论中扮演鲜明的角色，但如何理解上帝的特征或"属性"实际上却非常重要。上帝的审判和正义如何与上帝的宽恕和悲悯相联系？说上帝耐心而仁慈，同时又一以贯之、责人甚切，这究竟是什么意思？如果一切力量皆归上帝，解救也来自上帝，则人类在某种特定境况中的责任又意味着什么？

其次，认识某种特定的伦理取向如何与三位一体上帝相关联，这是一件有趣的事情。有些观点似乎醉心于这样的观念，即造物主上帝与天地万物无不关联，在伦理和宗教生活中（正如以其他方式）与各色人等无不关联。这一点使得此类观点更具协同性，对于交会联合也更开放。其他观点以道成肉身的耶稣为核心，这个耶稣给出了独特的训导、作出了独特的榜样——与通行的精神气质往往大异其趣。更为根本的是，他将代人受死的极端责任一肩挑起。十字架于是乎巍然屹立，与一切妥协相峙，也挑战着不以自我牺牲之爱为基础的任何伦理。还有些观点，其核心更多地放在了复活和圣灵的赐予之上。上帝给出了满足极端的神圣要求所必需的所有洞察力、天赋、恩典以及精力、欢乐和新的社群。此处强调的是通过圣灵来转化群体及个人所具有的优先重要性——伦理是圣灵中生活的充盈满溢之流。《新约》中如此众多的信札都围绕"因此……"这一句式，这种观点由此而得到说明。第一部分说的是耶稣基督身上所发生的事和圣灵的赐予，以及圣灵或者上帝的恩典所成就的伦理的溢流：所以你具备依此行事的资源（如《罗马书》，12:1;《以弗所书》，4:1）。理想的观点自然是将三位一体的三方面合而为一。许多基督教伦理的观点都试图做到这一点，但往往都禁不住只去强调某一点或者两点，当此情形，神学的重任就在于努力在任何单一的伦理或政治问题中让三者各得其所。

第三个基本方面是，自己作出的判断、决定和行动都要个人承担责任，这不可避免。上面说到过人的自由与神的自由并非相争的关系，与此相一致，可以想见越是与上帝关联密切，各境况下的自由责任就越是强烈。既然远不能简单地把某种规则运用于各种场合，对上帝保持警醒或许就意味着，人们在冒一次险继而承担后果时必须尽可能地头脑清醒、有所担当。20世纪神学的一个经典案例就是朋霍费尔（1906—1945）。关于伦理，他著述颇丰，深知《圣经》、规则与原则的重要性，也知道上述关乎上帝伦理的一切内容的重要性。但是，通过这一切，他所宣扬的是一种责任伦理。1943年，他参与了反对希特勒的一桩密谋，这不仅使他后来付出了生命的代价，也标志着他已经发生了转变，不再是先前那个和平主义者，不再秉持非暴力的立

图 3 囚禁中等待审判的朋霍费尔，柏林–泰格尔，1944 年夏

场。那年，他在写作中发问：在这样一个洪流涌动的时代，“谁能不动如山？”他作答的着眼点是：“一个人内在的解放，在上帝面前过一种负责任的生活。”（朋霍费尔，《狱中书简》，9）这个回答超越了任何具体的伦理指导或体系，它暗示着神学伦理中上帝的概念之外另一个紧迫的基本问题：人类的概念。最后一节将简要展开这个问题，其实以上各节对此均已有所暗示。

上帝面前的人

在一次又一次的伦理及政治讨论中，意见所以相左，归根结底总是因为人性概念的不同。这倒不是说在人何以成其为人这个问题上，意见相左的人之间就不会有联合或是交会；而是说，交往越是深入，越是广泛，应对这一基本问题的能力就越发重要。本节将以围绕这一话题的种种问题收尾。

基督教所理解的人性的主要真理是，人性与上帝相关联，因此上帝的概念是人性这个观念的核心。认识这一点的经典方式，是由《创世记》中上帝“按照自己的形象”创造人类这一描述启发而来的（《创世记》，1：27）。争论不休的是，究竟形象是如何明确的——依据智力？自由？自我交流？爱？创造性？自主权？关联性？两性关系？外形特征？抑或是某种综合，与上帝三位一体的本质相应？基督教至关重要的标准一直是耶稣基督的位格，但是这一条同样衍生出了大量的讨论——那又是什么样的人性呢？初世纪一位犹太木匠的儿子会以怎样的方式为他人垂范呢？他男性的这一性别中是否也该包括女性的性别？如何从进化论和遗传学的角度来理解耶稣？历史上对耶稣的见证具有怎样的地位？

由人神关系产生的这些典型问题已经开始引发许许多多

的议题，而神学人类学（讨论人类本质的次级学科）则被这些议题引入一种对话——与对人性有所认识的各种人文和自然科学、与哲学体系、与拥有自己的人性观念的其他所有世界观和宗教之间的对话。于是，问题继续扩展。为什么处于诸学科之上的某种东西具备界定人性的权威？另一方面，诸学科能否在不促进规范、价值与伦理的情况下，去做描述、分析和解释之外的事？人性究竟有没有共同之处？伦理多元主义是否会引导我们陷入伦理相对主义，从而使人对任何共同的伦理现实的存在断了念想？如果是这样，为何不把某个种族或民族或阶级看成比其他人更近乎完全意义上的人，更值得被尊重、被保存？或者是认为男人高女人一等，又或者相反？重度残障人士地位又当如何——还有理由给予他们人力物力上的照顾吗？受精卵的人性又是怎么样的？或者是一位凭借生命辅助机，处于“持久性植物人状态”的人，他的人性又该如何看待呢？神学伦理就是在苦心孤诣地寻求此类及其他问题的答案，总是在运用在上帝面前生活、思考、讨论和崇拜的长期传统当中的智慧（以及对愚蠢的坦承）。

第五章

面对邪恶

对于上两章所着重讨论的那位上帝来说，邪恶堪称最为关键的问题。对于千百年来无数的人而言，邪恶在崇信及信仰上帝方面都是行与思的最大障碍。面对如此众多的痛苦、腐化和邪恶，一位创造并维持着这个世界的慈爱的上帝仍义无反顾地为了一切受造者在世界历史中保持着积极的态度，这在道德上不仅让人难以置信，甚至让人觉得荒谬。

有邪恶问题的不单是上帝的信仰者：这是任何哲学体系或世界观的基本议题。针对邪恶的"应对之策"，如果摒除善尽职守的上帝，则又会面临其他问题。比如，如果那种解决方案只是将邪恶视做没有上帝的宇宙中凌乱不堪、随机演进的自然结果，那么随之而来的，既有能怎么应对或者该怎么应对这种结果的疑问，也有整个过程的无意义性所引发的问题。毫无漏洞的应对邪恶之策并不存在——是否应该将邪恶看成是凭借理智就能得出解决之道的问题？甚至连这一点都尚且存疑。解决邪恶问题的尝试不就是轻视邪恶吗？这理所当然首先是一个需要实际回应的实际问题吗？然而，多数实际回应是需要思索和理智的，停止对邪恶的思考也不是什么解决问题的办法。本章将探究思考邪恶问题的各种途径，同时也会辨别，如果对这个实际中最紧迫的问题思之不得法，将会引发哪些可怕的危险。

个人邪恶、结构性邪恶、自然邪恶

生活中的大多数领域都不可避免地存在邪恶的问题。名曰“道德邪恶”或“人的邪恶”或“罪恶”的东西触及人类活动的方方面面。人们罔顾正义、心怀恶意、残酷无情，会作出撒谎、欺骗、谋杀、背叛等种种恶行。随便哪种关系和活动都可能被扭曲或腐化。自然世界会遭受污染、破坏甚或毁灭。邪恶可以深藏于友谊、婚姻、家庭生活的最深处，其影响可以年复一年不断积累。它根本不必显而易见：它自可深藏不露，令人难以捉摸。

人类邪恶所引发的一些最顽固的困境，总是时不时地在法庭上演。当然，某个社会认为不合乎道德准则的事情并非全都是违法的（很多情况下撒谎、恶意、残酷、背叛都算不得有悖法律），所有的法律也并不都关乎道德上的是非对错（许多交通或商业立法即属此类），但是我们日复一日地听到一些法律案件，其中，如何理解邪恶这一经典议题被时时提起。总而言之，这其中还是有自由和责任的问题。被告真的应对自己的行为负责吗？是否存在一些因素，如精神疾患、遭受恐吓或不良抚养及虐待的经历，能支持减责的请求？或者是否应该有“有罪但有精神疾患”这样的判决？

这类问题成了我们文明中一些最强大的势力争相角逐的战场。现代西方在自由和责任的问题上已经发生了深层次的分裂。一方面，它捍卫了各种形式的人类自由——人权、性自由、政治自由、诸多领域的自由选择权。另一方面，许多极为睿智的西方社会成员相信人根本就是不自由的，他们不遗余力地想要表明，我们只不过是基因、无意识的驱动力、教育、经济压力或者其他形式的调适的产物。换句话说，一些人肯定人的自由、尊严、权利、理性和责任，另外一些人依据自然和人文学科提出了各种各样关于人性的“还原论”解释，二者之间关系紧张，存在冲突。

这些分歧深深植根于神学。在法律上应承担责任的负责任的个体这一概念，本身是因为基督教和罗马帝国法律的融合而形成的。奥古斯丁影响尤大，上述紧张关系在其有关自由的思想中可得一见。一方面，他不想让上帝为邪恶负责，因此按他所说，人类的罪恶（以及由此罪恶引出的其他邪恶）是因为人类的自由在亚当身上就走了样，其根据是他对《创世记》第三章人的堕落那则圣经故事的解读。另一方面，他认识到，人类的动力已经极端败坏，而作为人类一分子的这种影响无所不在，因此对于罪恶与邪恶我们无计可避。通过这一切，他想说明上帝掌控万事万物，而人们只能借着上帝的恩典从善。这造成了一个巨大的问题：人类是如何自由的？其自由又如何与上帝的自由相联系？显然，回答这类问题的方式极大地影响了对罪恶的理解方式，以及法律体系和其他制度对责任和义务等问题的处理。

但是如果法律体系本身就是腐化的，又当如何？如果所制定的法律非人地对待数量庞大的人，如纳粹反犹太人及其他人的法律，该怎么办？如果妇女、黑人或者同性恋者在法律或整个体系运行的过程中遭受歧视，又该怎么办？这又是何种类型的邪恶？社会科学对社会和机构的描述有一个特色，即它会表明每种社会或机构如何各有其自身的“文化”，体现着一定的观念、价值、规范以及对现实性质的判断。这些往往都没有明示——实际的情形通常是，其中最基本的那些东西被视为原本就该如此。自然科学家通常不会明确说明其全球网络中极为强硬的伦理规范——实际上他们往往不把自己作为道德群体的一部分去反思。各政治党派通常不会就人类生活何以值得重视这个问题去争辩,律师们同样也不会去问,以法律为依据来解决各种争端是否合宜。不过,就事关整个社会或机构的架构这样的事情,还是可以提出一些根本性问题。再者,邪恶也可以以这类架构运行的方式得以识别。资本主义的动因会不会如此地扭曲和破坏人类的福祉,以至于整个经济体系都应被彻底改变?不甚完美的伦理和政治责任要不要体现在科学界正常的运作方式之中,以便其至少可以在一定程度上为大量生态破坏和现代战争造成的死亡与苦难承担罪责?宗教团体难道就是败坏人类生活的罪魁祸首,引人陷入有可能毁灭世界的狂热和敌意?

用神学的话来讲,我们就这样开启了"结构性罪恶"的领域。种种结构的动因妨碍着人类的繁荣,而人们发现自己正是那些结构的一部分。个人无法为由之而来的罪恶直接负责,但却以复杂的方式被牵连其中。尤其在现代,人类已经集体性地对无人能够控制的种种一发不可收拾的力量负有责任:政治体制和革命、军事集团和战争、股票市场和破产、势不可当的技术、难以预料也无法阻止的塑造各种文化的信息体系和媒体。但是,该让谁去负此责任呢?责难"体制"又有什么意义?其实责难一说本就不妥,可是,要我们在论及那些由人类创造的、既能产生如此的善又能产生如此的恶的事物时放弃使用道德语言,我们自然心不甘情不愿。有时用到的神学语言的一种形式是谈论恶魔或"权天使和能天使"的语言。这用到了基督教及其他宗教用以指代超越人类个体的邪恶的术语,它能支配每一个个体和整个群体或国家，并且似乎随心所欲，为所欲为，对人类的控制和理性毫不理会。但是，考虑到上帝对这个世界负责，同时正是在这个世界中这些可怕的动因横加滋长，难道不应该认为上帝要对这一切的邪恶负责吗？

除了自人类意愿以及人为设计的体系和结构而生的邪恶之外，还存在有时被称为“自然邪恶”的东西，意指疾病、自然灾害及其他有害力量造成的病痛、苦难和死亡。是上帝创造世界时有意让此类事情发生的吗？面对种种邪恶，我们还能否想象出任何形式的上帝与世界的互动，在这个世界中一位既仁慈又强大的上帝既是造物主又是维护者？

对上帝的责难或许会与日俱增，但种种指责无外乎抗议的呐喊，想使上帝背负终极责任，为一个有着骇人邪恶的世界负责。

最佳的神正论？

神正论（由神和正义两个希腊语词得来）就是指那些为了应对上述责难，试图给上帝以公正评判的神学或哲学体系。有些神学家对这种讨论概不参与，他们认为让人来评判神实属不当。但是，事实并不一定就是如此。这同样也可以是质问上帝的一种尝试，这种尝试从痛苦和明显的矛盾中产生，对这些痛苦和矛盾坐视不理是不负责任的。

然而，倘若这样做合乎情理，甚至不可避免，它也难以令人满意地实现神正论。我将尽我所能，提出一套最佳的神正论来，然后就其难以充分回答的问题来对其进行探究。

仁慈有加、无所不能的上帝怎么也不能容许邪恶，不管是个人的、结构性的，还是自然的——在应对此种责难方面，若干神正论的思想方法都大有可为。一是就假想的上帝的概念提问。想象一下,有那么一位神明,他创造了一个有着真正自由的世界,却不愿去操纵这种自由,使之永远为善。任何这样的操纵恐怕都意味着整个世界不过是一台由上帝开动的机器,人类也只是机器人——情况可不就是这样吗?如果这一点得到承认,某些类型的干预就被排除,各种事物就必定有可能出错。当自由被误用,上帝或许会提供一些善后之方,提供忍耐、反抗、调停、原谅、和解之法。上帝甚至可能在某种意义上承受邪恶的后果,不管对受害者还是作恶者,他都完全设身处地并以此种方式对邪恶负责。其他人也可以受引领,进入这种责任;一种生活方式开启了,它既能现实地面对至恶,也能分享一种新的生活品质。这显然是三位一体说的神正论,它假设有那么一位上帝,这位上帝创造了一个真正自由的世界,并为这个世界负起责任,直到在它的苦难、邪恶和死亡中与之难舍难分,而上帝的圣灵使得芸芸众生在信仰、希望和爱中生息于这个世界,不任由邪恶去作最后决定。

这种观点的另一个方面是试图从对上帝的信仰中审视邪恶的方方面面。尽管目前看来它还不可思议,但可以想象,即便是在骇人的邪恶当中,人们也会相信上帝将携善而至。同样可能的是,从这种情势的目的来看,许多看似恐怖或悲惨的方面多少都有其合理之处。我们熟知,在其他的很多情境下,随着对事实的进一步了解,我们对善与恶的判断会发生根本性的改变——初看似折磨虐待,实际为治病救人。看到一切邪恶竟因此而获得正当性,这固然令人无法容忍,但也可以看到,某类邪恶开启了善(譬如同情)的可能,很难想象这种可能能以其他方式开启。归根结底,神正论的问题是上帝到底该不该创造天地

图 4 一位母亲手托自己死去的孩子。伊拉娜·盖伊的雕刻作品。献给位于耶路撒冷的以色列犹太大屠杀纪念馆,1974 年

万物的问题,有观点认为这根本就无法回答:要么你相信上帝知道伴随天地万物的创造会带来哪些结果并作出了明智的判断,要么你声称,(当然,这是不可能的)对此问题可一览全貌。

自然邪恶的许多方面都可被视为或许是某种美好事物不可避免的一面。生理上的痛苦有其至关重要的功能,以超越死亡的永恒生命这一角度观之,它和生理死亡都可能是另一番模样。种种意外和自然灾难同样可被视为随机性宇宙的一部分，而如果既想有可靠的自然秩序，又要有人类的自由，这样的一个宇宙就必不可少。

如此，我们看待邪恶就有了人类的立足点。说来奇怪，当我们身为旁观者而非受难者时，就与上帝的关联来说往往要糟糕得多。当然，事情并非总是如此，但例子却也不少——有人身遭巨大的邪恶，或是酷刑，或是背叛，或是身残的痛苦，或是蒙受耻辱，但他对上帝的信仰反倒因此而加深；相反，有人目睹前者的苦难，自身的信仰却因此而动摇或瓦解。即便经历了奥斯威辛集中营的苦难，对上帝的信仰也并不是不可能，其原因之一就在于，许多在奥斯威辛集中营饱受折磨、失去生命的人都保持着对上帝的信仰。我们被告诫不要自以为知道在任何情况下上帝与身处其境的这些人之间究竟发生了什么。责难上帝的许多观点都是旁观者的论断，他们自以为能看清各种情形下何者最为重要。而且即便哪个受难者丧失了对上帝的信仰，那也绝不一定就是他与上帝关系的最终定论。

短视、焦躁、误判、狭隘、猜疑，想想我们是多么容易犯这些毛病，或许人类需要借此来进一步削弱一种信心，即认为自己能够正确评判种种境况和生活当中是否真有上帝的身影。另一个方面是时常提起的、对苦难进行定量讨论的问题。把苦难的各种事例放在一起，这样做算是有意义吗？苦难的最大值就是任何人所能承受的最大值，是这么回事吗？如果是这样，所谓“苦难之和”就了无意义——问题依然存在，但却不会再受不合宜的数学之累了。

另一方面，尽管对潜伏在自身以及他人身上的邪恶心存畏惧，但有如此众多的人真心诚意地解决难题并继续崇信着上帝，我们对上帝的信心或许会因之得到鼓舞。我们并非第一批面对这个难题的人，在信仰当中，质疑、讨论、苦闷，当然还有坚持，都由来已久。这不会为任何人免除亲历的过程，但终究意味着他们在这条路上并不孤单。这些同道中人里，既有在思考方式方面加以指点的人，更有那些心怀着充实而现实的信仰的人，他们表明了一种可能性，即可怕的苦难、历练和邪恶是可以挺过来的。

这就将问题导向了基督教神正论的基本特征。归根结底，它不是赢得或输掉辩论的问题。对于我们这个世界中的邪恶，辩论无法充分应对，真正迎上去的是生所当生、死所当死的那些人。这些生生死死的深层和极致之处究竟发生了些什么，我们无从一览全貌，但有足够的证据表明，有人曾经直面至恶之境并由此见证了上帝之善。他们的故事便是真正的神正论的核心。

尽管如此，我对这样的考虑还是不满意。这倒不是因为它们没什么实质内容，而是因为可怕的邪恶的现实持续不断地引发人们怀疑上述种种考虑的恰当性。有过种种尝试想要表明邪恶从某个角度来看是通往美好目的的一条途径，这样的尝试尤其容易招致道德方面的非议，但所有其他的尝试也容易受到各种攻击。最重要的是，针对邪恶所作的生动形象又令人作呕的证词，以及邪恶的经历——每个人都能拿出自己的例子去添那么一笔——使所有的辩解顿时变得空洞。谁在邪恶面前还能开得了口？就算只是对其作一番彻底的思考，又有谁能做得到？这岂不就是基督教及其他传统往往归结出的所谓“幽晦之谜”，对于它，不可能会有令人满意的理解、解释，甚或只是描述？

也许上述行文漏洞最少的有两点，一点是关于一位人化的上帝，我的讨论正是自此而起；与之相关联的另一点或可称做圣徒的论争，我的讨论由此而止。但是两者都是特殊形式的论争，从根本上都有赖于崇信和洞察力，而当一个人的想象力为邪恶的现实所充斥时，他对上帝就很容易有不同的理解（甚至达到彻底排斥的地步），他择而从之的那些故事，个人的也好，群体的也好，也都会明显地以有待救赎和不可救赎的邪恶和苦难为主题。

该传统最基本的命题是，存在着一种双重神秘，即恶的黑暗的神秘和善的光明的神秘。承认神秘无须压制进一步的思考，尽管黑暗的神秘总是无法一劳永逸地认清，而光明的神秘又总是万象森然，有着无穷无尽的有待认识之处。要想在基督教神学中作更深层次的探索，最佳途径就是思考两种神秘相交会的那些神学话题，也即耶稣基督及拯救一说。或许可以说，对于许多基督教徒而言，神正论正是在这种交会中应运而生的。善恶的大戏正是通过一个人的历史被聚焦。因此，新的论争不足道（尽管它引发了无尽的争辩），新的解决方案亦不足道，要紧的是一位新人，这个人将是信赖之所托，希望之所在。耶稣基督被看做与最不堪的邪恶有牵连，并且不管情形多么恶劣，他总是值得信赖。以下两章将对这种特色鲜明的基督教式回应进行更为详尽的探究。而在此之前，本章将结束于对邪恶的描述，这种描述以上两章所讨论的那位上帝为背景。

以偶像崇拜现身的邪恶

迄今为止，主要的焦点一直在于面对邪恶时为上帝辩护是否可能。从上帝的角度来阐释一下邪恶怎么样呢？尝试的途径多种多样，此处所循者以上章讨论的崇拜的概念为起点。在上一章当中，神被定义成你所崇拜的任何东西，即欲望、注意力、职责、精力和敬意等的关键性焦点。对于社会的描述曾经着眼于欲望、冲动和义务,这些东西在根本上决定了社会的秩序和形态。用神学的话语来讲,这一点导向一种看法,即认为社会是通过对上帝和偶像的崇拜来定义的。如果从神学出发将邪恶理解为与慈悲的上帝相抵牾的任何东西,那么偶像崇拜的动力就是探索邪恶是什么、如何起作用这两个问题的基本途径。

将此识见总体应用于种种大的畸变,并像上章那样把那些显而易见的候选项命名为偶像,这样做实在直截了当。这些候选项包括金钱、家庭、种族、阶级、性别、国家、法律、欢愉或是自我实现。显然,诸如此类的事物会被赋予一种优先性,这种优先性会将根本上好的东西变成盲目的偶像崇拜,成了终极之物,变得畸形。20 世纪充斥着人类繁荣被诸如此类的伪崇拜所毁灭的例子。一种关切占据主导地位时,这种偶像崇拜往往是一神论的;多种关切各显其能时,这种偶像崇拜便是多神论的。

不过,具体情况往往纷繁复杂,对它们的判断也莫衷一是。比如,在对经济繁荣的良性追逐与唯利是图这条"底线"之间,踏下哪一步就是越了界呢?这里涉及到洞察力的严肃问题,而双方都会禁不住就言过其实。言之有据的神学判断需要具体案例具体讨论,而讨论则由崇拜以及对不同传统和语境的理解时时注入新知。我将从自身经历当中撷取一例,聊作说明。

整整五年时间,我参加了一个由神学家、牧师以及其他一些人组成的团体,我们一道在英国城镇的贫困地区"实地"工作。我们千方百计试图公正评价这些地区的复杂现实,比如向外界讲述当地个人和群体的故事,比如进行各种各样的研究,包括对住房、儿童、悲惨经历、工商企业、犯罪、恐惧等的研究。一个关键的焦点是城镇贫困区的崇拜问题,以及这一问题在揭示当地生活变迁方面的意义。偶像崇拜成了理解问题的关键，但我们认识到，对于身处某种偶像崇拜之中的人而言，偶像崇拜无所不包，无所不在——这是他们的常态。因此，对于一个社会的偶像来说，从边缘地带视之或许更为清楚明白，因为边缘地带的常态不是处于紧张之中，就是相互矛盾。托起偶像的往往是虚妄以及对基本真理的置若罔闻，同样，这些问题从边缘地带也更易判别。

边缘地带不但是一个可以怀有不同视角的地方，同时也是偶像崇拜的种种恶果——痛苦、压迫、巨大的财富差异、暴力、对生命的束缚、对希望的禁锢——最清晰可见的地方。在城镇的贫困区，我们看到经济成功、实力、地位、安全感、享乐，以及权力等等我们这个社会习以为常的受人膜拜的东西，它们的消极后果汇聚起来，成了强横和蛮力。边缘地带可以揭示出社会不崇拜什么，人们不惜一切代价想躲避什么；边缘地带满是令人痛苦的真实，众神虽在其位却未善其事。然而，边缘地带同时也能展示占据主导地位的崇拜物最肆虐猖狂时的景象，因为贫穷激起了人们对金钱和财产的痴迷追求，财富、地位、权力和享乐这些意象对人们的影响则更加强烈，因为人们无法从主流途径获取它们。

在这种情况下，对三位一体上帝的崇拜可被作为一项关键的标准。对于何者堪称终极，它以耶稣基督为核心展示了另一番天地；对于价值感和目标感，它予以鼓励，这二者均无须靠侍奉偶像而存在。它能维系一种别样的构想现实的方式，也能维系对虚妄的、不恰当的偶像的持久抵制。最要紧的是，它能够确认上帝充分的实在，抵挡任何与之相悖的东西。（详见彼得·塞奇威克所编的《城市中的上帝——坎特伯雷都市神学团体大主

教之随笔与反思集》)

当然,还有其他的一些主要宗教信仰,其中对偶像的辨识以及对欲望的正确导向也是最为关切的东西。在英国的城镇里,伊斯兰教徒、印度教徒和锡克教徒在边缘地带往往不成比例,因此,要想忠于自己的信仰,在抵制那些占据统治地位的偶像时他们就会承受沉重的负担。这种抵制使得英国城镇贫困区信仰各异的信徒有了相当程度的合作。诸如金钱、种族、暴力或享乐之类的“偶像”对于信仰群体已经形成了一种强烈的刺激,促使他们去探究各自的智慧何以相互关联且能互有教益。

小结:叙述、元叙述及最佳的实践

本章考察了邪恶的几种主要类型——个人的、结构性的、自然的——并提出了一种经判定并不令人满意的神正论,这与所有以上帝为参照试图给邪恶以公正评判的情形一样。不过,比任何神正论都更为根本的是有关双重神秘的传统认识,即邪恶的黑暗神秘和上帝的光明神秘。在最后一节,通过在偶像崇拜的主题下对邪恶的审视,这种双重神秘的复杂性得到了一定的解释。置身英国社会偶像崇拜的巨大压力之下,城镇贫困区的崇拜仍能持续,这显示了历史现实中两种神秘共存的事实。既面对邪恶也面对上帝,对于双方,神学都努力给予公正评判。在基督教神学当中,对于二者并存最为清楚明白的认识见之于对一个人的叙述,而此人将是下一章的主题。

这种叙述是基督教神学有关邪恶的记述的核心。这种记述是以故事的形式——不是辩论,不是解释,也不是解答——出现的,这一点意义重大。它实际上会引发林林总总、各式各样的神学讨论和思考。“元叙述”的讲述就是其中的一部分,它所涵盖的种种故事正是当下生活的背景所在。奥古斯丁的元叙述堪称经典,他的元叙述始于对《创世记》中对创世及人类堕落的阐释,终于最后审判时将人类作"被护佑的"和"遭诅咒的"这种划分。有别于此,另有一种有时被认为是由艾雷尼厄斯[1]所作的元叙述,它关乎尚未完成的创造,这项创造还会继续发展,使基督身上的所有事物得到最终的重述,而邪恶只是这一过程中的副产品。其他的宗教也各有其说法,世俗的元叙述则包括人类进步说和马克思主义的学说,即阶级斗争和革命必将带来一个自由、平等、博爱,消除阶级、公平正义的社会。除了这些让人皆大欢喜的结局,也有人看出了历史中的悲剧情节,那些被冠以"后现代"称谓的思想家们对于所有的元叙述无不痛加指斥:他们所讲述的是"反元叙述",历史在其中并不存在整体意义,历史中支离破碎的各种事件则以讽刺的形式实现了最佳叙述,这种形式表明,甚至对整体意义的追寻都是荒谬的。所有这些选择都不得不考虑到自然科学解释宇宙(例如,以宇宙大爆炸为基点试图预言遥远的未来)以及地球生命(达尔文学派及新达尔文学派对进化的描述)的种种尝试。这些尝试也都毫无例外地涉及到了善与恶的标准,范围从以上帝为中心的观点(善为上帝所创造并为上帝所喜悦),到关于人类福祉的某种替代性道德标准,再到非道德的尺度,这种尺度以在一个由偶然主宰的世界里所具备的生存能力和适应能力为基础。

近来的许多基督教神学理论对于那些针对传统元叙述所作的批评颇为敏感。其中的部分原因——既有学术方面的也有科学方面的——就在于不管是把《创世记》开篇几章当做科学

① 希腊神学家。

去读还是历史去读，看起来都不太合理。还有就是道德方面的原因：宏大而囊括一切的各类叙述被看成是无可救药地归属于意识形态，个中隐藏的实际行为服务于某些特定的利益。这些叙述声称对过去和未来知之甚多，这不免有些危险，很容易被用来支配或是操纵他人，也很容易被用来为强迫的行为辩护。人类堕落这则《创世记》中的故事就已经常常被用来诋毁女性；《启示录》中令人毛骨悚然的历史末日的意象使宗教战争、迫害、操纵性的福音派主义以及对共产主义的讨伐具有了合法性。但是，基督教对元叙述的怀疑，其最深层的神学原因也许是，基本的叙述框架应该是有关耶稣基督生、死、复活的福音故事，耶稣既被看成是参与了创造又被看成是历史末日的主要线索。注意一下《旧约》中的一种紧张关系不乏教益，其中一方是对揣测历史末日种种细节的兴趣，另一方是更为根深蒂固的执念，认为无论细节与情节如何，耶稣基督就像戏剧中起决定性作用的角色一样，基本的信任和希望只能寄托在他的身上。在他的位格中，通过面对并经历苦难、邪恶和死亡，他将上帝的神秘与上帝的美好创造物的神秘统一起来。

对耶稣基督的信任和希望所给出的实际启示就在于，在当下的生活中热爱上帝、热爱他人是重中之重。要紧的不是极力去解开邪恶的神秘，而是要对其进行抵制，并要建立起各种群体，这些群体对崇拜、宽恕、信仰、希望和爱的"最佳实践"表明，上帝而非邪恶才是生命的基本真理。要对这种实践给出一份令人信服的批评，只去排斥某个元叙述是不够的：遭受威胁的核心的东西是一种关系上帝及他人的智慧和实践，这种智慧和实践以叙述和其他形式体现于对耶稣基督所作的见证之中。现在我们正是要转而讨论这一问题。

第六章

耶稣基督

每隔不久,耶稣在西方媒体中就会大受关注,近些年来尤其频繁。引发这种现象的或是某项考古发现,或是依据《新约》以外的文献所作的某种新阐释, 或是在犹太教语境中对耶稣生平的全新重建,或是关于《新约》中暗藏某种密码的声明,又或者是福音书写作的某种文学理论。复活节往往会引发大量有关空空如也的墓穴和耶稣显圣的解释, 圣诞节则会引发对耶稣诞生的新的、有争议的研究。有专门的电视节目定期宣传各种理论,试图为大众完整呈现耶稣的面貌。所有这些统而观之,只是对耶稣的各种混乱描述的代表,围绕着这些描述的是激烈的争辩。

然而,倘若你是十五亿基督教信徒的一分子,你所看到的图景就会大不一样。在这样的一个群体当中,《新约》所描述的耶稣才是准则, 很少会有人注意媒体的时尚或者学者的理论。个中缘由倒也不少:崇拜模式的改变往往非常缓慢;为数众多的信徒根本就“不想知道”任何针对自己信仰的棘手挑战;而教会中不少确实了解情况的人 (如受过神学训练的神职人员)似乎又并不急于就种种挑战去进行广泛讨论。不过,倒是还有更为可信的一条原因。若是非说不可,在此类问题上博闻广识之士的一个共同回应是:他们之所以不会兴奋过度,是因为那些轰动一时的所谓“发现”、“突破”以及“重新解读”实际上劣迹斑斑。往往要不了几年（甚或只是转瞬之间）大多数学者的共识便一清二楚：先前的反应被过度夸大，结果也并未使耶稣在学界的形象有任何改变。这样的东西最多也就是往脚注中提到的数千条选项或是诠释中新增了那么一条。

以神学的视角来审视耶稣，既不是将主流基督教崇拜的耶稣奉为圭臬，也不是总被时尚之风吹得四处打转。关键是要以认真对待已有的最优秀的学术成果和神学思想的方式，去追寻以下基本问题：如何理解和评价《新约》及其他针对耶稣的见证？当代基督教信仰叙述耶稣的方式正是以对耶稣在基督教教义方面的经典阐发为背景的，该如何对待这些阐发？历史长河以及当今世界中有关耶稣的意象和描述极为多样，蔚为大观，最终对传统的对耶稣的理解形成了现代和后现代的挑战，这些意象和描述的意义是什么？以上就是我在本章余下部分所要探讨的三个问题，其中第一个问题将受到最大关注。

有关耶稣的基本见证

关于《新约》，最令人称奇的是，它将分属马太、马可、路加、约翰的四种不同的福音统统收入其中。而这四种关于耶稣的叙述往往大相径庭，不独出处、具体事件、所作诠释、叙述风格、神学观念各不相同，就连耶稣的整体刻画也迥然有异。正因为如此，研习福音的学者首要的练习之一就是参考与四大福音堪作比较的描述，以便分作四栏对四大福音的关联详加考察。除了学习希腊语，在这件事情上投入大量时间也许是耶稣研究领域最有用的一件事了。当你注意到那些并列与差别，一大堆问题便会汹涌而来，同时一个主要问题也变得清楚明白：以福音为证，独一无二、众望所归的耶稣形象恐怕难以追觅。基督教徒所撰之四种叙述被视为唯一的证据，且这几种叙述一致被教徒们奉为圭臬，如果在这种情况下上述问题都会出现，那么，要是有其他证据被引入，局面就更是可想而知，而那些信仰及世界观迥异于基督教徒的人又会是怎样地众说纷纭！

对四大福音，反应各异：或荒谬乖戾，企图证明四大福音压根就没什么明显区别；或极端怀疑，认为它们之间的差异已经到了使人们关于耶稣的历史知识毫不足信的地步；或更有甚者，根本就不知道耶稣是否真正存在。走入上述极端或许颇有意趣，但本书作为极简介绍只能将其略过，去专注于“可能有”，而非“未必无”。不过，即便于“可能有”之事，此处也难有所涉甚广之讨论。我所要弄清的关键问题是，《新约》中有关耶稣的证据，其历史方面的可能性是否足以维系基督教信仰中耶稣基督的可信度？

耶稣的生与死

论及历史上的耶稣，首要的问题就是可靠的依据究竟何在。有关“新依据”的声称层出不穷，不断制造着头条新闻，但实际上，《新约》之外与耶稣直接相关的信息寥寥无几。关于耶稣的犹太教背景（毋宁说是前景）以及耶稣所处的时间和地域在罗马帝国之中的语境，已有相当了解，本世纪则更是如此。我们对于以下各方面的了解远胜以往，这些方面包括：犹太教群体内部的各种紧张关系；不同的宗教派系及其各种各样的期望（包括某种希望，盼着救世主弥赛亚——希腊语中称为基督——解救犹太人于敌手）；罗马人治下的巴勒斯坦社会；不同群体的犹太人当时怎么想、怎么做；耶路撒冷的圣殿发挥作用的方式及其意义；还有那些周游各地、具有超凡魅力的宗教人物所扮演的角色。

福音书中的耶稣倒是跟上述总体形象非常相符，但福音书之外的依据对于耶稣则语焉不详，少有具体提及。这意味着对语境的不同解读能促成耶稣的不同形象，而直接证据则颇为缺乏。耶稣研究领域的一大憾事就在于，《死海古卷》的发现固然激动人心，那些曾在耶稣时代繁荣于巴勒斯坦的艾赛尼派所留下的文字，并没有提供任何令人信服的对耶稣的记述。

不过，具体提到耶稣的文字还是有的。罗马作家苏埃托尼乌斯和塔西佗、犹太历史学家约瑟夫斯对于耶稣都有所提及，虽然只是寥寥数语。争议较大的是基督教的一些依据，如《多马福音》、《彼得福音》、《菲利普福音》、其他福音的残篇，以及被归给耶稣、《新约》中并未出现的一些格言。部分学者曾经尝试将此类依据提升到能与权威的《新约》福音相提并论的层次，但主流的学术观点则认为，上述种种所谓依据几乎全然依赖于那些权威的福音传统，并且往往受到后来的宗教利害关系的强烈影响，与已知的初世纪巴勒斯坦的情况没有联系。

这实际上使《新约》变得至高无上，成为研究耶稣其人的主要历史依据，而诠释《新约》的根据乃是对耶稣所处的初世纪语境的全部认识。对《新约》这本小书加以诠释是一项庞大的专题研究，在第八章我将对此略作说明。当下，我的任务是描绘出耶稣生与死的图卷，一幅因更可能贴近史实而经得起推敲的图卷。

根据一系列学术标准，现将站得住脚的、核心的史实部分罗列如下。

耶稣当于公元前 4 年出生于朱迪亚的伯利恒。究其所出，依然是个谜——《新约》中的提示各不相同，但都一致将耶稣与伟大的犹太大卫王的世系相联系。他成长于加利利，因故乡之名被称为拿撒勒的耶稣。他与施洗者约翰的先知事工相关，而他在约旦河接受约翰施洗时也伴有异象，与《旧约》中先知们受到“召唤”的情形颇为类似。

究竟耶稣的召唤是什么？随着这种召唤逐渐明朗，可以看出，它与犹太人对救世主弥赛亚的期待有关，并且重新解释了其他一些期待。召唤的核心是他关于天国的宣言。宣言首先说明的是上帝是谁，上帝在做些什么。上帝慷慨无比、宽宏大量、慈悲为怀，加之还有那么一幅至关重要的景象，在某个聚会或是婚礼上，上帝对那些通常被认为不会得到拯救的人也表示了欢迎——这些的确是好消息。耶稣以独具特色的寓言展示了所谓的天国，其中不少寓言都颇具加利利风情——多石少土的麦田，遭人憎恶的税吏，不在其地的地主，严重的债务问题，时局动荡时埋下、后来被遗忘的财宝，以及按日雇佣的劳工。或起死回生、救助伤残，或驱魔招魂、复得安宁，他还以实际行动显示了天国的富足与自由，同时，他身体力行，甘与妓女和税吏同桌而食，显示了上帝对人的接纳是多么宽厚。

耶稣的事工也有其共有的一面。他选择了十二个门徒，很可能是为了象征以色列的十二个部落，并且他认为自己的事工体现着以色列的前景。他的训导生动清晰，成为其法则与预言的核心，同时这种训导要求极端的顺从，甘愿突破书面的条条框框去模仿上帝的慷慨、悲悯和宽恕。“登山宝训”（《马太福音》，5—7）使人们认识到，从这种以上帝为中心的视角观之，日常生活的方方面面——法律、金钱、争辩、性欲、婚姻、誓言、报复、借贷、祷告、施舍、宽恕、对饮食服饰的忧虑，乃至对他人的评头品足，都变得彻底。

“登山宝训”也认识到，这样的生活很难见容于社会，持守此道者也极易遭受排斥和迫害。耶稣的目的是让以色列焕然一新，但其影响却远在以色列之外。他看到了所面临的巨大危机，并宣告了自己的判断，指明了忏悔的时机。但由于并未遵循当时任何一个主流派系的路线，他从根子上就容易遭人愤恨。他所见到的异象是由“天启”而来，就是说这种异象承担了耶稣所处时代的强烈期待，盼着上帝带来重大转向，改变这个世界以及以色列在其中的地位。天启的期待多种多样，如富有戏剧性的宇宙大灾难、各色弥赛亚降临人间、罗马人被逐出巴勒斯坦。耶稣的预见在两个基本方面别具特色：他构想天国降临的方式，以及天国降临与他本人的联系。

关键之所在无疑是他通过自身将天启的期许聚在了一处。这意味着他所传递的信息以及所采取的行动与他的身体和命运密不可分。福音通过各种故事表明了这一点，如他接受洗礼（《马可福音》1:9—11，及《马太福音》和《路加福音》中的相应内容），向门徒显荣（《马可福音》9:2—8 及其他福音中的相应内容），声明自己是人类之子，一身荣耀降自云端，人们因对他的反应而得到评断（《马可福音》8:38 及其他福音中的相应内容），以及声称有权进行教导和宽恕。尽管几大福音各不相同，但耶稣的教训和事工与他本人难分难解这一点，或许是福音书的证词蕴藏最深的特点。如果保留这个特点，或许不少细节会有所变化，但耶稣的形象却不会有根本不同。几大福音书殊途同归，故事的高潮发生在耶路撒冷，耶稣在那里接受审判并被钉死在十字架上，但每个福音书都加强了对耶稣的讯息、行为和位格的辨识。

耶稣来到耶路撒冷时正值逾越节，当时满城尽是朝圣者。

图 5 头戴荆棘冠的基督，20 世纪非洲木刻

耶稣入城时骑着驴驹，似乎是特意要让一段《圣经》文字应验，那段文字说的是一位救世主君王带着和平驾临耶路撒冷，他“骑着驴，就是骑着驴驹”(《撒迦利亚书》，9:9)。随之便是那富有戏剧性的一幕：耶稣将货币兑换商赶出圣殿，这种挑衅直击宗教权力和政治权力的核心，尤其在逾越节这样一个敏感的时节，不管是对于犹太祭司贵族，还是罗马人，都是危险的举动。这两个群体似乎相互进行了勾结（借助犹大，耶稣的一个门徒)，逮捕了耶稣，控告他，并以煽动言论为罪名处决了他，而所谓煽动言论就在于他自称救世主且预言圣殿将毁。正是罗马人给耶稣定了罪，说他是叛贼，并把他钉死在十字架上，因为他对政治构成了威胁。

耶稣本人对自己受难一事是如何看待的呢？他似乎视之为使命的完成，将自己所遭受的苦难和排斥看做拯救以色列这项事业的一部分，并期待上帝作出公正评判。决定性事件是耶稣与门徒最后的晚餐。最后的晚餐是否真的就是逾越节的膳食，对此尚有争议。但其时间正值逾越节，氛围则是通过宰杀和食用逾越节绵羊来纪念以色列人逃离埃及。在一次与许多《圣经》预言相似的短祷中，耶稣似乎已经将圣约和宽恕同自己的受难连在了一起，日后对此的纪念将以膳食进行，其中面包和红酒象征了他的身体和鲜血。耶稣的使命与身体之间的纽结从而决定性地系在一起，并以一死加上了封印。

上述说法几乎每种都值得商榷，其中有不少仍在引发争议，不过，每种说法同时也能引来许多学者为之辩护。前文定下的目标是基于良好的学术态度提出一种描述，但绝不就此宣称独此一种。结论则是，根据学术界的史学标准，《新约》中耶稣形象的可靠性固然有商榷的余地，但同时也不可证伪。四大福音叙述各异，这一事实说明了神学方面可靠的、针对耶稣的证据从来就不要求历史细节处处准确。每种叙述都想把故事讲得精彩，同时也有许许多多其他方面的考虑——探究这位无比丰富的人及一系列事件的神学影响和道德影响，凸显他与某些特定读者群的关联，针对对手、异见或不同叙述作出答复。种种考虑致使他们撰写了各种证词，远远超越了单纯的历史记述。与一系列有案可稽的史实相比，他们所撰写的证词对读者的挑战要严峻得多。现在，就让我们转向最为严峻的挑战吧。

耶稣的复活

所有《新约》文献的撰写均未跳脱对耶稣基督复活的信仰，撰写人似乎是以这种方式来表明，上帝让钉在十字架上的那位起死回生，使他不同于以往，但却与那个曾与门徒同餐同饮的人保持了一致。关键并不在于复活，而在于耶稣其人仍然一如往常，可以随时现身，可以交流，可以行动，死亡不再是个问题——人们所体验到的是，他已经超越了死亡。当然，关于这一"事件"的解释，也可能有很多其他的观点——身份错置、弄虚作假、错觉、幻象、对耶稣受难神话意义或者象征意义上的解释、与死去的肉体无甚关联的"精神"复活，等等。

在第三章，根据《新约》，我对耶稣复活的神学结构作了总结：上帝施事；耶稣表现为上帝所施之事的内容；通过飞升的耶稣带来的圣灵，人们得以转化。这被描述为"可与上帝等量齐观的事件"，对人们所信仰的那位上帝有所指。有那么一位上帝，既创造万物，又出人意料地能自由厕身于万物之中，如果人们对此难以接受（不管出于何种原因），他们就已经构建起了某种与信仰这位上帝相抵牾的世界观。不过，信仰这样一位上帝而不相信耶稣的复活却是完全有可能的，这被描述为耶稣复活的证据是否可靠的问题。对此问题的辩论可谓激烈，对各种叙述的验证更是没完没了，合乎种种证据的理论范围极广。纵览这些理论，得出的结论不免令人灰心——就达成某种学术方面的共识来说，它们尚未取得任何进展。学者们的声明越是言之凿凿，就越可能因为前提偏颇或方法与标准失当而遭到驳斥。换言之，这正如一桩讼案，其中陪审团面临着一种抉择，即要不要相信仅有的几位证人，只有他们的叙述留存了下来。

然而，正是在这里，结构中的第三个因素出现了：耶稣其人依然在世，在信徒当中分享他的圣灵，以确定自己的身份。这并不近似于对一位年代久远的历史人物进行查证。实际情况是，人们相信耶稣以各种方式现身，使自己与信仰、爱、希望、喜悦和顺从产生关联。这样的证据如何被接受呢？《新约》中对耶稣的此类证据与其对历史言说和历史事件的证据至少一样多——实际上，所有史料型的证据都是由持守信仰的人提供的。因此，耶稣是谁有据可查，耶稣说过的、做过的、遭受过的也同样有据可查。耶稣死而复生，与先前的自己保持着一种延续，对此也有证据，并且这种证据与上述证据相互交织，密不可分。倘若试图将耶稣复活一事从错综复杂的证据当中抽离出来，那么复活一说也就被证伪了。如果将上帝、历史事件以及绵延不绝的见证人群体之间的不可分割性通盘看待，那么随便哪个陪审团都不得不承认，他们自身对于生命、死亡以及上帝的信奉和理解在他们的裁决中摇摇欲坠。分立的话题未必不能有，但关于耶稣的证据的整体特点却不容许在历史上的耶稣和信仰中的基督之间有任何分界线。

因此，当神学拒绝任何分割区划（包括哗众取宠、占据报刊头条的各色“发现”)的做法在无视问题复杂性的情况下率尔裁决时,它便对耶稣复活的种种问题作出了最公正的评判。这种复杂性的核心是一项声明,该声明既是历史方面的,也是神学方面的。如果有学者、神学家或者任何其他人支持将这两方面一分为二——就像许多人说过的那样,声称真正的史学方法对上帝不闻不问,或者声称真正的神学方法可以对历史学家的言论不理不睬——他们是有权利这么做的。但他们也得承认,他们的做法有悖于最早的见证人的证词,这些见证人既援引了上帝的证词也援引了史料作为证词,力图公正地对待他们所见到的史无前例的事件,借助上帝的生命,一个已死之人重获新生。

经典基督学

基督教对耶稣的理解在神学中被称做基督学,要对其来龙去脉一探究竟,耶稣复活这一事件可以作为合宜的起点。不相信耶稣复活,基督学的整体发展就无从谈起。耶稣复活的故事错综复杂、一团乱麻,第三章对此已经有所揭示。耶稣复活以各种方式口耳相传,如故事、布道、训导、礼拜、预言等等。也有诸如福音书、书信、历史记述、天启的景象、关于信仰的简短声明、经书引语的集子、训导要点、对敌对观点的攻击、对攻击的回应等书面文献。所有这些文献各有其不同的兴趣点、背景、作者和读者,成就了各具特色的撰写方式。同时,周围的社会施加着巨大的压力,基督教徒之间存在强烈的分歧。

鉴于上述情况所造成的分离之势,不免令人称奇的是,在遍布罗马帝国及其他区域的信徒网络中,仍能形成如此高的聚合力。显然,理解这一问题的关键在于这些信徒共同忠于耶稣基督。这意味着什么?对于这一问题的几个关键元素,也存在广泛的共识。他们自认延续了对以色列上帝的信仰，将犹太经卷作为自己的经卷，不同的是，他们将耶稣视为救世主弥赛亚。他们继续与飞升的耶稣基督联系在一起，这集中体现在庆祝主的晚餐（亦称圣餐、领受圣餐及弥撒）这件事上，通过其生死训导，他们将耶稣视同救世主。对于什么是犹太经卷之外最权威的文献，他们逐渐达成了共识，这些文献后来成为《新约》——其中有些篇章很晚才被接受，直到4世纪《启示录》（或称《约翰的启示录》）在罗马帝国东部才被广泛承认。他们还创制了不同形式的教会法令、戒律、咨询、道德训导、入会仪式，以及最终成为教义的对信仰的主要论题的简要总结。

基督教如何获得发展，又如何使自己有别于其他群体，有别于被“天主教派的”基督教徒视为异端、属于非天主教派的那些人？本世纪[1]对此问题的史学及考古学研究可谓规模空前。就基督学来说，这个故事的一个引人之处就在于，基督学穷尽了其他时期也同样面临的所有选择。若去了解最初七个世纪中的基督学的故事，你会碰到许多神学观点，这些观点在之后的数百年间历经变迁，或得以延续，或重获新生。这倒也不足为奇：基督教在罗马帝国传播之时，其相与交接者乃是一个博大精深的文化，许多关键的思想主题难免会被提起。

在基督学讨论当中，几个主要的、具有权威性的里程碑比较明确，分别与尼西亚会议（325）、君士坦丁堡会议（381）、以弗所会议（431）、加尔西顿会议（451）以及君士坦丁堡会议（680）相关。尼西亚会议和加尔西顿会议意义最为重大，前者讨论了耶稣基督因为“与圣父同质（或同属一种存在）”而具有真正的

① 指20世纪。——编注

神性，后者讨论了神性和人性在耶稣基督身上合二为一，“不可混淆，不可改变，不可分割，不可两立”。换言之，发展的核心是，不管是神性还是人性，通过深入思考耶稣基督的意义，都被重新加以构想。这里的问题并不在于将上帝的预先规定与人性的预先规定以及调停两者的企图并列一处，尽管确实有那样的一丝意味。如果耶稣基督内在于上帝的身份，那么上帝意味着什么？如果人性的真正标准是耶稣基督，那么作为人又意味着什么？对这两个问题重新进行全面的思考正是上述讨论的革命性之所在。很多争议关注的只是人们能够预见到的那类问题。检验各种观点的标准，是看它是否能够同时对上帝的神性、耶稣基督的人性，以及二者合而存乎一身这一点作出公正的评判。即使是那些被判定为正统的基督学，两种基本类型之间的关系也非常紧张。“亚历山大派”（因埃及亚历山大城的神学中心而得名）趋向于强调基督的神性以及神性和人性在其身上的统一；“安条克派”（因其安条克中心而得名）趋向于强调基督的人性以及对寓于基督的神性和人性进行区分的重要性。这两种类型曾经有过复现的趋向——比如，在16世纪的新教改革当中，马丁·路德倾向于亚历山大派的基督学，约翰·加尔文则倾向于安条克派的基督学。

辩论的技术性通常都很强，并且不出意料，对种种讨论的神学评判也各不相同。对有些人而言，那些辩论在基督学中仍算是盖棺定论，多加一分亦为不可。对其他人来说，那些辩论作为思想成就虽然堪称意义重大，但并非不可超越：上述会议接受了教会在其敬神活动中已然相信并奉行的东西，它们不但通过批判性地将已有的最优秀的哲学思想为我所用，更为充分地使其形成概念，而且有了更深刻的领悟，为后继的神学智慧和创造性奠定了基础。对其他人来说，由于对环绕周围的希腊一罗马文化，尤其是对其哲学弃械投降，原本的犹太教信仰被歪曲了。还有人通过援引历史和人文学科所讨论的大量因素，对整个过程抱有一种更为纯粹的世俗理解，通常格外重视以强大的力量与利益之间的相互影响来作出解释。第二章描述了神学的五种类型，它们在关于基督学历史的定论中发挥着作用，而要对它们一窥究竟其实非常容易。几种类型跨度很大，或以独立的、非基督教的现实体系作为判断的基础，或将过去数个世纪所产生的正统基督学奉为不可改动的永恒圭臬。而神学辩论中最为有趣的观点，通常是介于这两极之间的三种类型。

千百年来关于耶稣的不同观念

在基督教神学传统研究领域，加罗斯拉夫·帕利坎是杰出的历史学家，在篇幅不大但颇受欢迎的著作《历代耶稣形象》当中，他针对耶稣的众多形象撰写了引人入胜的概述。耶稣的形象穿越古今，值得注意的是，在第三个千年即将到来之际，以往各个历史时期的关键问题及影响深远的耶稣形象，有许多依然可以作为当下的选项。如果有选择地权且以这样一个概述作为基础，就有可能提出一些关于耶稣的最为重要的神学问题。

对神性和人性的问题我已有所关注。在正统派学说当中，亚历山大派和安条克派两种观点之间的紧张局面持续不断，而在教会许可的边界之外，还有人提出了这么一位耶稣，他或者是具备神性而缺乏完全的人性，或者是具备人性而毫无神性。在过去的几个世纪里，毫无疑问，西方文明的重中之重一直是耶稣的人性，以至于耶稣的神性在不少人看来几乎已是不可想象。这部分要归因于有关上帝的那个普遍观念（第三章讨论过），它倾向于将上帝想成是超验的，外在于万物，与人性具有对比甚至是排斥的关系。但是，还有一个相关的原因在于，各方关注的焦点落在了耶稣的历史细节之上：耶稣，操亚拉姆语，公元 1 世纪的一位犹太男子。耶稣鲜活而完整的人性也被主流基督教神学家们所利用，因为他们有关神性和人性互不排斥的观点意味着，人性的耶稣正是用以理解上帝的形象。因此，从各方面来讲，耶稣的个体特征及其特定背景都饶有趣味。

因这种趣味而起的一个关键问题是，具体的这么一个人，如何能够像基督教徒所说的那样，与整个世界都有所关联。基督教神学对此问题的基本解答貌似简单：死而复生的耶稣基督既是生于巴勒斯坦、死于巴勒斯坦的那个人，也如上帝一样，自由地与每个世人相关联。但问题并非如此简单。每个细节都引发各自的问题，这些问题不仅是一些实际困难——神学方面的难题也为数不少。事实上，对这些难题的回应已经对基督教历史产生了深远影响。现在，我将简要说明上述细节——耶稣，操亚拉姆语，犹太人，男，生活在 1 世纪——的一些影响。

语言、翻译与文化多样性

有些宗教有其宗教语言——在伊斯兰教中，阿拉伯语作为《古兰经》的语言有着明显的优势。基督教却并非如此，以希腊语记录的福音书已经是耶稣所用的亚拉姆语历经迻译的产物。翻译难免有所损益，而每种翻译既是一次新的诠释也是对他文化的一次适应。仅仅是翻译“God”[1]或“saviour”[2]，不同的译法就

① 基督教中称上帝。

② 基督教中称救世主。

可能产生重大而深远的影响,而诸如此类需要取舍的译法成千上万。由于没有基本的宗教语言,基督教在每种新环境中传播时似乎都会在其语言和文化习俗中得以“体现”。这其中的神学意义颇为重要:它意味着,对于基督教徒而言,圣灵在交流的过程中为人所见;新的意义能够出现;表达和体现形式的不断增多对于原初的某种规范性的统一是一种充实而非威胁。正如我们所看到的,四大福音书中各种各样的证言就是接受多样性而不断进步的一种形式,也是对任何单一的规范性故事或语言进行抵制的一种形式。

非犹太人教会中的犹太人耶稣

近几十年来,耶稣作为犹太人这一点一直是学者们关注的主要领域。第一批基督教徒也是犹太人,他们的《圣经》是犹太经卷,并且他们并没有觉得自己的犹太身份与视耶稣为犹太人所期盼的救世主有什么矛盾。正是这种犹太性使以前的教会有必要在一个问题上作出一项重大决定:成为基督教徒的非犹太人通过接受割礼且遵守诸如饮食规定等犹太律法,是否也能成为犹太教徒?耶路撒冷教会决定,非犹太人基督教徒不一定要同时满足犹太教的入会要求(《使徒行传》,10—11),这是一个意义重大的转折点。

允许非犹太人入教在教会的组成方面意味着一种巨变,教会很快就被非犹太人占据了主导。已有的犹太人群体之间也存在紧张局面和冲突。在这种局势当中,耶稣的犹太性容易被掩盖、忽视、误解或者扭曲。后来,基督教徒占据了支配地位,犹太人依旧是寻衅滋事的“外人”,被视为不接受福音所宣扬的内容,因而极易遭受歧视和迫害。排犹主义的恐怖历史从此拉开序幕，最终导致纳粹对犹太人实行种族灭绝的温床从此铺就。纳粹大屠杀堪称20世纪最大的创伤，它对犹太教和基督教思想产生了深刻的、不断加大的影响。其中相当重要的一部分就是试图对犹太人耶稣作出更为公正的评判，并探究犹太人眼中的《新约》和整个基督教传统是怎样的一幅景象。

男性耶稣

20世纪，两性关系及对性别意义的理解发生了前所未有的变革。这已经不再只是一个试图确保男女平等、消除歧视、应对无所不在的男性主导和父权的问题了。它同时还影响到了最强大的一些符号，影响到了人们自我构想的方式，从而直逼每个人性别身份的核心。所有宗教与文化，以及借以讨论问题的各种语言本身，都遭到了批评。在这种局势当中，耶稣身为男性这一话题在神学方面的意义自然大过以往。

近几十年来涌现了大量的文献，所讨论的有《圣经》中的女性、父权宗教、上帝的性别、耶稣与女性及其他边缘人群的关系、基督教传统中的女性，以及诸如“男性救世主如何能拯救女性”等问题。目前要注意的是，作为耶稣具体细节的关键特征，性别已经成为突出问题。就耶稣本人及其意义，这一问题已经引发了一系列的新问题以及各种相互冲突的新解释。

从1世纪到20世纪

对于近几个世纪以来全球性变革的节奏、程度及多面性，第一章已经进行了讨论。现代性已经在前现代与我们自身之间造成了巨大的鸿沟，因此，要想象某个1世纪的人竟能与今天的生活息息相关，已经变得越来越难。这位加利利的犹太流浪

图 6 神圣家族：约瑟、马利亚和耶稣。绢画。日本，20 世纪

者，其人其事都遥远而陌生，对于我们当前这个大不相同的世界中的生活，他的意义很容易被遮蔽。对于这条明显的鸿沟（有一种说法叫做“阐释鸿沟”，表明了要想真正理解和解释存在于两种迥异的情景当中的意义是何其困难），神学界又有哪些反应呢？第八章将对此展开说明，但目前至少有必要对几个主要的神学策略进行总结，其中每种策略都会引发广泛的辩论和冲突。

首先，我们已经注意到了基督教信仰的基本策略：人们相信耶稣并不局限于 1 世纪，他永在人世，一个世纪又一个世纪以各种方式传达着自己的信息。于是产生了无数有关《新约》图画的即兴创作，产生了将耶稣与新形势相关联的创新——想想耶稣的各种黑人形象，或是对现代形象中“隐姓埋名的耶稣基督”的不同解释。帕利坎只是有所选择地列出了耶稣的形象，显示了一种信仰的潜在可能性，这种信仰相信它的奠基人的的确确既是在《新约》中得以证实的那个人，又与人们有着持续不断的关联：拉比耶稣、历史的转折点、非犹太人的光明、万王之王、宇宙万物的基督、人类之子、真正的映像、钉在十字架上的基督、统治世界的修士、灵魂的新郎、兼具神性与人性的楷模、普遍意义上的人、映照永恒的镜鉴、和平的君王、常识之师、精神的诗人、解放者、属于全世界的人。

其次，帕利坎轻快自如地穿越于诸世纪之间，这提醒我们，严格说来并无“鸿沟”可言：在过去两千年中的任何一点，都有人尝试去诠释和追随耶稣。20世纪以前，彼时彼地，各种鸿沟似乎正在显现——存在于犹太的耶稣与非犹太的耶稣之间，或者天主教的耶稣与清教的耶稣之间——而每一次文化或文明的重大转变无不引起类似的问题：向凯尔特诸国、日耳曼部族、印度、日本、中国、南美、非洲等地的迁移。以此观之，西方的现代性确乎影响巨大，但其所引起的问题却并非没有先例。基督教被视为一种信仰，它持续不断地在新的背景中对其创建者进行重新阐释，并在这些新背景中寻找灵感以便采取新的方式对他进行描绘。因此，二战期间针对犹太人的大屠杀以及20世纪的性别革命，引发了对耶稣的两种极具影响力的解读：犹太人，男性。不过，这些形象同千百年来形成的其他形象始终保持着对话。

第三，正如第一章提到的，在第二个千年行将结束之际，有关前现代与现代之间存在巨大断层的观点听起来已不那么有说服力。现代相对于以往的一切所具有的优越感并无太多证据，此外，对前现代各种声音的偏见有了减少的可能，而对那些声音的关注则有了增加的可能。在常识层面，各种连续性很显然与生、死、人类的欲望与行为、物质性，以及基因、教育、家庭、政治和其他背景因素的影响不无关系。当然，所有这一切都部分地属于“社会建构”，但是原则上，要与一个 1 世纪的人发生关联并不比与当今世界不同地域，甚至与同一个社会的人发生关联困难多少。

最后，我们回到第二章讨论过、本章重又提起的那五种类型。论及耶稣之时，这五种类型所关注的基本上都是耶稣如何与当下的世界观和理解体系有所关联。关于阐释鸿沟，五种类型能教给人们的是，一位 1 世纪的人与当今世界相互关联的可能性只是困难的一部分：显而易见，耶稣以多种方式与数以万计的人相关联。实际上，主要的决定是神学方面的：相对于特定的世界观和生活方式，此人所扮演的是怎样的一个角色？这将始终是关于耶稣的一个最富争议的问题，不可避免地带有神学性质。

第七章

拯救——范围及强度

拯救(salvation)一词的词根意义是健康。健康可以指身体、社会、政治、经济、环境、头脑、精神以及德行,含义甚广。这些方面无不与几大宗教传统所理解的拯救有所关联。它们关注的是处于最大语境之中的生命的全部,而在此语境当中,它们尤其关注人类的繁荣。除了"拯救"一说,表达这种观念的关键词语还有不少——救赎、与神的结合、自由或解放、开悟、安宁、喜乐,等等。我将使用拯救一词,因其词根意义——健康——比上述大部分词语的适用范围更为广泛,具有优势。

鉴于拯救的多面性,可以看到,多数关键的神学问题都汇聚于拯救这一话题,并且,要使我们的神学探索达到高峰,拯救正是合宜之所。不过,恰恰因为拯救具有诸多方面,话题的把握就尤其艰难。这一话题既牵涉自我,又牵涉上帝,同时还牵涉整个世界,而依照多数宗教传统的教义,要想真正理解拯救,还需要经历自我转化。虽然我们在前几章已经遇到过这种两难之境,但在这里问题或许最为突出。

倘若能够弄清在某些特定的宗教传统中拯救的确切含义,那么宗教研究必将大有裨益。

现象学的描述试图使观察者超然无执,从而一探基督教、佛教、伊斯兰教或其他某个宗教的意义。这种描述对于构想和理解这些宗教对人们的生活状态的塑造会有所帮助。人类学家可能要经过几十年混迹于研究群体之中才得来的优秀的社会人类学理论,也同样会有所帮助。这些都可以通过一系列其他的学术和科学研究得到补充。但它们均无法替代神学思考,不管是单枪匹马还是齐心合力。神学思考专注于宗教传统内部以及宗教传统之间有关拯救的重要讨论,同时,它所探究的不光是意义的问题,还有真、美和实践的问题(第二章对此有概略说明)。优秀的神学理论试图对上述所有研究给出公正的评判,但同时又总是使各项研究跨越边界彼此关联,去探究任何一项研究都认为事不关己的那些问题。

在这一章,我将以两种方式对拯救的神学理论进行探究。首先,我会恪守本书的策略,主要是通过基督教对拯救问题进行探究。这样一来就有机会介绍所谓的“系统神学”,并勾画出某些“强化之旅”。其次,我会根据许多宗教传统,提出各种作为神学话题的拯救问题。

基督教的拯救

在其主流形式之中,基督教居然从未正式界定出拯救的教义,这真是令人吃惊。基督教关于拯救的态度多种多样。基本原因有两个。一方面,基督教认识到了人类生活的复杂性,认识到了人类生活毁坏、堕落、治愈、更新等方式的复杂性。另一方面,基督教也认清了上帝的活动比人类活动要复杂得多、自由得多、奇异得多。

在《圣经》中,这种双重的丰富性以各种各样的方式得以表现,这些方式被吸收进教会的不同传统中并被发扬。这种无从概括的丰富性由于拯救所具有的高度实践性而得以增加，这意味着，拯救说始终在自我调整以适应不同的环境和文化。

此外，拯救作为汇集了多数神学问题的一个主题，其**范围**和**强度**合在了一处。因此，要对拯救有个公正的评判就变得异常艰难：对众多问题及其影响淡然处之时，你很可能会觉得强度已然缺失；当强度存乎其中时，视角又有可能缺失，其他各种强度似乎也随之有所贬损。不管遵循何种方式都不失为颇有助益的引导性练习，一方面练习的是系统的概述和相互联系，另一方面练习的是经历过的、集中起来的某种强度。以下两节将就此进行尝试。

拯救的神学生态

任何一项重大议题必然涉及到大多数其他的议题，这在神学当中司空见惯。因此，面对任何一项议题的神学家都会理所当然地追问某一问题如何与各种各样的教义相关联，这已是他的习惯。这恰似一个生态，达到了一种精微的平衡，如果一个生态甕发生重大变化，整个生态都可能受到影响。前几章虽已对此有过阐述，但研究拯救问题尤其需要如是观之。各种教义均与拯救相关，因此，要想在系统神学、教义神学、教义学或是建设性神学等诸多神学理论当中讨论不同教义的相互联系，拯救这一话题最能实现目的。我无意于对任何一种教义进行阐发，我的描述也将是求其大略、简而言之，但是，仅仅是提出问题就可以表明它们如何相互关联。

“上帝拯救”云云，是基督教有关拯救的基本语句。上帝的品性和主动性是拯救这一观念的核心。因此，关于上帝的神学讨论在拯救问题中始终居于中枢地位。主要问题就是统摄第三章的那个问题:上帝是否是三位一体?倘若上帝并非如此,那么拯救也就不同于大多数基督教徒的设想。这跟上一章讨论的耶稣位格的意义密切相关,跟耶稣密切参与、通过圣灵与上帝相应息息相关,也跟第四和第五章讨论的神性相对于人性自由的关系密切相关。千百年来最富争议的一个话题莫过于"得救预定论"之说。对于奥古斯丁、阿奎那和加尔文这样的神学家而言,一位无所不能、先知先觉的上帝竟没有提前确定谁最终获得拯救、谁最终无法获救,这实在不可想象。对于其他很多人来说,有些人居然预先就已被判定要受诅咒,这与耶稣基督身上所反映出来的上帝的品性无法相容:人对上帝真正自由地或接受或排斥,这种可能一定是有的。更有人认为,上帝的"救世意愿"针对的是所有人乃至世间万物,不可想象会有任何人最终竟会排斥一位如此富有耐心和慈爱的上帝——这种观点引导他们走向"普世拯救"的教义。整个讨论均围绕如何理解上帝而进行。

第二条基本教义是创世说。假如世间万物由上帝创造并且是好的,那么拯救的教义就应该对人的整体,包括其肉体、性欲和创造性,作出公正的评判。对人的状态的不同描述方式会使情况大不相同——比如,如何理解人身上"上帝的形象",人的意志何以与理智、欲望和想象发生关联。对拯救的思考也需要考虑到整个自然世界和宇宙,以及与之相关的科学知识和美学认识。创世说与天命的教义也密切相关——人们是如何理解上帝持续地干预着世间万物的,以至于不管是在进化当中还是在人类历史当中都能觉察到"救世的上帝",包括人类在文化、城市、技术及其他改造自然活动中所谓的"二次创世"。

这反过来又引导我们进入了上一章所讨论的邪恶的问题。

拯救的所有教义都要对邪恶以及看待邪恶的方式有所解释；传统上，这一点是在天命的教义和罪恶的教义之下进行的。由此引发的一些关键问题包括：死亡或罪恶对于人类而言是不是主要的邪恶？罪恶在多大程度上可以看成是人的责任？所有人生来就有的“原罪”究竟如何？使个体和群体蒙受灾难的“结构性罪恶”或者其他一些超个人的或非个人的邪恶的力量又是怎样？显然，这些问题的答案对于解释拯救问题都会有所帮助。

不过，看看拯救的各种教义如何造就了对邪恶和罪恶的理解也很重要。在20世纪许多神学理论当中，一直存在一种观点，这种观点坚持认为对拯救的某些解释是危险的，这些解释过于“以问题为导向”，其内容也过多地受制于对邪恶和罪恶所作的孤立解释。要免蹈此途，就需要将对邪恶和罪恶的描述与积极正面的教义密切结合。比如，对于堕落了的人类，被视为“上帝形象的体现”和完善之人的耶稣基督是其标准；或者，据称，只有以信仰、希望、爱为依据，人们才能真正理解绝望、丧失信任、将心门向上帝和他人紧闭这三种情形。

在本节，出于必要，我们已经不止一次地提到过下一条有关耶稣基督的教义，因为耶稣在对上帝、创世和邪恶的讨论中不可或缺。第六章总结的经典的基督学辩论，谈拯救与谈上帝的本性和基督的位格一样多。“耶稣是救世主”的假设贯穿始终，因此，拯救的神学理论怎么也离不开对耶稣的讨论。重点应该放于何处——是耶稣的垂范之举，是其训导，是其罹难，是其复活，是其给予圣灵，还是其与圣父和圣灵的结合？主流的基督教神学曾想肯定这一切，但重点发生了很大变化。主要焦点放在了耶稣罹难一事上面，尤其是在西方基督教当中，耶稣罹难被看成是“救赎”、“以苦行赎罪”、“赎罪”、“代罪”、“牺牲”，简言之,"救世"。耶稣被钉死在十字架上是强度的集中表现,它首先实现了基督教拯救神学理论最独特的部分,下一节我们将对此进行专门讨论。

下面要说的是拯救的共同方面。耶稣收下了十二个象征自己的民族以色列的门徒。他所宣扬的拯救本质上是社会性的,与"天国"的到来不可分割。这一天国首先表现为盛宴或聚会,而耶稣与众人同餐的做法是其事工的重要组成部分。以色列人立约的传统——上帝和以色列之间的圣约是其群体生活的明显标志——为基督教教会所适应,早期的基督教徒将自己视为上帝的子民。他们在构想拯救时从未忽略群体这一方面,其文献中满是群体的意象,如基督教会、会社、家庭、圣堂、过继和人子身份、家族分支以及城市。要成为基督教徒就需要接受洗礼——与基督结合,从而连带地加入教会。这一特征最明显的表现莫过于祝圣晚餐或曰圣餐了,它体现了拯救的关键因素:对三位一体上帝的崇拜;通过《圣经》、布道和训导传达出来的

图 7 《复活:格拉斯哥港》,1947—1950,史丹利·斯宾塞作品

上帝的言辞活动；忏悔有罪与求得宽恕；互为祈祷并为所有世人祈祷；在教义中肯定自己的信仰；与耶稣基督交流也彼此交流；心向世间的服务和使命；期待天国的到来；需要合宜的领袖和组织结构来促成这一切。这意味着，作为研究教会的神学分支，教会学对于拯救的基督教解释也是必不可少的。

在教会内部，个体生活中拯救的实现需要具备教义的其他方面，通常概括于信仰、希望、爱三大“神学德行”之下。为了明确拯救对于普通生活的影响，由此三者产生了道德训导以及决策，从而开拓了教义的又一广阔领域。婚姻家庭、政治、经济、法律、教育乃至医疗，这些都难与道德议题脱离干系，因此，这些领域的问题不可避免地都需要得到解答。还有其他许多问题要求人们去思考怎样塑造生活——与宴饮、斋戒、扶贫济困、祈祷的戒律、休闲、个人的天职和禀赋有关。拯救的影响便是这样不断分枝发杈的。

最后要说的是未来。这条教义的术语是“末世论”，讲的是“最终的那些事”，它显然与拯救的观念密不可分。上帝的王国（或曰天国）究竟该如何理解？应当将其理解为于普通历史中出现，还是在死后某个所谓“来世”中存在的事物？基督教超越死亡的希望是什么？上帝的审判如何？天堂与地狱是怎样的景象？早期的多数基督教徒似乎期望历史很快就出现戏剧性的终结，但当时也有一些早期的转移重点的动作。重点由日期和时段转向了耶稣基督其人，他被视做“阿尔法和俄梅嘎”[①]，是历史开端与终结的线索。基本问题不是终结何时到来，而是谁将成为终结者。因此，我们再次看到，耶稣处于基督教拯救神学的核心。

---

① 见《新约·启示录》（1:8）。

对拯救与教义的所有领域之间相互关系的这一简要回顾，既是一项必要的练习，也是低调的练习。现在该尝试再现拯救的强度了。

强化的历程

“强化的历程”这一短语（由美国神学家大卫·特雷西提出）使人想起不断出现于基督教拯救思想中的东西。拯救主要是应对第一章所说的多重洪流——由上帝、生命、死亡、罪恶、邪恶、善、人、责任等等造成。在这样一个力场中，思想需要强度及统摄的力量。它可以利用概观、综合概念，利用系统的相互关联，但对于能够将思考、想象、欲念、感觉和行动共同塑造在一起的图像、隐喻、符号，它有着更基本的需求。在这里，神学只能屈居礼拜仪式、诗歌、故事、音乐和建筑之后。但是，在理论、分析、评论和辩论中，神学理论拥有属于自己的被激发的强度。一个隐喻或者图像便统摄了一种有关拯救的神学理论，所采取的方式使之跨越了一个强化的历程，达到了不如此便无法达到的深度和高度，这样的事并非不可能。

作为福音故事的高潮，耶稣受刑成了基督教拯救的中心强度。福音书的每位作者都以不同方式表明了它的意义；作为最短、最早的叙述，《马可福音》用了最大的篇幅来描述此事以及导致此事的一系列事件。显然，人们并不认为耶稣复活与耶稣受刑相抵牾或是相冲突，而是觉得它强化了耶稣受刑的意义。

究竟是什么意义呢？几大福音书的基本策略就是将故事和盘托出，而不是用过度的阐释使之承载过多的负担。与福音书一致的基督教策略，一直以来都是在洗礼和圣餐中让故事重新上演。在洗礼这种一次性的入会仪式当中，浸水的意象象征着对耶稣之死的感同身受(据说耶稣曾将自己意料之中的死亡比做洗礼),而入会者更以十字架作为自己的标志。在圣餐当中,导致耶稣受难的最后晚餐的故事被重新叙述,分享的面包和红酒则等同于他被钉在十字架上的身体和流下的鲜血。一则故事、两个仪式的这些相互关联、非常久远的元素,是一连串意象的核心。早期及后来的基督教徒们认为耶稣受难一事无比神秘、无比感人、意义无比重大,他们凭借这些意象试图对此事件作出公正评判。

似乎耶稣受难的全部意义需要借助现实的各个方面才能得以呈现。来自大自然的,有黑暗和地里将死的种子这些基本符号。来自宗教仪式的,有祭祀和圣堂。来自历史的,有犹太人出埃及和被掳入巴比伦。来自法庭的,有审判、惩罚和辩护。来自军旅生活的,有赎金、胜利和凯旋仪式。来自日常生活的,有采购和兑换银钱这些市场隐喻,有婚姻、顺从、亲子关系、赎买奴隶、儿子遭佃农杀害的地主等家庭当中的意象,有救死扶伤的医疗意象,也有朋友轻生的场景。这一切并不同等重要,其中有些成为主导意象的可能性要大得多,而其他的只能簇拥一旁。

最早、最深刻的强化历程之一是由《新约》中《希伯来书》的作者完成的。他或者她就与圣堂仪式相关的意象,尤其是就以自我为祭品的大祭司耶稣进行了创作。耶稣以自我为祭品的意象在《新约》的其他篇目中也出现过,有人认为这是构想耶稣之死最根本的方式。这种意象强有力地世代相传,往往通过圣餐和基督教祭司献祭的理解而得以增强。其自身集中了一些强有力的元素:圣堂仪式中献祭礼拜和由此与上帝建立的圣约关系;上帝所赐的祭品与代价高昂的顺从的回应之间的会合;血肉之躯和残暴的杀戮；赞美和感谢上帝、庆祝上帝的恩惠与恩赐、确定与上帝的关系、赎罪、代人祈祷和请愿——将这一切统统包揽在内的实际牺牲的多重含义；以及大量施诸舍己为人、善行、斋戒、感恩及其他仁慈之举的隐喻意义上的牺牲。

近几个世纪以来，西方现代性往往对祭祀有所轻慢，认为它不开化；同时又对祭祀的意象颇为拒斥，认为它已过时，但是，对于现代性的批判则总是有为祭祀恢复名誉的努力相伴随。比如，有些人类学家提出，献祭的动力（及赠予和代人受过等相关做法）对于大多数社会和许多基本关系都是不可或缺的。非常引人注目的一点是，还有那么多其他的意象可以包揽其中——为朋友舍生取义、赎罪、调停、交易、顺从、治愈谵妄之症以及审判。

千百年来，西方基督教中尚有其他三个以耶稣之死为焦点的强化历程。一是战胜罪恶、死亡、恶魔这种军事意味的象征，它在早先数个世纪间被广为接受，后来再度于宗教改革中大为流行。与真正的战争一样，它具有强大的力量去动员各种能量，使生活的方方面面都服务于这一事业，明确敌人的身份，给人以站在胜利一方的信心。如同其他的强化历程，它也有自身特有的缺陷：它具有凯旋论的倾向；它可能对精神战争的神话图景作过分的字面理解，以至于恶魔般的敌人随处可见且被给予了过度的重视。

二是由坎特伯雷大主教圣安塞姆（1033—1109）提出的所谓赎罪的“苦行理论”，该理论统治了其后的半个千年，后续影响则更为深远。该理论创立之时，正当封建体制被确立为中世纪欧洲占据主导地位的政治、经济和社会架构。它与封建统治集团中能激发忠诚与荣誉的各种力量密切相关，将耶稣之死看成是为悖逆的罪恶引起的混乱和对上帝的玷污所付出的代价，此代价只有兼具神性与人性的耶稣才能担当。在此，基本意象强有力地将政治、经济、社会，与个人荣耀上帝、服从上帝的责任结合了起来，而耶稣完全顺从的受难则是关键性事件，它使整个体系得以恢复，对上帝合宜的顺从和崇拜是这一体系的核心。

第三种方式处于 16 世纪宗教改革设想的核心，即称义于上帝之前这一事实，它是从法庭上截取的一幕情景。马丁·路德的神学理论极为鲜明地以十字架为中心，照此理论，上帝完全等同于被钉死在十字架上、代人受罪的耶稣。对这样一位上帝的信仰既是在接受宽恕，也是在医治信徒，使其远离罪恶，在上帝面前充满自信，免受罪责。这是一种通过信仰获得自由的教义，它释放了巨大的能量。或许，在此之前从来没有哪个重要的基督教团体像路德教派那样，以“因信称义”的信条如此一心一意地将自己的拯救观念集中于某一个条款之上。其他的路德宗导师和教会对其寓意另有说法，但因信称义却始终是独特的强化之旅。

在这些“历程”以及其他许多有迹可循的“历程”当中发生了些什么呢？没有任何一个“历程”满足于淡然地考察所有选项，然后尝试着逐一地撷其精华。拯救自身的某种东西就排斥这种不偏不倚的态度。如果有人只是将其视为一种生活方式而不是智性练习，那么其高度与深度似乎就只能通过冒险深入某一选项来一窥究竟。人生历程只有一次，并且和人生的其他所有方面一样，人的智性观点也是由经历塑造的。然而，神学却不得不对所有选项一一研究和讨论。神学可以被视做一个聚会之所，人生历程各不相同的人在此相会，他们和善相待，相互辩论，有时甚至劝导对方改变路径，同时也欢迎新的伙伴并对自己的地图重新勾画。

当前的强化历程情况如何呢？以前的历程现在还有人在走，那些已遭弃置的道路、不时兴或不广为人知的教会或群体所遵从的道路又重新被发现或开通，这种现象屡见不鲜。或许，20 世纪此类现象当中最引人注目的两个，要数五旬节运动和灵恩运动超乎寻常的蓬勃，以及当前许多正统教会在曾经的共产主义国家和其他地方的复兴和扩张。五旬节信仰的强化是通过圣灵，通过由圣灵激发的信仰、灵恩能力、崇拜、使命、建立会社等活动的激增，通过为庆祝信徒前所未有地增加到超过三亿人而发生的殉教事件所实现的。正统教会最核心、最强烈的拯救意象是礼拜仪式，通过盛宴、斋戒以及教会年的平常日子来庆祝。在这个复杂的符号当中，拯救的关键意象是"神格化"的，是通过与上帝婚姻一般的结合所实现的对人性的美化。从根本上来说，它并不像大多数西方式历程那样"集中于耶稣受难一事"。耶稣之死意义深刻，但总是被设定在(尤其是通过圣像)道成肉身和三位一体的视角之中，而这两个教义最在乎上帝与人性之间的结合以及二者合宜的区分。

20 世纪的新历程又是什么呢？显而易见的一个选择是：以各种方式将"解放"作为自己口号的大量的神学理论。它们的主导意象就是兼具政治和宗教意味的出埃及，犹太人于此时摆脱埃及的奴役与压迫。时光流转，以色列人被掳入巴比伦所具有的必胜主义色彩渐已暗淡，对流亡意象的补充性强调却一直都有。第一批此类神学理论是由拉丁美洲人创立的，他们将福音以及对不公正和压迫的分析应用于自己的社会。其所产生的神学理论，立足点是不公正的政权和结构的受害者，所代表的同样也是这样的受害者。它所说的上帝为的是历史上的穷苦人，号召与穷人团结一致、抵制压迫，重点是通过“实践”，尤其是通过草根群体的联合行动来改变局势。

同样强调团结受害人、强调激进的实践，与拉美的解放神学理论相似的还有其他一些被边缘化、受压迫群体的神学理论，这些群体如美国和南非的黑人、印度的“达利特”[1]、美国和加拿大的美洲土著、新西兰的毛利人、世界各地的妇女。在这类神学理论当中，女性主义神学理论也许最为普及，并且除了“解放”模式之外，它在其他方向上也有所发展。

最后一种当代的拯救强度值得注意，尽管要对其进行总结或将之归入某一运动更为困难。女性主义神学的某些类型提供了很好的范例，因为它们坚持强调“解放”只是为了更深入地讨论关于个人转变的议题。心理学、精神治疗、精神分析学、艺术、精神性的长期传统，这些都被加以利用，用来提出处于各种关系当中的人的塑造的问题。或许，这种方法的不同形式比现存于西方中间阶层基督教徒当中的任何其他方法都更加普遍。

多重强度中的思想

就基督教拯救神学理论的两大必要的运动，我已经进行了描述，目的既是想尽可能系统地思考，也是想公正评判各种历程的存在强度。如何使二者合而为一？并没有什么规则可循，并且事实上，不同历程各具特色，但都具有以不同方式应对此事的倾向。异己形式的分析和系统化会遭到排斥，而我那种总结

① 英文 Dalit，是印度独立前对社会最底层民众的一种特定称呼，又称为“贱民”。

拯救神学理论的方式恐怕也取悦不了几个人。不过，我估计，对于只走一种历程的人而言，认真接触他人走过的历程，接触尽可能系统理解不同历程的敏感尝试，很少会宝山空回。当这种学习成为神学议程的一部分时，神学最为繁荣；在理想的情形下，其造成的结果乃是一切传统中主要思想家所代表思想的新强度。本章最后一节将使这种原则拓展到基督教之外的其他拯救方式。

各种各样的拯救

在基督教的范畴之中，我描述了拯救的理论，以此说明不可能有任何一种人人认可的总体评述。当人们跳出基督教的范畴去考量其他拯救（或意思相近的任何其他字眼）方式时，显而易见，结论就是这种不可能性加大了。不过，就像基督教中的拯救神学理论一样，这并不意味着尝试系统地理解毫无意义——只不过这样做难度很大，并且因为接触到经验过的拯救的多重强度，它必然会始终接收新知、受到干扰、保持适度的谦虚。

基督教与其他宗教——比如佛教——关于拯救的有意义的神学交会都需要什么样的理想条件呢？与上节相一致，我将对此进行追踪。基本要求是，对话各方不仅能对基督教中，同时也能对佛教中的各种总体评述和存在强度给予公正评判。很难想象，对话伙伴会对两套传统都同样在行，因此通常都需要大量的相互教育。在本章及以前几章，我已经概要描述了要想具备基督教神学研究能力所需的一些入门知识。事实已经表明，其复杂程度至少不亚于语言以及与之相关的文化，正因为这样，我才不愿同时去介绍多个传统的神学理论。在以下几个段落，我们来看看佛教这边所需要的最低限度的知识是什么，外加一个连续评述，该评述显示了对佛教和基督教进行比较所遇到的重重困难；我希望我的那种不情愿会得到肯定。

佛教和基督教中的拯救：比较神学任务的四大要求

我以关大眼对本系列丛书的杰出贡献——《佛学概论》作为自己的向导。他开篇即道明，即便是研习佛学的学者，在对佛学进行描述和归类时也难以避免巨大困难。他强调了佛教在阶段、地域、传统、学派、宗派等方面内在的多元性，说明了佛教如何对诸如"宗教"、"哲学"、"生活方式"、"道德准则"等范畴避而不谈。在与基督教作比较时，就连"上帝"或"神"的概念也没什么帮助，因为以基督教的视角来看，佛教并非有神论。基督教的各种教义也遇到了相似的困难，对基督教拯救神学理论的全面评述正是通过这些教义呈现于前文的，它们包括创世、天命、罪恶、耶稣基督、教会、末世论。其中或许有一些明显的共通之处，但很快就会清楚地看到，它们往往都是假象：耶稣基督在基督教中扮演的角色与佛陀在佛教中扮演的角色大不相同；对于两者的崇拜、祈祷、冥想，因其含义与做法迥异也很难比较；对于世界和人类存在之弊病的诊断，二者或有重合之处，但仍有根本的分歧；而形成佛教徒思维的主要文本及其阐释与应用的传统，与《圣经》和基督教的各种神学理论和哲学思想更是千差万别（许多佛教文本尚未译成西方语言）。这并不是在提出绝望的劝告，而只是度量任务复杂性的标尺，它要求至少具备一些技巧和长期的决心以精通某种语言和文化。

论及拯救（佛教徒或称之为涅槃，基督教中无对等说法），则困难尤甚。首先是现实的理论体系，拯救的观念在其中产生意义——这种概念视宇宙为亿万年周而复始、演变衰落的世界

图 8　文殊师利菩萨，出自 1990 年西藏艺术日历

体系，六道轮回寓乎其间，而六道之间迁移的依据则是业——所行善恶。接着还有四圣谛——苦谛、集谛、灭谛及道谛，还有八正道（正见、正思、正语、正业、正命、正精进、正念、正定）。对正定的要求或许是外部比较最不可想象的地方。经典模式之一是通过八重冥想的境界或曰入定（jhana）来取得进步，而佛陀又增加了"洞见冥想"（vipassana）的形式。在此，存在一种个人转变（甚至使自我的实在性也成了问题的转变），不经历这种转变就难以就其发表有价值的意见。这是"强化历程"，以开悟为顶峰，未入此境者难以用语言进行表达。

着眼于佛教强烈的伦理一面并专注于此，视其为可以接近的内核，这自然是很吸引人的。但是，正如罔顾上帝而只专注于基督教伦理对基督教来说是不正确的，对于佛教的几大主要形式而言，只着眼于伦理一面也是不正确的。对上述两种传统来说，都无捷径可循。二者都是复杂的生态，而维系这种生态部分程度上有赖于悠久的传统，这种传统既包括阐释艰涩难懂的文本，也包括保留种种能够转化参与者的习俗惯例。二者均有一系列的"强化历程"以及自我描述的各种方法。

两者之间神学交会的理想形式是什么呢？

第一条要求已经说过了：能对基督教及佛教当中各种各样的概览和强度给予公正评判的对话伙伴。

第二条要求是，双方都要开创出从其传统的核心生发出来的一套相互交会的神学伦理。佛教有佛教参与对话的缘由，基督教有基督教参与对话的缘由，二者无须相同。同样，佛教和基督教也各有看待自身之外不同传统的方式，有关于议程的话题及应对这些话题的方式。

第三条要求是，对基督教和佛教之外那些有所贡献的人要乐于接受。在神学和宗教研究当中,学习如何将所研究的传统的参与者与非参与者一视同仁地纳入这个领域,是一件非常敏感的事。因为总有扬此抑彼的情况,使这种努力屡屡受挫。参与者可以声称具备圈内人的知识,就拯救而言,这种知识包括(比如)数十年践行佛教伦理和冥想得来的对现实的认识。“圈外人”可以声称自己没有太多偏见,要中立一些、客观一些。或许,应对这一两难境地的最佳途径就是要看清,就拯救观念所关注的生活的基本形态这一问题,实在没有“圈外人”之说。每个人实际上都是依照某种特定的伦理标准在生活,并以其特有的方式来认识现实。因此,佛教和基督教之外的那些人的问题,与佛教徒和基督教徒之间的问题相似:就其各自的生活方式而言,所有的人都是圈内人。在就拯救的不同方式所作的神学讨论当中,唯一可以排除在外的是那些声称自己什么也学不了、什么也教不了,并由此自外于神学讨论的人。

第四条要求就是去身体力行:即使有风险也要参与多方对话、实际合作以及其他形式的跨领域学习,看看这种做法会引领你走向何处。即便其他三条要求都完成得相当不充分,这一条仍然很有价值。有关不同宗教之间的关系的坏消息层出不穷,在这种情势中我们这个时代尚有希望可以抱持的标志之一,就在于有那么多人、那么多群体、那么多机构在冒这样的风险。一掠而过地参与这些变化发展、越来越多的可以让人对情况略知一二的文献——上述要求正是从此二者之中得来的。

从比较神学当中浮现出来的东西远非有些人所想要的:那只不过是针对拯救方式的类似消费者指南之类的东西,根据具体的标准对拯救方式进行着评估。这是高人一等、唯我独尊的纵观,它有悖于每个参与者的整体性。要避免这一点,每个人都应遵循第二条要求，开创出交会的一套伦理，不把自己的标准强加于人，不全盘借用也不亵渎他人的标准。倘能如此，与任何相互示好的真正举动一样，情况对于各方而言就都是不可预知的：这实际上是以一种具体而微的方式在开创历史——数千年中拯救方式相互作用的历史——的新阶段。

神学和宗教研究领域能为不同拯救方式的研究及它们之间的善意作出何种贡献呢？我已经描述了这一领域，说它对于学术界、宗教群体以及社会均负有责任，在本章描述的拯救的领域当中，这些方面的需求或许最为重要。拯救的范围及其多重强度，此二者都欢迎甚至是要求以学术的视角来应对当今世界中有关真、美、实践的迫切问题，并且通过一系列学科来应对对宗教意义和宗教现象的研究。同样，这样的范围、强度与迫切性也要求各种传统之间要有更加深入的交流。第二章勾勒了关于这一领域形态的基本理论，本章在拯救这一主题下的描述所产生的影响则加强了这一基本理论。而对这一领域的负责任的培养，会以其特有的方式对匡时救世贡献一份力量。

第三部分

技巧、学科与方法

第八章

从过往到当下：文本与历史

倘若你想研究好神学，有哪些技巧及思考方式能有所助益呢？前两部分已经勾画出了这一领域的地图并对之有所探索。探索的目标是为了对神学家所作的那种思考稍有体味。但是，这种思考又是从何而来？假如首次涉足这一领域，应该从何处着手？

本部分将会提示神学的初学者需要学些什么。本章关注的是密切相关的两件事所需要的技巧：阅读、阐释、运用文本；通过研究历史开启通向过往之门。下一章将就神学中理解、认识、决定的类型，以及初学者如何才能具备这几方面的能力提出问题。这两章同样联系紧密，因为神学方面的理解、认识和决定多与文本和历史相关。

神学中的文本

“文本”是书面文字的集合。它可以是一个句子、一首诗、一本书、一封信、一篇公祷文，甚至一张洗衣单。文本在善恶两面都有巨大的力量，在社群、局势和个人生活的塑造方面扮演着至关重要的角色。滥用文本的情况非常糟糕，这突出了学习尽可能正确处理神学文本的迫切性。约翰·鲍克就错误阐释经卷的一种常见方式说明了这一观点。依照这种方式，文本（指诗行或句子）被抽离出所处的历史语境和文学语境，被看成是包含了绝对真理的文字，与时间、环境或人无甚关联：

> 对待经卷时无视历史及人物对于经卷文字和内容的意义，这在基督教历史当中所产生的后果极其可怕。通过将文本抽离出其所处的语境并视之为亘古不变的真理，基督教徒取得了在经卷上谋杀犹太人的许可令（《马太福音》，27：25）；通过断章取义，基督教徒取得了烧死被他们视为女巫的妇女的许可令（《出埃及记》，22：18）；通过断章取义，基督教徒证明了奴隶制度和种族隔离制度的正当性（《创世记》，9：25）；通过断章取义，基督教徒证明了处死同性恋者的正当性（《利未记》，20：13）；通过断章取义（《创世记》，3：16），基督教徒找到了女性顺从男性的许可令，她们因而被视做"某种婴孩"，没有能力对自己的身体、钱财或生命负责。（约翰·鲍克，《一年的活头》）

面对以上这些例子，以及其他一些声称文本开启了使生活更加美好的各种真理的例子，初学者该如何接近神学文本呢？

词语的同伴

我现在假定，如果你是位神学的初学者，那么你已经学会了用自己的母语进行阅读。要真是这样，好消息就是，许多基本原则只不过是弄清那些你凭借常识就已知道的东西。其中最基本的原则，正如尼古拉斯·拉施所言，文字通常是"从其同伴处"

图 9　希腊文《圣经》西奈山抄本(此为《约翰福音》篇首)，安色尔体手稿，书于精制皮纸，一页四栏，或出于 4 世纪晚期的埃及。于 1844 至 1859 年发现于西奈山圣凯瑟琳修道院

获得意义。（尼古拉斯·拉施，《三种途径，一种信仰》，12）对于许许多多的词语，下面一点显而易见：要是没有任何进一步的提示，“he”或“to”或“of ”到底是什么意思？

“on”一词有着不同的含义，就看它的同伴是法语还是英语。[①]“Creation”也有不同含义，就看它是用在神学当中还是用在某

① “on”在英语中为介词，指“在……之上”；在法语中为人称代词，可泛指或确指一人或多人。

种新名号之下。通常，要获得一个有价值的意义单位，你至少得有个句子。可是，根据所处段落的意义，该句的意义可能会大相径庭，同样，段落在某一章的语境中如此，此章在某本书中也是如此。

在书这一层次上，如果你认为它是小说而不是自传或历史，你的理解也会大不相同。这就是所谓的“体裁”的问题，而在神学当中，比如关于《创世记》开篇几章是历史、是科学论断、是祈祷书、是神话、是传奇，还是其他什么，存在着很大争议。一本书也同样有其同伴——丛书中的一卷？对另外一本书的回应？或者是《圣经》的一部分？成为《圣经》，或曰“真经”的一部分，会使任何一本书的阅读方式受到影响。这在《雅歌》（或《所罗门之歌》）中表现得非常明显。《雅歌》本是一首精妙绝伦的爱情诗，倘不是被犹太人及后来的基督教徒另作解读，读成是在表现上帝与其子民以及信众的心和灵魂之间的关系，这首诗永远不会被收入《圣经》。宗教经典这类同伴对于基督教徒所说的《旧约》和《新约》之间的关系也至关重要——二者如何被用来阐释彼此？我们已经讨论过（在第六章）《新约》中有四种不同福音书这一事实对理解各福音书的影响。

因同伴各异，真经各书（不管是犹太人还是基督教徒，确定真经都是一个漫长的牵涉许多争辩的过程，而其中的各种议题仍不断被重新提起）自身在理解上也各不相同。它们在敬神活动中的角色多种多样——哪些文本与哪些特别的日子或仪式相关，或者《圣经》中上帝的哪些形象被吸收到赞美诗当中，这些都相当重要。各种解释传统逐渐产生，提出了自己的原则，其中最为持久的一条，是从文本中找出不同的“层次”和“意义”。比如，以色列人逃离埃及这一节，可以从字面上理解为出埃及这一历史性拯救事件；可以从象征意义上理解为其他拯救事件（对基督教徒而言，最重要的是通过耶稣得以拯救）；可以进一步理解为在天堂或天国最终获得的拯救；也可以看成是道德意象，表示从罪恶到美德的转变。

强调具体书籍、训导或做法的新运动也兴起了，并以其所强调的东西阐释《圣经》中的所有其他内容。上一章曾提到，宗教改革聚焦于保罗"因信称义"的观点以及五旬节对圣灵作用的重视所产生的巨大影响。同样，重大事件也产生新的解读——关于犹太人的语句在纳粹大屠杀之后产生了新的回响。

正是这样，《圣经》阐释不断产生分支，没有尽头，而与诸如"creation"或"God"这类词语相交游的同伴也无穷无尽。努力确定词语在某个句子当中或书籍在某一时期当中的意义非常重要，但要对其更深层的意义进行限定则无法做到。哲学家保罗·利科称之为经典文本中的意义"过剩"或"冗余"，这些文本溢出了原有的语境，因此会有无尽的新阐释和新评注。经文一个世纪又一个世纪地被持续应用于新的形势当中，而其意义从不局限于最初撰写它们的语境。

对于初学者而言，评注是应对重要文本的基本工具。对于《圣经》中的篇章，好的评注会给读者介绍它的语境，讲述它的时代及阐释的悠久历史。用我的话来说，评注尽可能敏锐地勾画出了该篇章及其中词语的同伴。为了做到这一点，它引入了许多学科：希腊语或希伯来语研究、与其他古代近东文献或希腊文献的比较、考古发现、历史研究等等。

这就需要有广博的学识，但基本观点是很清楚的：初学者研究带有出色评注的文本，就是在通过使词语、句子、段落、章节、书籍、体裁、语境、阐释传统以及神学理论产生有意义的关联，来学习发现意义的技巧。这些技巧在一生之中会日渐纯熟，要获得这些技巧，除了向已经具备这些技巧的人学习且勤加练习外，别无他途。可悲的是，有如此众多的评论都将文本的意义限制得很死：所谓文本意义的"冗余"甚至压根就没找到。这一点使评论和文本阐释背上了恶名。不过，披沙拣金，偶而你也能发现好的评论，这种评论针对文本可能涉及的内容，将良好的治学态度和充分的评价熔于一炉。它不仅研究文本的背景和内容，也研究文本受到的和产生的影响，因此，接触这样的评论自会产生新的意义。最难能可贵的是，它会认真对待作者对上帝的无比热爱，使上帝在文本中的介入成为打开文本意义的导向性、改造性的钥匙。追忆往昔，我当年阅读恩斯特·克泽曼关于《罗马书》的出色评论时所感受到的那种欲罢不能的欣喜与挑战仍然历历在目。

必须以源语阅读文本吗？

我已经略过了一个对于初学者来说至关重要的问题：你打算以源语来阅读《圣经》和其他资料吗？这个问题值得早早面对，因为学好一门语言是一个长期的过程，需要足够的动力和决心。纵览世界各地神学和宗教研究的大学课程，可以看到某种动向，即这些课程不再要求每个学生都至少掌握一门经文语言，如阿拉伯语、希腊语、希伯来语、巴利语或梵语。不同语言对于其传统信仰的重要性各不相同。比如，对于穆斯林而言，不懂阿拉伯语却声称自己在教授《古兰经》是不可想象的；但在基督教徒当中，社群中懂希腊语或希伯来语的人则寥寥无几，这样的情形在世界各地都曾长期存在，当今许多基督教牧师培训课程也不要求掌握上述两种语言中的任何一种。在许多大学课程中,已有的趋势是要求从事更高级别经文研究的人掌握一门或一门以上的(经文)语言,但通常这只是针对拿到了第一学位以后的学生。

不过,毫无疑问,研究基督教的理想情形是学会希腊语和希伯来语(至少学会这两种——拉丁语和许多其他的非经文语言也是有用的),有些大学和教会也的确要求掌握一门语言,在有些情况下则要求两门都掌握。在讨论某种期望的现实性之前,应该先说说那样做能获得怎样的益处。我将通过引述自己与同事就保罗的《哥林多后书》进行写作的经历来表明自己的倾向。(弗朗西斯·扬与戴维·福特,《〈哥林多后书〉中的意义与真实》)

我们当初决心要将此书的方方面面都写一写——体裁、目的、与《七十子希腊文本圣经》(保罗使用的希伯来经卷的希腊文翻译)的关系、意义(不同论题下)、历史背景、社会语境、神学理论,以及真实程度。有趣的是,我们发现处处都会碰到翻译方面的问题。这使我们开始合作,自己翻译,而在此过程中,关于书信的许多问题都因之变得明朗。翻译这一学科本身就是与文本的创造性交锋。努力用英语来表达我们理解的希腊文的意思,这是开启文本诸方面、评价文本阐释诸问题的一种丰富方式。那些问题是什么呢?

首先,希腊文中的某个词语所传达的意思往往与英语中词语的意思不同。因此,我们就不得不去玩味所有可能的译法,找出同一个希腊词在其他地方的用法,并且为了确定合适的英文词语去查看更多的语境。希腊文的结构和语法也同样有别于英文,对此,我们也待之以相似的方法。

其次,我们更加认识到了保罗所用语言当中的反响,这些反响似乎与语境和思维方式相关，而那些语境和思维方式在现代英语中并无明显对等的东西。他使用了他所在的年轻教会网络的“内群”语言，间接提到我们只能靠揣测才能理解的形势和争辩，并且他拥有自己的个人特征。

再次，与源文的近身搏斗也让我们更加看清，我们对文本的理解如何受到了数代的翻译、阐释、应用和联系的影响。这一切都应该被倾听、被尊重，我们不会将其忘却，但它们也必须尽可能地接受对希腊源文的新理解所带来的考验和对抗。

在确定英文词语翻译的每个关节，对于当时予以排除的那些选项，我们再清楚不过。然而，至少我们仍然承载着关于那些选项的知识，并且我们关于文本的意义和真值的判断也会受到翻译之外的那些东西的影响。

基于这样一次经历，我的结论是，通晓希腊语的益处基本上是双重的。首先，对于上节所说的“由词的同伴获得词义”，它提供了一个十分重要的例子。保罗所用的希腊词语，是以其他希腊词语乃至整个说着希腊语、写着希腊语的语言和文化世界为同伴的。其次，不同译法往往有冲突，各种阐释也时常有抵牾，在面对存在这种问题的悠久传统时，如不诉诸源文，则很难去重新接触那些翻译和阐释并相信自己的判断。

关于希伯来语也可以有相似的论点，并且还有一些额外的好处，比如有机会一窥犹太经卷阐释的浩翰宝库；而不精通希伯来文，很多好处便无从谈起。

理想情形于是乎清清楚楚：要想有更好的神学理解和判断，那就尽可能全面地去学习相关的语言吧。但是，这一点到底有多大必要呢？

主要的歧见是这样的。掌握古代的那些语言需要很长时间，也需要一些特殊技巧。大多数人都无法在可用的时间内达到一个足够高的水平，以至于能对其惯常的经卷阅读产生重要作用。对于大多数学者而言，借助称职的专家们所写的出色评论要好很多。他们由此被解放出来，也能够将精力集中在这一领域的其他方面，并因而获得全面的教育，同时又无须不成比例地花费大量时间用于语言学习。神学中还有一些其他任务与学习并保持经卷语言的能力一样复杂，谁也无法面面俱到。将来，如果想要专攻需要运用某些语言的某一领域，他们自然可以去学习。因此，结论就是，各门语言固然必要，但只是对众多领域中的某一领域而言才如此。

这倒是一个得体的观点，也颇具说服力，其立论的基础是鉴于时间、精力有限而进行必要的分工。如果拿定主意一门经卷语言都不学，初学者多少得弄清自己会有何缺失。如果他们确实有足够的理由不去学习某种语言，那么补偿的方法倒也有不少——通过评论和其他书面的辅助，但最重要的是通过群体之中对某一文本活生生的阐释，这样的群体中应该有一些能够读懂源语的学者同好。

最后一点是，我之所以大谈经卷语言，是因为初学者要做的最重要的决定就是关于语言的决定。不过，其他语言的价值也很明显，尤其是那些在所研究的宗教传统及与其相关的学术成就当中使用最多的语言。在基督教研究当中，最为有用的语言恐怕莫过于拉丁语、英语、德语和法语了。

神学阐释学

书读两遍，你往往会感到吃惊，它何以显得如此不同。它如何形成体系、其中的人物如何、意义最重大的事件是哪些、整体质量怎样，连同其他很多问题，你都会有很不一样的感受。这究竟是怎么回事呢？——毕竟，这可完完全全是同一本书。

问题的答案有两个方面。首先，两度阅读表明此书含义丰富，能引发新的理解和阐释。其次，这表明了阅读者自身已有所改变。也许，第一次阅读本身就已经影响了你，再度阅读时你的视角便已然不同。也许，你已经阅读了对该书的评论、作者的情况或书的时代背景，从而理解了以往和当下他人对此书的阐释。也许，因为有了新的阐释技巧或是某种重要的人生经历，你已经发生了某种转变，虽与阅读此书无关但却极大地影响了你对此书的理解。又或者，如果该书是以别种语言写就，你或许学会了这门语言且能将译文与源文相比较。

阐释学是关于阐释的艺术和理论。其目的是将理解文本的两个方面——文本的世界与读者的世界——相联系，这从上述两度阅读的经历中可以看出。正如对神学阐释学的一个最佳介绍中所定义的那样，“阐释学研究的是两个领域之间的关系，一方面是某个文本或艺术品，另一方面则是希望对其进行理解的人”（沃纳·G.杰隆德，《神学阐释学：发展及意义》，1）。两个领域各有各的复杂性，二者之间的互动则更使复杂性大为增加。

显然，阐释学少不了会用到本章早先分析过的那些技巧：学习通过词语及其同伴来理解意义，广泛利用语言研究（或哲学）、文学研究、史学、考古学诸学科，等等。但那种描述（除了关于学习经卷语言是否必要的讨论外）并没有尝试去审视文本领域与读者领域之间动态的相互关系。不过，显而易见，这里存在重大的问题。在两度阅读的例子当中，复杂性是有限的——只是一个人将一本书读了两遍。但是，想想接受许多神学文本时所牵涉到的更深层次的那些方面吧：跨越各历史时期的千差万别的文化背景，经济与社会体系，文明与宗教；具有深远历史根源的阐释上的冲突，它有时会让人献出生命，但凭借阐释和教育的强大传统依然保留了下来；还有各种各样的阐释者之间在思想、心理和精神上的差异。难怪，随着近几个世纪以来对这种多样性无处不在的认识不断加深，阐释学已经成为神学、哲学、史学、文学及所有人文学科中进展飞快的一个领域。

仅仅为了学好基督教传统中的神学阐释学（要记住，其他宗教也有同样复杂的阐释学传统），你也需要纵览阐释学的历史。这就得说到基督教诞生之所——罗马帝国的希腊文化所作出的贡献，这一文化对语言、意义、真理、交流以及犹太经卷阐释传统所作出的贡献，均有极为精深的研究。希腊和希伯来这两股力量是基督教（以及某种程度上由基督教引发的西方文明）最深刻的两大成因，而《圣经》的撰写和阐释方式也使二者之间的相互影响成为一项引人入胜的研究课题。基督教历史的每一个时期、《圣经》的每一次翻译、教会的每一次文化变换也都各有贡献；还有一连串重要人物，他们的阐释有着特别的影响。这绝不仅仅是一个累积的过程——其中有许许多多的遗忘与忽略，也有巨大的冲突。事实上，如下做法很有启发意义，即审视一下当代的《圣经》阐释者，看看对他们而言最具权威的时期和主要的阐释者都有哪些——有些人试图一下子就从 1 世纪跳到 20 世纪，不去参考其间的任何东西；有些人赋予教会的前五或前六个世纪以特别的权威；另有些人则认为今天最该学习的是中世纪、宗教改革或者现时代。

对于读者与文本互动的复杂性，现时代的人或许以前所未有的方式给予了关注。由此产生了大量针对阐释学的理论思考。欧洲这一方面的主要进展始于 19 世纪，领军人物为神学家施莱尔马赫（1768—1834），其他重要思想家则包括威廉·狄尔泰（1833—1911）、马丁·海德格尔（1889—1976）、鲁道夫·布尔特曼（1884—1976）、伽达默尔（1900—）[①]、保罗·利科（1913—）[②]，以及于尔根·哈贝马斯（1929—）。但是，所有这一切当中，对于入门级的神学家而言必不可少的是什么呢？最要紧的莫过于对关键的阐释问题保持警惕。如果能使这些问题活力常在，则带着这些问题所作的实实在在的阐释，再加上一些对理论的研读，就会慢慢培养出最出色的神学研究所需要的那些技巧。

都是些什么问题呢？我将以指导原则的形式对其加以总结，使你面对文本时有章可循。

文本阐释的指导原则

一、弄清每个意义单位的相互关系，包括词、句，直至某一时期的整个文献资料库及之后各时期对它的反应。

二、弄清文本的体裁——它原本是祈祷书、是寓言故事、是历史证言、是法律条文、是赞美诗、是书信、是至理名言、是祷告词，还是其他什么？

三、弄清文本的作者。理解作者与理解文本究竟有多大的关系，对此尚有争议。不过，退一万步讲，弄清作者想说些什么仍然重要，即使文本意义并不仅限于作者的意图。对作者有所了解，尤其是通过其他作品来了解，这对明辨作者的意图大有帮助。

四、弄清文本的历史背景，不仅包括文本背后的事件，也包括文本产生的条件——社会的运作方式、经济体系、文化世界、

① 伽达默尔已于2002年去逝。

② 保罗·利科已于2005年去逝。

社会心理，等等。学术研究的伟大艺术之一，就在于打入另一时期或文化“常识”的内部。

五、弄清文本自产生到当下这一段时期的情况：考虑到它们的语境，从这段时期的种种阐释中能学到些什么？

六、弄清你自己。尽可能诚实对待自己的假设与预想。谁都不是中立的，人各有其立场——对于可能影响文本阐释的种种问题，你的立场是什么？你自己所处的语境如何，它又有着怎样独特的兴趣和偏见？你对于文本的“兴趣”是什么？你为什么会跟它打起交道？

七、弄清文本的真实程度。有些阐释者排除了这一问题，很武断：该问题合情合理，下章将对其展开讨论。总之，文本在神学上的真实程度问题是存在的。许多阐释者从不探究经卷在神学方面的真实程度，竟也能写出一卷又一卷的评论，这真是匪夷所思。

八、提一提“可疑”的问题——不管是关于文本的还是关于你自己的。人们都会犯错、自欺，情形极为多样，唯有质疑才能让人对这些情形保持警醒，而提出“可疑”的问题正是一切质疑不可或缺的一部分。人们对所谓的“怀疑阐释学”曾一度非常关注，这种阐释学意在揭示文本和阐释是如何欺骗人、歪曲事实、压迫人的。诸如马克思、尼采、弗洛伊德、福柯这样的“怀疑大师”，延续了极端怀疑的启蒙运动传统。这或许可以被视做一种“反传统”，它致力于将人们从在他们看来虚假的、不健康的、压迫性的传统中解放出来。《圣经》阐释也深受影响，并且，即便你最终回过头来再去怀疑那些怀疑大师并对他们的怀疑表示怀疑，该面对的问题还是得面对。保罗·利科是最具影响力的理论家之一，他观察到，在怀疑阐释学与对怀疑者对传统的极端排斥持怀疑态度的“修复阐释学”之间，一直存在着一种紧张的局势。他认为二者没有融合的可能，而修复阐释学更为重要——不过他从未将怀疑的那些极端问题抛诸脑后。

九、弄清文本的想象影响与实际影响。文本可能具有改造性，可能以多种方式表现出相关性。除非你任由自己画一条线，将自己对一个蕴含丰富的文本的阅读限定在内，否则它就会与你整个的意义、美、真理和行动的世界相互作用。你会发现，不只是你在阐释文本，文本也在质问和阐释你和你的世界。对于试图见证上帝的文本，见证一位想要通过语言和文本与人类处于改造关系的上帝的文本，情况尤其如此。

这看上去像是一大堆苛刻的要求，但实际上它更像是一份清单，确保你能始终记得在现代阐释理论问世之前，优秀的阐释者们世世代代所做的那些事情。

如果你的兴趣主要是在某些特定文本中所见证的上帝的类型上，有些问题的相关性就没那么强了——引述的地理方面的细枝末节对你的结论或许不会有大的影响。这也是常见的事。不过，这种清清楚楚的困难还有另外一个方面，它将问题直接引入了第十条，也就是最后一条指导原则。

十、认清自己对阐释者群体的需求。目前为止，所有的指导原则都可以从个人主义角度来理解，仿佛一人单枪匹马就可将其一一贯彻。事实上，上述原则中用到的“你”并不单指一人。语言具有不可避免的社会性，阐释亦复如此。其他阐释者其实一直在我们左右，不管是通过文本还是本人直接在场。你当然可以成为不止一个阐释群体的一部分——基督教《圣经》阐释者当中最常见的组合莫过于学术群体和宗教群体的组合，尽管学术界有不少人也带有“反传统”或世俗传统的成分。不过，不论你心向何处，很难想象，不身处某个或某几个由你所信任的人组成的群体之中——不管你们在具体问题上有多大的分歧——还会取得富有成果的阐释。进入这类群体的途径通常是在某种教育环境中给有资历、有经验的阐释者做学徒，并在很大程度上取决于这些学徒传统是否健康且富有活力。

因此，假如你是诚心诚意地开始研究神学，没有什么比以下问题更为重要：我将和谁一起学习？我会给谁以信任，让这个人引导我撷取该领域的精华？正如与父母相处一般，歧见和反叛同样在所难免——但是要想如此，你首先得有这样的“父母”。在学术界，我们有格外的优势和责任——在选择哪些人“做我们的父母”，哪些人做我们最亲近的“兄弟姐妹”这一问题上，我们有一定的发言权。

历史

如果对史学探索进行极其简单地界定，认为它不过是为了弄清人类过去发生的事所付出的努力，那么本章第一部分已经谈到了成为历史学家所必需的许多技巧。这是因为，针对人类往昔的大量证据都是以文本形式存在的。因此，要成为历史学家，阐释文本是必不可少的关键部分。史学和阐释学交相利用，并以各种复杂的方式相互重叠。从阐释学的视角来看，在阐释文本方面，史学有可能举足轻重。以史学为立足点，则文本及其曾经的阐释只是往昔所发生之事的一个方面。那么，初学者如何进入历史这一学科呢？

来源及故事

最佳答案正是上节总结出来的那个答案：通过给优秀的历

史学家做学徒。在优秀的历史学家中间,你有交换意见的机会、辩论和论证的机会、一睹如何使工作出彩的机会,这些都不可替代。这样一个学习过程都涉及到了什么?对此有必要提纲挈领地进行勾画。

认清何为“学术”史学或“批判”史学至关重要。一切社会均有追忆往昔的方式,或借助口口相传,或依据书面记录。只要有记忆能力,尝试去弄清超越个人经历之外的那些状况,能利用往事讲述故事,这样的个人就同时也是历史学家。这些或许都可被称为“前批判史学”——冠之以如此名号绝没有贬低其重要性的意思。但批判史学与之相比确有诸多不同。

批判史学是一种合力,致力于解决事实问题并判断一段时期内实际发生的事。它首要关注的莫过于资料来源。这些资料来源,包括来自考古学及以其他方式研究古代物质遗迹所得出的证据,包括当时或后来所作的记录,如铭文、大事记、日记、文学、艺术、律法、报纸,等等——任何能够证实往事及其意义的东西,不管多么曲折迂回,无心而为。资料来源需要在其语境中加以理解,对其证明往事的价值也应加以评估。对资料来源加以批判性评估,这一过程对于批判史学至关重要。诸如一样证据可追溯到什么年代这样的问题,对于结论往往至关重要。第六章给出了一个与耶稣有关的例子:《新约》之外的一些福音书究竟出于哪个年代,对此人们有着深刻的分歧,现实历史中耶稣的整体面貌也因年份鉴定的不同而受到影响。

将各种证据串在一起使之产生有意义的关联,以便构成一个可信的故事——对资料来源的批判性评估还得与这样的努力相伴。为了对某一历史时期的“常识”了如指掌,历史学家会沉浸于这段时期,这大大影响了判断的质量,正如在评估资料来源方面的情形。有些历史学家曾试图重建某一时期或该时期的某些方面,对他们的作品也同样存在各种评估。就故事而言,唯一可能的、有内在联系的描述也是行不通的:还需要有统计学和人文学科的其他一些方法。不过,尽管对叙事史学有诟病,历史学家们还是形成了基本一致的共识:讲述过去发生的故事仍然是呈现历史结果的基本形式。

因此,史学新手们要擅长的两项重大事务,就是对资料来源的批判性评估以及就往事构筑一个可信故事的努力。

形成判断与作出决定

讨论历史时,前几章给出的是耶稣和次经福音书年份鉴定的例子。具体的事实判断对于神学讨论举足轻重,关于这一点,基督教和其他信仰当中的例子自是不胜枚举。

不过,有些议题更复杂也更多面。看看第一章关于前现代、现代以及后现代的说法:它们将许多事实的历史判断视为理所应当,但却远远超出了一般认为的专业历史学家的能力。同样,要在第二章讨论的基督教神学的五种类型之中或之间活动,就需要对史学有更深层的理解。第三章所讲的,即基督教关于三位一体上帝的理解的拓展,同第七章对各种拯救观的概述一样,在一定程度上也是一种史学练习。两种情况当中,学者们身在当下却神游过往,在思想上、想象上努力地踏入过去的岁月,而在所形成的判断、所作出的决定中,宏大的议题都面临危机。这些都涉及到与神学方面、伦理学方面以及其他方面的评估密切相关的史学判断和辨别。

有些历史学家和其他一些人想使“史实”和“价值”泾渭分明。麻烦是,价值甚至会影响到何者可被视为事实的判断——

从“原始材料”到被判定为事实需要一个大的跃进。更重要的是，人们发现，历史越复杂、层级越多样，它给当下所提出的问题就越重要，而使事实与价值泾渭分明的可能性则越小。但这绝不意味着，由于材料被人操纵以符合这样或那样的世界观，就必须得有一场歧视与偏见的冲突。它意味着，历史学家本身是一个重要因素，正如在阐释学中那样。历史学家也是由经历、背景、规范、价值以及信仰造就的。应对历史，尤其是那种在神学中意义非凡的历史时，塑造他的那些东西必然会起到作用。这一点必须尽可能说清楚并接受讨论。

最出色的阐释家与历史学家对此都很清楚。他们对偏见的诸多方面、对自身的眼界与设想的无尽意义（因此也就可以无尽讨论），都很清醒。当然，从那些与我们有着不同设想的人身上可以学到很多东西。要在文本阐释或历史事实以及意义这些问题上形成明智而有充分依据的判断，只能依赖与他人多年的讨论，而这些人当中应该有许多人与我们的眼界极不相同。十二岁的象棋冠军或许有之，十二岁的数学或音乐天才或许有之，但难以想象会有人在那个年岁成为研究历史上的耶稣的世界顶级专家。困难并不仅仅在于要花时间去汲取信息，还在于要有时间使判断变得成熟，使经过复杂的研究以及与他人、与自己的讨论方才得出的结论听来正确（如果确曾有过！）。

这种学习过程或许会使我们发生多方面的改变。当上帝与语言和历史的关联成为主题的一部分时，不可避免地，如果我们以重大问题为导向，我们将不得不面对关于我们的神学视野和设想的问题。我们将如何着手处理随之出现的理解、认识、理性、智慧等问题呢？这将引领我们进入下一章的内容。

第九章

体验、认识与智慧

神学中都有哪些理解和认识活动？这是本章将要讨论的问题，在此之前它已经以各种形式出现过。以讨论上帝为重点的第三章对此给予了特别的关注，因为有关上帝实在性的问题在神学中的确至关重要。无论从第三章还是从其他章节来看，有一点已经明确：神学中的理解与认识活动并没有一个独一的形式。这是因为，神学所提的各种问题差异甚大，例如：作为一个人，耶稣是怎样的？什么才是在其中理解现实的最为宽泛的范围或体系？面对上帝、他人和天地万物，我们应该如何行事？我们应如何塑造自身的欲望？《圣经》该以何种方式解读？不同宗教信仰该如何彼此关联？邪恶是怎么一回事？若要回答上述及其他一系列问题，就需要从其他学科、艺术、经验、实践和人类自身的不同方面汲取助力。在上一章中，我们探究了文本所传达的信息，以及如何理解、认识过往的问题。在讨论中，由相关因素构成的一个完整的生态也清晰可见。

不过，生态这个意象也意味着多重性与差异性说明不了所有的问题。其中的内部相关性、共存性、互通性以及不同形式的统一性，都不一定会否认或破坏差异性。因此，体验、理解、认识的最终归宿是一种智慧，这种智慧关注的是，当生活处于纷繁复杂、支离破碎、真善美脆弱不堪的境地时，如何塑造它并赋予它意义。

世界、自我与语言

上一章出现的关键因素可以简要概括如下：在理解、认识某个文本的意义或者过去某个时期的实在性时，“认知客体”（文本及其意义世界）与“认知主体”（解读者自身）以及语言的陌生现实紧密相连、不可分割。换言之，世界、自我、语言是三个至关重要的因素，它们相互作用，永无止境。

以认识的本质为研究对象的哲学分支被称为认识论。在过去的三个世纪里，西方世界就认识论进行了尤为激烈的大辩论，并就如何理解世界、自我、语言三者之间的相互关系产生了巨大分歧。

从下面的三角形示意图中我们可以看出，主要问题均出现于三个角的连线之间——认识产生于自我和世界之间，意义产生于自我和语言之间，真理产生于语言和世界之间。

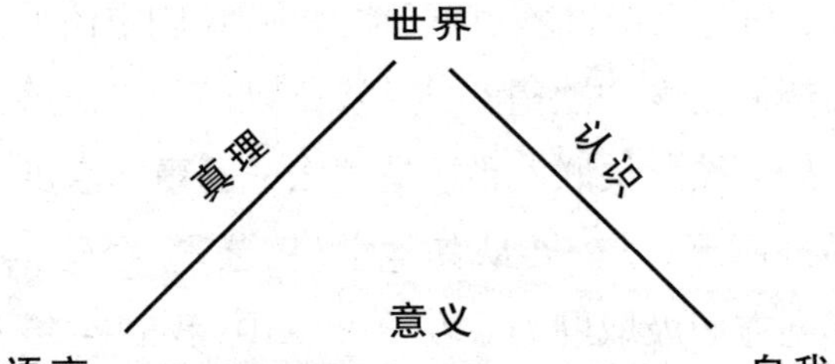

16 世纪到 19 世纪之间，也就是弗兰西斯·培根（1561—1626）、勒内·笛卡尔（1596—1650）、约翰·洛克（1632—1704）、大卫·休谟（1711—1776）、伊曼努尔·康德（1724—1804）、黑格尔（1770—1831）等哲学家生活的年代，西方认识论的主要焦点一直是自我与世界的关系。然而在 19 世纪和（尤其是）20 世

纪，第三个因素——语言的重要性日益凸显。有些理论，如极端客观主义、极端主观主义以及其他将世界与自我视为语言建构物的哲学流派，只强调某一个因素。更常见的理论，是对相互作用着的两个或者三个因素进行描述。

神学已被深深地卷入认识论的讨论中，这在上述六位思想家的著述与论点中尤为突出。可以预见的是，无论何时，每当一种全新的、有影响力的哲学认识论出现，神学界的各种回应都可以归入第二章所提到的五种基本类型之中。也就是说，有些神学家会接受新的认识论，将这种哲学观点作为评判真理、知识与意义的标准，尝试重新思考神学问题；有些则将其完全忽略；在这两者之间，还有一些人对其加以不同程度的利用。

在这个复杂的认知论地雷阵中，神学入门者该如何落脚？在本章的其余部分，我将通过三种方式对这一领域进行介绍。

首先，由于过于简单且不恰当的认识观念使神学深受其害，我将以认识苹果这种普通常见的物体为例，来说明实现认知的几种途径。其中的教益会使读者对优秀的认识论的方方面面有一个清醒的认识。

其次，一如之前几章，我将继续利用基督教有关上帝的观念，探究能够给上帝以公正评价的认识论的轮廓是怎样的。

最后，在描述优秀的神学理论、描述与神学结论有别于自己的那些人打交道时所不可或缺的那种理解和认识时，我将提出“智慧”一词，作为最有帮助的单个词语。

认识一个苹果

拿一个苹果过来。

你最初认识苹果是通过将“苹果”这个词与苹果这个东西

联系起来，然后通过视觉、触觉、味觉与嗅觉等体验与其建立种种联系。因此，苹果、语言与自我从一开始就牵涉进来了。

然而，在认识现在就在你面前、放在碗里的那个具体的苹果时，发生了什么事呢？问这个问题似乎显得有些做作，因为整个过程都是自然而然的，通常我们并不会注意到这一过程的各项要素。可是，要对认识活动有所认识，这样的尝试又很重要。哲学家兼神学家伯纳德·罗纳根对此提出的三层级描述颇有帮助，将引导我们开启对问题的讨论。（他在这个问题上的主要哲学著作是《领悟：对人类理解的研究》，体现其在神学方法中的应用的则是《神学中的方法》。与所有的认识论一样，他的书也饱受争议，但至少给出了清晰明了、可供验证的东西。）

这是个苹果吗？

第一个层级是经验——就这个苹果而言，可能首先得去看它。因此你看到了碗里头的东西。

但看有可能只是傻看。只有提出问题（或者心存问题），才算开始了认识——在这个例子当中，问题是：这是什么？

第二个层级随之而来：随着以往之所学与当下的经验发生关联，你的领悟或许就这么来了：这是一个苹果！这就是现在你对那个物体的理解。

但是领悟也可能有误。这或许只是一个假苹果，是塑料的或者石膏的。因此你得继续提问来验证自己的领悟。你可以摸它、闻它或者咬它：摸起来感觉如何？什么香气，什么味道？你初次的领悟又因之增添了新的领悟：我是对的！这就是判断，即经受了检验的领悟这一层级。判断是认识活动当中决定性的阶段。

只有在这个层级才能说是有了认识，这是经历了一个经验、质疑、理解，以及更进一步的检验性的问题才得到的。因此，针对“这是苹果吗？”这个问题的认识，是我们提出并回答了相关问题所得出的结果。关于苹果不大可能有太多争议，不过，关于问题是什么、答案是什么，当然经常存在分歧。然而关键的一点是，至少必须承认存在这样一些追寻相关问题的层级：认为经验即认识难免显得幼稚，而认为未经验证的理解就是认识也同样是天真的。认识等于经验加理解加判断，而在通往认识的过程当中，质疑是动力所在。

现在你可以做个实验，看看这种模式是否适用于任何你宣称已经认识的其他东西。你真的能在没有经验、理解、判断、质疑贯穿始终的情形下就声称自己认识某物吗？

更进一步的苹果问题

目前为止，你只不过解决了关于苹果的一个非常简单的问题：什么是苹果？认识那个苹果还涉及其他许多方面。与刚刚描绘出来的认识图景相一致，如果我们的兴趣所在也算是一个关键因素，这不足为奇。

有些问题会引发科学研究。这个苹果相对于其他水果如何分类？为什么一丢手它就会掉下来？它的化学成分是什么？它的基因成分是什么？种苹果需要什么样的气候条件？它对于人类或其他动物具有什么样的营养价值？

有些问题是农业方面的。这个苹果是怎么种出来的？用没用过杀虫剂？苹果树是怎么修剪、怎么养护的？

有些问题是经济方面的。它值多少钱？谁生产的？谁推广的、获利几何？为什么提供的是这种苹果而不是其他品种？给采摘工付了多少钱？有没有交进口税？这些问题很容易与最低工资、贸易政策、农业政策之类的政治问题挂上钩。

有些问题是烹饪方面的。苹果是怎么烹制的？与什么样的调味料、什么样的肉搭配起来比较理想？

有些问题是社会文化方面的。吃苹果的场合有哪些？如何才能吃得得体？如果我女儿把它送给老师，这其中有何含义？如果这个苹果是某个你爱的人给你的礼物，它又有什么含义？苹果象征什么？你从文学、电影、艺术中得出的与苹果相关的联想有哪些？

上述问题也融入了美学问题。这个苹果好看吗？如何更好地欣赏它的颜色与形状？对塞尚以苹果为主题的部分画作进行一番深思之后，你看待这个苹果会有怎样的不同？

还有一些历史方面的问题。这种苹果最早是什么时候种植的？从被种下到上了你的餐桌，这个特定的苹果经历了怎样的历史？它是偷来的吗？经济和农业方面的问题也与这个苹果的历史有关联。

图 10　苹果，1877—1878，保罗·塞尚作品

接着还有一些个人方面的问题。你喜欢苹果吗？这个苹果能勾起你关于往昔的哪些联想？你能不能辨别不同的苹果香气和味道？

苹果的教益

上述所有问题都理所当然地与对一个苹果的认识相联系。那么，从这个问题能得到哪些与认识相关的教益呢？我仅举八条。

第一，在上述不同类型的问题当中可以看到很多对认识的合理**兴趣**。

第二，有很多合理的认识**方法**服务于这些兴趣——通过自然科学、人文学科、史学、艺术、个人经历和证据，等等。有一种危险，那就是认为某种兴趣及其方法"好过"其他。因此，比如说，人们或许会认为，比起将苹果视为一件商品的经济方面的兴趣或者视之为一个符号的文学或文化方面的兴趣，将苹果视为一堆化学物质的科学方面的兴趣在"认识"上更加真实。

第三，认识**既是个体的也是社会的**。其个体性一面显而易见（每个人都在经历着、理解着、判断着），但其社会性一面常被忽略。要想对上述所有关于苹果的问题予以充分解答，你得借助许多人的研究、知识和证据。因此，我们所认识的东西大多以相信为基础。换句话说，我们相信许许多多他人的经验、理解和判断。

因此，就我们的认识而言，一个关键因素就是我们相信的是谁。在认识过程当中所发生的事，有许多的确就是去判断谁是该信赖的人。一旦"值得信赖"的这种名声受损或被毁，就会引发剧烈震荡；这些情形包括：当一位科学家或一群科学家被发现在报告结果中作弊时，当一本颇具声誉的参考书被发现出错时，当考古学家在挖掘中"偷埋"证据时，当警方作伪证时，当教师有意误导我们时，当父母欺骗我们时，当我们的配偶或孩子撒谎被抓了个正着时。我们的信任有一些极其重要的纽带，那些纽带本身就足以让我们相信自己极为有限的经历、感悟、判断之外的任何事物，而上述种种情形都会使这种纽带受损。

第四，认识可能是相当**即刻的**，但多数情况下都是要**耗费时间**才能获得。主导性的认识观念倾向于将其说成是"一望而知"。但是，"一望"那个苹果只能给人一点点基本的经验。对它的了解要靠你所提的问题和所用的方法。假如问题是：它是什么？或它是什么颜色？你的答案可能是即刻的并且正确无误；但是，要进行一番化学分析、弄清杀虫剂如何影响了那个苹果，就得耗些时间了，并且还要依靠化学领域多年通力合作开展的科研工作，依靠受训多年专事此类测试的分析师。总的来说，重要性较大的认识需要大量的时间：认识一门语言、一个人、一个学科、一门艺术、一种宗教。即便是很多看似即刻就可获得的认识，如某个医生对皮疹只需一瞥便可很快作出诊断，实际上也是长期体验、理解和判断的结果。

第五，"这是一个苹果"这个认识单位可能相对**独立**，但进一步的问题通常会揭示出一个单位与其他单位之间如何**相互关联**。认识一个苹果，仅仅只是提出问题、追索联系，就可能与许多门科学相关，如农学、经济学、政治学、烹饪等等。认识这种关联成网的特性引起了一种确定其可靠性的方法，这种方法参照的是一个单位相对于其他单位的连贯性——一种叫做融贯论的观点。这向来与另外一种观点相龃龉，这种观点强调某些基本经验、信念或公理的独立性，其他认识都建立于这些基本的东西之上——此观点称为基础论。

第六，认识的相互关联越是得到承认，**语言**对于认识就越发显得至关重要。对苹果的全部讨论都是以语言进行的，语言是上述诸多认识形式的一个重要成分。有些极端的观点认为，语言“建构着现实”——我们无法身处语言之外，它遍布于我们的思想和观念中，塑造着我们的“世界”。对于语言何以能指称语言之外的现实，多数观点都想提出些见解，因此关于何以能声称语言“对应”于现实，存在着许多争论。

第七，整个过程始终以**人类认识者**为前提。除了具体的人去体验、理解和判断，没有“客观”认识一说。所谓“客观”，通常是被一群受到信任的人判断为真实的事物。因此，人类认识者的形成——分析苹果的化学家所受的训练，塞尚在艺术方面严格的学徒训练，历史学家评估原始资料、判断情况的能力——在其认识过程中至关重要。

第八，整个过程也**难免出错**。每一级、每一步都可能出错。认识对象和认识过程越是复杂，要避免犯错就越是困难。不过，你如何能发觉自己的错误？唯一的途径就是去检查体验、质疑、理解、验证和判断的过程，欢迎他人纠正。这意味着认识不但会犯错，也能得到更正——纠正认识要做的事与发现错误要做的事大同小异。

真正有价值的认识论会尽力对上面提到的那些认识的特点作出公正评判。它会肯定世界、自我以及语言的意义；它会考虑到不同的兴趣和方法，考虑到认识如何具有社会性、时效性、关联性；它始终会对自己难免出错这一点保持清醒的认识。

苹果的未来:决定与行动

与那个苹果相关的,还有一个至关重要的提问层级:问一问要拿它怎么办。这就是决定行动的层级。你是要吃了它?烹制它?种下它?卖掉它?画下它?用它砸人?打量它?还是用它做实验?有些认识活动已经涉及到了对苹果实施行为的决定——触摸它,啃它,分析它的化学成分。所有这些决定都影响了那个苹果的未来。那个苹果的实在性只存在于过去和现在,还是也包括了未来?认识如何与未来产生关联?

现在和未来之间的界面正是体验、理解、判断和决定相与交接之处。显然,这在实际层面至关重要。那个苹果依然前途未卜。因此,要想知道它的未来,我们就应认识到答案会受到我们决定的影响。实际上,我们的认识当中始终存在一个未来的地平线——在探求问题的时候,我们的眼中总是有某个目标或某种兴趣。因此,面向未来的这种导向进入我们现在的认识,有可能成为我们提问的方式和得出的结果当中的一个关键因素。在表达各种可能的未来时,语言尤为重要;而自我与世界都因实际的决定发生了改变。因此,烹饪指南提供了烹制苹果的各种方法,选择其中任何一种,吃苹果的人和苹果本身都会因之而改变。世界、自我和语言如影随形,而认识只是部分地塑造了行进着的生活。

超越苹果:合宜的认识

我们在苹果身上已经花了很长时间,为了对认识的某些最重要的特点变得敏锐,举这么一个相对简单的例子非常值得。但是,在对认识论专事介绍的这一部分,最后一步就是要注意超越那个苹果之后会发生些什么。

体验、理解、判断和决定依然继续，但不同的对象需要极为不同的方法——体验一次丧亲之哀、一场梦境、一个法律体系、一首歌或者一个情人，这与体验一个苹果截然不同，相关的质问、理解、判断、决定也会因之而迥异。比如，情感和想象力在生活中极为重要，会深刻影响我们的认识，但它们与认识一个普通的苹果通常就没有那么大的关系了。

塞尚的苹果只是开启了艺术和各种传媒如何塑造我们的认识这一问题。小说、电影、录像、电视在形成我们的世界图景时都颇具影响，但我们该如何着手对其丰富内涵给予公正评判，并检验从中得来的信息是否可靠呢？我说过语言是上述三角形之一角，但这个说法显然需要扩充，以便将图像、音乐、舞蹈、手势等强大的交流方式包括在内。

因此，就那个三角形而言，世界比苹果复杂；语言只是交流的一个方面；而第三个角，即自我，当然也有极为不同的形式和维度。我们是谁、我们如何经验，这些都会受我们以往的生活、我们的性别、年龄、健康状况以及其他许多因素的影响。自我始终是社会性的，因此我们寓乎其中的那些理解群体与理解传统增加了更深层次的复杂因素。

从这一切当中可以得出一个相当重要的结论：由于各种情况都会牵涉到如此多样的因素，我们的认识不得不对具体细节予以高度关注。对于接受认识的具体事物，认识活动必须是合宜的，也需要考虑到自我与语言这两方面的所有其他相关详情。我尝试过就体验、理解、判断、决定对认识的结构和发展进行概括，认为这对于引出认识过程中的自我意识不无裨益。但是，那些举措涵盖面甚广，每一个与之相关的事例都像是借助世界地图在花园里找路。世界地图自有其用处，但认识我们周围的道路大多只是在花园和局部区域这个层级。

因此，我们的口号是“合宜的认识”。遵从这一口号会引出许多麻烦，但它也有助于防止困扰认识论的那些具有破坏性的错误，此种错误可以归到“不合宜的认识”名下。这在神学当中尤为重要。许多的学科在此汇聚，浓厚的兴趣、真诚的信仰在此得以讨论，大规模的长期的全球性社群和传统在此得到思考，世界、自我和语言的本质和实在性本身在此被打上问号。神学提出的有关认识的问题很容易被过度简化，这在有宗教信仰的人、无宗教信仰的人以及学术上的所有学科当中都存在。

上一章考虑了就文本和历史来说何为合宜认识的问题。（要想了解罗纳根运用体验、理解、判断、决定四层级认识论处理文本和历史的方法，参见其《神学中的方法》第七至十章。）本章到目前为止只是对苹果进行了细致探究。显然，文本、历史和苹果只是独特性的三种类型，而考察适用于与神学相关的其他事物的认识过程应该是引人入胜的。这些可能包括人类行为和心理，国家、社会、经济体、机构和文化，自然世界及其演进，音乐、建筑和电影。针对所有这一切，也存在复杂的哲学争论。这里，我将跳过那些重要领域，以便聚焦于对上帝的认识。

认识上帝

就上帝来说，合宜认识是什么呢？第三章已经提过这个问题，并且在集中讨论基督教三位一体上帝的概念之前讨论了“神”的各种含义。此章继而探究了确定那个三位一体上帝的实在性可能涉及的东西。现在，此种探究可以用本章中认识论的教益加以扩充了。

被认识

苹果和上帝之间一个明显的区别是，与苹果不同，上帝并非世界中的某一物体。上帝并不是守在那里让人去检阅、去验证——任何能以这种方式得到验证的东西或许都可被称为“神”，但不会是三位一体的上帝。相反，情况是颠倒的：基督教徒们相信的是，就上帝来说，人类认识最重要的特点就是人们为上帝所认识。苹果不认识我们，对自己如何被认识也没有任何发言权。在这一点上，基督教的上帝更像是人类而不是苹果。但是，认识一个人与认识基督教的上帝之间的区别之一是，人们认为上帝在祂自己如何被认识这一点上有完全的主动权。并且，认识上帝总少不了要认识到一点，即人全面地被上帝所认识。

因此，处于认识这位上帝的过程之核心的，是极端的被动、接纳或依赖，这与受造之说相类似。它并不排除各种各样积极的质问、追寻、理解、判断和决定（见第三、第四和第五章的讨论），但它的确将我们自己控制着认识上帝的过程这种想象排除在外。对于任何一个认为合宜认识就是认识者掌控局面、主导标准和方法的人来说，这都是令人不快的。不过，如果认识者以某种方式开始相信他或她已经为上帝所认识，并且这位上帝也想以某些方式被认识，则认识过程就会因之改变。至少，对何为神学认识这一点的移情理解需要一种练习，即试着想象“认识，同时为上帝所认识”。用神学的话来说，它需要人们努力在创世、启示、神恩的概念中看待自己。

然而，这也许还不算是适于基督教三位一体上帝的认识观念。现在我将择其宏旨重新叙述从认识苹果得来的八条教益，以及紧随其后的关于决定与行动的教益，以便探究它们与认识三位一体上帝如何发生关联。

认识上帝的九条教益

本节的目标是描画出适于基督教上帝的主要探询途径和认识原则。

（一）兴趣和问题

显然，与在其他探询中一样，此处最合宜的兴趣是在真实性上。当这种兴趣指向上帝时，创世说作为一个整体，对其源起、特点、维持、目的的真实性不能不问；对特别涉及到耶稣基督的史料的真实性不能不问；对特别提到了参与上帝圣灵的人类繁荣的真实性也不能不问。对上帝作为造物主、拯救者、变革和恩赐的不竭之源的这些兴趣，预设或导向了包罗万象的对上帝是谁这一问题的兴趣。这些兴趣当中也涉及对其他的许多探询的兴趣，如对经卷证据和对上帝的其他见证的真实性的探询、对各种各样针对基督教答案的挑战和不同看法的探询。

不过，“兴趣”也是一种更具批判性的推动，提醒我们应该以怀疑的态度来审视我们探询上帝的方式——我们可能是仅凭一己之私，可能是带有偏见，可能是心怀歧视，也可能只是非常狭隘。有宗教信仰者也好，无宗教信仰者也罢，都难免因为“既得利益”产生歪曲的认识，而这些“既得利益”不利于对质询上帝所引发的结果保有完全的开放。

（二）方法

要想彻底追随对真实性的兴趣，许多方法都可派上用场。无论是在阐释文本、形成对创世说和历史事件的判断、评估论点、更好地理解我们自己,还是在其他许多方面,它们都具有指导意义。当触及这位上帝的真实性问题时,所有方法可能都走不下去,因为它们面临的情形是,上帝有自由以其自身的方式揭示上帝到底是谁。

关于上帝的自由与人类探询方法之间的这个衔接区域,基督教神学家们看法各异、分歧颇深。一个极端的看法认为,这样的方法并不重要,因为上帝大可以绕过这些方法,并且也的确习惯性地这么做了;另一种极端看法则认为,上帝的自由与人类的方法之间非但没有冲突,甚至上帝正是习惯性地通过这些方法发挥作用。当然,基督教之外的很多人则认为,人类的方法根本就无法确认这位上帝的真实性。

对于初学者而言,最好的做法莫过于尽力把握少数几个经典思想家和几篇经典文本,努力从这些思想家和文本古往今来的阐释者身上学习,慢慢地增长识见、形成重要的联系、认真对待文本的"回问"。面对这些问题,就得考虑祈祷在神学中的角色。

(三)个人认识和社会认识

在苹果的例子中,可以看到,探询越是刨根问底,就越是有赖于对他人发现的信任。如果在类似的案例当中,社会范围内传播的信任都不可或缺,那么不足为奇的是,在有关上帝的断言当中就更是如此。认识(Knowing)三位一体的上帝不可避免是社会性的,它需要对他人证据的信任,需要置身于信徒或释经者的群体当中,需要有对所有人的义务。了解(Knowing about)三位一体的上帝也是社会性的,因为要做到这一点就需要通过阐释的传统(包括排斥对上帝作如此理解的那些传统),需要通过研究神学的学术群体或其他群体。

神学的初学者应该尽可能如实看待自己的信仰以及这些信仰对自身的影响。忠于不同的宗教、学术和世俗传统可能会有各种各样的冲突。在对三位一体上帝的崇信的内部，也可能存在紧张局面：一面是造物主上帝的召唤，将处于整个创世语境中的全体人类视为某个人的群体，另一面则是被创造出来的那个听从召唤跟随耶稣基督的群体。而在后一个群体当中存在着深层的分裂，这些分裂许多都是因为要在他们当中进一步区分“神圣”与否或“圣灵附身”与否而引起的。因此，三位一体上帝的概念当中织入了群体的各种力量，很容易失去和谐。不管是在这些不同的群体内部，还是在它们之间，神学都进行着对上帝的讨论，而非社会性的神学对此则可以不予考虑。

(四)即时认识和长期认识

对三位一体上帝的认识有其时间性的一面，这在第三章已经明确。这位上帝是通过人和群体的历史和故事为人所确认的，而作为教义，三位一体说历经数百年才得以建立。个中教益是，尽管各种灵光闪现的时刻都有可能出现，但不能期待认识这位上帝会是即刻而直接的。相反，这是一个长期累积、在无数情境和讨论中屡遭试炼、将不同观点交相编织的过程。关于这位上帝的观念牵涉到上帝长期的自我传达，通过历史当中的偶发事件得以展现。这与认识上帝这个过程的社会性密切相关：比如，在基督教当中，“内在的”直接经验或私人经验并未占据主导，放在首要位置的是长期以来人们之间所发生的事。不过，直接与长期之间的关系是一个争议不断的问题。

这对神学中适用的各种探究造成了影响，对“何为长期”的强调倾向于将优先权交给对文本、祷告文、人生历程、信仰群体以及千百年来对上帝的其他证据的研究，同时也将权威赋予一些人的判断，这些人证明自己多年以来既忠诚又睿智。那些声称直接受到了上帝启示的说法，那些一时看来令人信服的精彩论点，它们并未被忽视，但却必须经受时间的考验，经受长期辩论所形成的准则的检验。

(五)独立的认识和互联的认识

对上帝的认识在多大程度上被理解为独立的、多大程度上被理解为与其他认识形式相互联系，这是神学争论中旷日持久的议题之一。这一议题的形式之一是，如何将信仰(理解为一种独特的神学领悟)与理性(理解为所有人类认识所共有的)相联系。有些思想派别认为信仰和理性对比鲜明，有些认为它们自相矛盾，有些认为一个凌驾于另外一个之上，有些则认为它们相互补充、并不对立。

第二章讨论的神学的五种类型，可被解读为展示了多种多样的信仰—理性关系如何别具特色地构建了所有的神学理论。在第二章提及的20世纪主要的神学家当中，巴特强调了基督教神学及其对上帝的认识的特殊性。他否认所谓的自然神学，在这种神学理论当中，来自其他各种知识领域中的推理显示了上帝的存在和本质；他自己的神学理论以经卷中证明的三位一体上帝的启示为中心。另一方面，同样是三位一体说彻头彻尾的信徒，卡尔·拉纳却将神学与其他认识领域广泛联系，并努力表明以哲学或其他术语表达信仰可以让人理解并合乎理性，但他并不容许其他体系对信仰任意摆布。

可以说，要保证基督教神学的健康，两种态度缺一不可。解读三位一体教义可以有两种方式：作为圣父和造物主的上帝在根本上是超验的、与众不同的，却也倡导将现实的所有领域相互关联并与上帝相关联的探索；作为圣子和逻各斯（道、理性、原理）的上帝既是具体的1世纪的犹太拯救者，也可以从其身上一窥创世与历史之间的连贯性；由耶稣基督呼入世人的圣灵，也是创世当中上帝的圣灵。

（六）语言和所指

有很多关于“宗教语言”的议题需要就任何一种宗教或精深的世界观进行讨论。它们包括，对隐喻（“上帝是磐石”）和其他比喻性语言（符号论、象征论、寓言、讽喻及其他）如何理解的问题，类比的作用（既承认同又承认异的表达——“上帝具有人性，但并不仅仅以你那种方式具有”）的问题，语言如何指称现实或对应于现实这个普遍问题。

对三位一体上帝的讨论总能引发关于这些话题的争论，这些讨论也有一些独特之处。既然上帝身为造物主，处于所有人类范畴之外，语言何以能够给上帝的超验性以公正评判？对这个问题的回答颇费周章。如何避免你以语言“抓住了”上帝这种错觉？为了适度谦逊，你是否只应该使用否定的词句？难道要承认语言的不足，最终总是以无声胜有声收场？然而，对耶稣基督的信仰已经给人以信心，即无须宣称能够穷尽一切，人类的语言——尤其是以对他的证词的形式——的确可以指称上帝。

对“施予言语”的圣灵的崇信，使有关上帝与人类语言的关系的讨论又多了一个方面。如果认为上帝与沟通者有着亲密且自由的联系，那么就可能持续出现新的“语言事件”，上帝通过这些事件来表达自己——这些语言事件还可以加以扩充，将祷告文、音乐、建筑、富含寓意的行动和生活也纳入其中。

也会有由语言构成的构词事件。我向你保证；我原谅你；我祝福你。这些叫做“述行句”，语言在其中**完成**某事而不是以任何明显的方式指称某事。在论及上帝时，这类句子极为重要。

结论之一是，语言可以通过多种方式谈论上帝，将表达的所有体裁限定为一种指涉形式是不可能的。正如三位一体说讲的是三者之间动态的相互作用，语言的不同类型之间也存在复杂的动态的相互作用。主要类型有类比和隐喻、叙事、祈使和“述行”，而神学和哲学已各自提出了与上帝相关的各种方式的讨论、检验和批评。然而，初学者应该注意到的重要的一点是，尽管讨论当中存在极为复杂的技术问题，此处的基本议题却是神学判断。比如，如果有人认为耶稣基督是上帝的自我传达，这很可能就会成为一个决定性因素，影响他对语言如何指称上帝这一问题的看法。

（七）人的主观性

那些眼睛盯着这页纸却不识字或读不懂英文的人，与那些能读懂英文的人相比，对这页纸的理解当然大不相同。这在前面几章已经多次提及：认识与认识者的身份有关。在认识三位一体上帝时，可与阅读英文相类比的情形是什么呢？显然，这里的基本要求是，其他懂得这门“语言”的人已经说过它、教过它。如果从未“听过或相信过”，谁也不会确认这位上帝。

显然，进入（或退出）对这位上帝的信仰有多种不同的方式，但这不是我们现在所关心的。关键是要注意到没有中立可言：每个自我的形成都各有其特定的方式。在思考上帝的时候，“自我的实践”如何，体验、理解、判断和决定的原由怎样，这些都至关重要。总之，鉴于认识的社会性本质，我们相信的是谁这一点举足轻重。认识三位一体上帝需要成为群体的一员，这个群体信任某些证据，允许自己的主观性被一些做法（崇拜、信任、希望、爱、忏悔、习经等等）所塑造，并且认识到在所有这一切当中，最为重要的是被一位永远超乎人类理解力的上帝所认识。

了解这位上帝也涉及到主观性，而在学术神学当中，这意味着已经习得了与文本、历史、哲学及其他很多东西相关的一些技巧。信仰的主观性和学术训练造就的主观性相互作用，神学很大程度上受到了这种相互作用的影响。当然，这种相互作用不仅存在于不同的人之间，也经常存在于同一个人身上，是信仰和理智之间关系的主观方面。

（八）错误难免和错而可改

在宣称认识三位一体上帝时错误是难免的，这一点对于那些排斥这位上帝或信仰其他神的人来说显而易见，而纠正错误则需要放弃对认识的主张。但是，对于那些深信上帝的实在性的人来说，犯错的可能也无处不在，千百年来的争论已经显示了这一点——争论各方不可能都正确。认识上帝的任何一个方面都有可能出错——歪曲的或不充分的经验、误解、误判、不明智的决定，以及不好的或不恰当的做法。

不过，上帝这一观念本身也蕴含了犯错的更进一步的方面。如果这位上帝"至大无俦，超乎想象"，那么所有的观念都不免有所欠缺。经典基督教神学最重要的原则之一被总结为拉丁文短语 docta ignorantia，即"博学的（或有知识的）无知"。它强调了认识到自己所未认识的事物是多么重要；真正认识这位上帝的一个基本标志就是认识到自己的极度无知，它总是超越并包含着任何宣称已经得到的认识。一知半解且认为这就已经足够，这比干脆否认对上帝有任何认识要更为危险。承认自己无知、褊狭、看法片面、智识有限，承认别人有可能比自己认识得更深刻——这需要自我实现根本的转变，并且首先被视为在真理面前保持谦卑的德行。

(九)决定与行动

使前面所有八条教益实至名归的，是实践这一方面。你被自己的决定和做法深刻地塑造着。你的重大决定使你变得不同于以往。你随之发现，以自己当前的位置，你可以认识那些在作出重大决定之前不会认识的东西。假如你决定学医、想成为一名医生，这就会给你的一生打上印记，你会以之前无法想象的方式来理解自己和他人。如果你跟这个而不是那个人结婚，你会认识这个人并被他或者她以多种方式所影响，没有你的决定和承诺这一切就不可能实现。信仰上帝并参与到相应的实践和关系当中与此类似。

信仰者信仰的不同方面——智识、情感、想象、决定、信奉——孰先孰后，神学当中对此歧见颇深。显然，基督教的某些类型和某些神学理论对上述不同方面都各有侧重。但是，没有争议的一点是，信奉对于认识这位上帝不可或缺。个中缘由非常明显，恰如人类的友谊或婚姻中的情形：这位爱的上帝通过爱与被爱为人所识。

作为智慧的神学

这是本书最长的一章。读者对此不应感到奇怪，因为理解和认识的问题注定了要在神学当中不时出现。或许，这也是最复杂的一章，因为同时涉及到了很多因素。最后的问题是：如何将所有这些因素归拢到一起？

我的建议是，此处最有用的一个单一观念莫过于智慧。智慧与对第一章讨论的多重洪流之中的生活和理解的良好塑造相关。智慧所关注的不仅仅是更多的信息和知识，也关注它们如何与现实的其他方面相关联，尤其是它们如何服务于第七章描述的那种全面的繁荣，即拯救。由此可见，智慧应对的是被很多学术研究排除在外的生活的方方面面，如苦难、快乐或生存的意义。它或许是神学家所能拥有的最令人满意的全面“兴趣”，涵盖了真、美以及与上帝面前的整个现实生态相关的实践。这也可以以警告的形式发出：当心任何不以智慧为目的的对神学信息和知识的追求。

作为智慧，神学与主要的宗教和哲学传统有着深刻的共鸣。寻求智慧是一种普世的追求。这绝非一个令人安逸的事实：对智慧的追求会引发狂热的争辩和歧见。但现在很明显的一点是，一种宣称自己的见解不容置疑且能睥睨其他理论的神学理论既难以置信也有欠考虑。显而易见的需求是这样一种智慧，它告诉我们如何面对这些分歧，同时又使具体的信仰传统的独特之处和深度得到公正评判。神学的最佳状态就是促成此事的一门学科。学习、教授、充实这样的智慧是其最基本的特点。当此事发生之时，即便是以细微的方式，人们也会看到对智慧热切甚至欣喜的赞美，这种智慧汩汩不绝，流入众多的社群、经卷、经典文本、祷告书以及个人证据之中。

第四部分

前景展望

第十章

面向第三个千年的神学

最宽泛地讲，神学就是对宗教提出的问题以及有关宗教的问题所进行的思考（见第一章）。要是认为神学关注的是这一领域的问题，那么毫无疑问，只要人类继续存在，第三个千年当中的神学至少会像以前任何一个千年一样普遍且必要。世界各宗教的信众已经占据了世界人口的多数，并且数量还在增长。未来将要提出的问题，不管是在关注度、意义还是潜在的争议性方面，都不大可能减弱。因此，神学思考的空间依然会极为广阔，即便其中相当一部分永远无法冠以神学的名号。

神学应对的是意义、真理、美以及实践的问题，这些问题针对宗教提出，通过一系列学科探寻答案（见第二章）。如果这是对学术神学的一个宽泛定义，那么这种神学在第三个千年也很可能会繁荣发展。它将在许多种不同的环境中被研究，从某个特定的神学传统被奉为圭臬，到任何一种神学被视为思想史中一个相对次要的方面。有别于上述各种模式的是学术神学，它超越了“神学与宗教研究”的二分法，第二章对此有专门讨论。20 世纪见证了学术机构的急剧增长，在此类机构中神学得到了某种形式的研究，以全球视角观之，这种趋势毫无逆转的迹象。相反，此类机构与课程持续增长，神学方面的学术成果也随之膨胀。

不过，这些定量评估并未说出多少关于未来的在神学方面有重要意义的东西。假如正如上一章所说的，神学以最全面的方式与智慧相关，那么更多不一定就意味着更好。对于初学者和其他一些人而言，巨大的数量可能会使人无所适从。出版更多内容的压力，再加上出版商、媒体、学术界的“高管阶层”、宗教领袖、学者行会、私人或公共部门的捐助人以及其他一些资助神学工作的人各种各样的利益诉求，都很容易阻碍对智慧的追求。“怀疑阐释学”需要被应用于神学所赖以产生的条件。

既不去尝试定量预测，也不去尝试定性预测，我要做的是以质疑的态度面对神学的前景。正如前几章所强调的，引导着探究方向的那些问题至关重要。下一个千年当中神学面临诸多重要问题，我将提出五个最重要的问题，它们的出现大多水到渠成，是前面所述内容的结果。前几章主要聚焦于基督教神学，原因已在第一章中阐明，但下列问题（加以适当的修改）也指向并适用于其他宗教传统的神学理论。（这些问题基于我在《当代神学家》的“后记”中所提出的那些问题。）

1. 上帝的问题，以及针对与上帝有关的其他一切的探究，会不会成为这一领域的核心？

这个问题或许看似令人吃惊，但纵览该领域的道路及其他进展可以看出，绝不能想当然地认为上帝（或者其他任何与此相似的、可以为不同的宗教传统所用，以指代最为包罗万象的真理的词或词汇）处于问题的核心。当然，有不少对宗教的学术“兴趣”都完全将此问题排除在外。但如果那些兴趣将宗教本身所认为的最重要的问题置之不理，神学就被某种意识形态控制了，这种意识形态本身就需要进行神学批判。这绝不是要将无神论以及其他不可知论的或怀疑的话语从神学当中排除出去；它只是要保证这些话语不会专横地主导讨论的话语，作为最低要求，此种讨论必须能够对各种具体的信仰群体的自我理解作出公正评判。

一旦"上帝"真正列上了议事日程，对探询也就没有了蛮横的限制。它将引导我们进入本书业已提出的一些议题——崇拜、伦理与政治、欲望与责任、邪恶与人类的繁荣、历史问题、文本阐释、多学科知识以及关于真善美的智慧。对于神学与这些领域相交接时可供探索的种种激动人心的可能性，前面几章最多算是浅尝辄止。

2. 神学何以面面俱到地在诸多领域担负责任？

各个学科均越来越清楚地意识到自己绝非"价值中立"。一

图 11　千年穹顶，格林威治

个领域形成的原因和方式有其伦理方面的问题，而第二章针对神学提出了一种面向高等教育、宗教群体以及社会的责任"道德生态"。履行任何一种责任都面临巨大挑战。

接触快速发展的诸领域中最杰出的思想和研究时会涉及一些任务，这些任务是否应由神学家承担，这一点在高等教育领域还极不明确。同样不明确的是，当代的大学、研究所或研讨会对于广泛追求智慧的探询与教育能否怀有足够的热情。

随着社会日益倚重知识，将更多的资源灌注于教育，并且处于信息饱和状态，或许可以想见的是，宗教群体会看到加强学习、训导和思考的紧迫性。有些宗教群体的确看到了这种紧迫性，但宗教人士当中往往也存在对学术教育的巨大质疑，尤其是在涉及神学内容时。这往往使他们所肩负的神学责任不那么牢靠，在神学责任需要对有争议的问题进行公开讨论时则尤其如此。

在作为整体的社会中，神学的责任不仅表现在参与那些被冠以"宗教的"之名的公开讨论。如果接受本书提出的对神学的理解，那么很明显，神学对各种产业、民族、机构、职业、文化、实践的形成都不无贡献。显然，神学也关乎处于家人亲友、悲伤欢乐、休闲劳作之中的日常生活的形式。宗教的智慧传统及其应对新形势、新事件时的权变，都有助于社会和日常生活各个层级的形成。所有这一切引发了种种考虑，这些考虑需要见闻广博的理解，而这样的需要是无尽的。某些神学教育与文献并非为机构性的宗教角色而准备，这类教育与文献有扩张之势，其扩张的一个结果是，一些在神学思考方面受过良好教育的人承担着各种角色，散布于复杂的社会之中。此外，还有千百万头脑睿智、教育良好的人对神学问题饶有兴趣，很明显，探讨社会议题所要求的神学上的缜密很可能始终都无法实现。

3. 学术机构该如何建构方能满足其三重责任？

这是一个关乎神学在不同背景中最适宜的“组织体制”的问题。根据机构的类型、历史、投资、忠诚对象、目的，对于高等教育、宗教群体、社会的责任也需要有不同的平衡。但是，很难看到忽略这些责任中的一种或多种是完全正确的；通常，每种责任都会因其他责任得到重视而受益。在确定某个具体机构中的责任平衡时，争议面甚广、政治冲突甚剧，而当数个宗教传统寓乎其中时，情形则更为紧张。

下个世纪的一项重大挑战就在于探求机构的创造性，创造环境使具有不同信仰的人能完整地追求神学智慧。各种机构并非只是为人类活动提供的中立体系；它们体现了各种规范与神学理论，对合宜的神学理论的探索则依然长路漫漫。

4. 对话神学和比较神学如何能实现繁荣？

相互的善意、对话、直面分歧的态度、严谨的辩论、正直的友谊——在不同学科、不同群体、不同民族中追求神学智慧的那些人当中要是没有这些，这个世界还有什么希望？前面几章对于神学的复杂形式只是稍有涉及，这种形式企图跨越神学的重大分歧进行思考。对于这样的交叉接触，各种神学传统都需要发展自己的理论基础和伦理，而那些号称能够一览全貌——不管是从所有传统之外还是从某一传统之内——的人都应认识到自己的见解也只是一种“传统”。

应对其他不同智慧及其变异对于任何一种智慧来说都是一项重大考验。放眼全球，当前对这种智慧的追求往往代价巨大，社会与地区的和平也面临着威胁。学术神学在这个大生态当中不过只是小小的一龛，但其健康仍然至关重要。即便是在单个传统及其当代思想与实践当中，也需要大量教育良好、头脑睿智的人才，比较神学（以比较宗教为前提）对这种人才更是有着加倍的需求。但是，期望个体沉浸于不止一种全面塑造生活与思想的方式是不合适的。这便促成了多种多样的群体、网络、中心、会议、咨询及交流。其中，有些学术机构也成为了这样的场所，在此，神学理论迥异的人们彼此之间有着慷慨甚至大胆的热情；显然，第三个千年对这样的场所仍将有迫切需求。

5. 谁将研究神学？

前面在对诸如神学的责任、机构、对话等核心神学议题的讨论当中，已经预设了神学家的存在。第三个千年的神学显然将由研究神学的人，或许也包括本书的读者去造就。我已经对神学家进行了刻画，他们在社会当中随处可见，因为神学问题无所不在。“谁？”这一问题的理想答案是：沉醉于神学问题的探讨，有志于求得感悟、知识和智慧，不率尔作答的那些人。当然，实际上人们会有混杂的动机，也会产生非常混杂的结果——包括对整个事业的彻底失望。

不过，考虑到上帝中心论的问题，研习神学的学者也要当心，尤其是在对第一个问题给予肯定回答的时候。“谁来研究神学？”这一问题的一个可能答案是：上帝。如果学者肯定这一点，那么整个视野将为之一变，所有智慧的源头对质疑场的质问、了解、判断及肯定，将促成这个质疑场的形成。这种全面的接纳能力被许多伟大的神学家看成是自己的智慧受到激发的结果。他们反过来站在神学的初学者面前，让他们直面那神秘的、压倒一切的关切——关于上帝的问题。

索　引

（条目后的数字为原文页码）

A

A Year to Live《一年的活头》126
Abraham 亚伯拉罕 36
Acts《使徒行传》98
Adam 亚当 70
Alexandrine christology 亚历山大派基督学 95, 96
ancient Greeks 古希腊人 41
Anselm of Canterbury 坎特伯雷大主教安塞姆 42, 113
anti-Semitism 反犹主义 98
Antiochene christology 安条克派基督学 95, 96
Apocalypse of John 约翰的《启示录》94
Aquinas, Thomas 托马斯·阿奎那 29, 106
Arapachana Manjushri 文殊师利菩萨 119
aseity 自我存在 42
atheist perspectives 无神论视角 21—3, 26, 58—9, 60, 171
Augustine 奥古斯丁 28, 43, 70, 80—1, 106
Auschwitz 奥斯威辛 75

B

Bacon, Francis 弗兰西斯·培根 145—6
baptism 洗礼 37, 108, 111
Barth, Karl 卡尔·巴特 27, 57, 157
belief 信仰、相信 34, 47, 60, 68, 93, 151, 158, 159, 162—3
Believing Three Ways in One God《三种途径，一种信仰》126
best practice 最佳实践 17—18, 20, 30, 80—2
Bible《圣经》23, 37—8, 44, 53, 62, 3, 64, 98, 99, 104—5, 127 33, 139, 144
Bonaventure 圣波拿文都拉 42
Bonhoeffer, Dietrich 朋霍费尔 65, 66
Bowker, John 约翰·鲍克 126
Buddhism 佛教 117—22
Bultmann, Rudolf 鲁道夫·布尔特曼 25—6, 134
Burning Bush 燃烧的灌木 35—7

C

Calvin, John 约翰·加尔文 95, 106
canon 正典 86, 128
Cézanne, Paul 保罗·塞尚 150
Chalcedon, Council of 加尔西顿会议 94

Christian ethics 基督教伦理 55—6, 67
and desire 与欲望 56—61
and responsibility 与责任 61—6
Christian Fundamentalists 基督教基要主义者 23
Christianity 基督教 6—7, 21—30, 35, 44, 45, 62—4, 70, 94, 97—8, 100, 104—22, 131, 135—6, 141—2, 160
christology 基督学 93—102, 107
Church Dogmatics《教会教义学》 28
Codex Sinaiticus of the Greek Bible 希腊文《圣经》西奈山抄本 127
coherentism 融贯论 152
commentary 评论 129—30, 133
correlation 相互关系 26—7, 29, 30
corrigibility 错而能改 153, 164
creation 创世、天地万物 13, 36, 80, 82, 106, 158
creationism 神创说 23
Crown of Thorns 荆棘冠 89
crucifixion 钉死于十字架 61, 88, 91, 108, 110—11, 113, 114
cultural diversity 文化多样性 97—8
culture 文化 14—15, 26, 70, 97—8, 99,105, 132, 137

D

Dead Sea Scrolls《死海古卷》 86
decision 决定 141—3, 153—4, 161, 164—5
demythologizing 去除神话色彩 25
Descartes, René 勒内·笛卡尔 145—6
desire 欲望 49—51, 56—61, 80
Dilthey, Wilhelm 威廉·狄尔泰 136
disciples 门徒 37, 87, 90, 91, 108
divinity 神性 35, 39, 50, 77—8, 95
docta ignorantia 博学的无知 164
Durkheim, Émile 埃米尔·涂尔干 49

E

ecclesiology 教会学 108
ecology of responsibility 责任生态 18—20
Einstein, Albert 阿尔伯特·爱因斯坦 39
Enlightenment 启蒙运动 138
Ephesians《以弗所书》 64
epistemology 认识论 145—56
eschatology 末世论 109
ethics 伦理 *see under* Christian ethics 参见基督教伦理
eucharist 圣餐 94, 108, 111, 112
evil 邪恶 68—82, 107
as idolatry 作为偶像崇拜 77—82
natural 自然的 72, 73—6
personal 个人的 69—70, 73
structural 结构性的 70—3

existentialism 存在主义 25—6
Exodus《出埃及记》35—6, 126
Exodus, the 犹太人出埃及 90, 111, 115, 128
experience 经验 147—8, 150, 151—2, 155—6

F

faith 信仰 17, 24—9, 34, 37, 43—4, 75, 83, 113, 129, 160—1, 163—4, 165
Fall 堕落 70, 80, 81
fallibility 错误难免 153, 164
feminist perspectives 女性主义视角 22, 115
Ford, David F. 大卫·福特 131
Foucault, Michel 福柯 138
foundationalism 基础论 152
freedom 自由 21, 58—60, 64—6, 69—70, 73, 75, 104, 113, 158—9
Frei, Hans 汉斯·弗雷 21—4
Freud, Sigmund 西格蒙德·弗洛伊德 138
fundamentalist 基要主义者 23

G

Gadamer, Hans-Georg 伽达默尔 136
Genesis《创世记》66, 70, 80, 81, 126, 128
Gentiles 非犹太人 98
God 上帝 25, 27, 47—8, 52—3, 59—61,63, 6, 68, 76—8, 81—2, 87—8, 91, 92—3, 95, 105—10, 113, 114—15, 128, 130, 138—9, 143, 156—65, 170—1, 175
conceptions of 的观念 33, 48, 51, 2, 55—6, 60, 63, 95, 96, 106
the creator 造物主 38, 42, 4, 64, 161, 162
and evil 与邪恶 72—82
the Holy Spirit 圣灵 38, 9, 45,7
and Jesus Christ 与耶稣基督 25, 28, 36—8, 52—3, 56, 60—1, 90, 91, 94—5, 96—7, 107, 163
meaning of 的意义 33, 5, 38, 40, 41—3, 55—6
reality of 的实在性 40—8, 79, 144
the Son 圣子 39, 44—5, 161
Trinitarian 三位一体的 35—9, 42—7, 51, 54, 64, 79, 106, 142, 156—7, 159,160, 162, 164
God in the City《城市中的上帝》79
gods 诸神 33—4, 50—1, 79, 156, 164
Gospels 福音书 61, 82, 84—91, 98, 110—11, 128
gospels, apocryphal 次经福音书 86, 141
Greek 希腊语 84, 97, 130—2
Guy, Ilana 伊拉娜·盖伊 74

H

Habermas, Jürgen 哈贝马斯 136
Hebrew 希伯来语 130—1, 132—3

Hegel, G. W. F. 黑格尔 29, 146
Heidegger, Martin 海德格尔 26, 29, 136
hermeneutics 阐释学 99—102, 134—40
history 历史、史学 26, 36, 38, 40, 56, 80—2, 125—6, 140—3
Hitler 希特勒 27—8, 66
Holocaust 纳粹大屠杀, *see* Shoah 参见浩劫
Holy Family 《神圣家族》 100
Holy Spirit 圣灵 37, 38—9, 45—7, 53, 56, 61, 64, 73, 91, 92, 97—8, 106, 107, 114, 129, 158, 161, 162
humanity 人类、人性 51, 66—7, 95, 96—7, 114
Hume, David 大卫·休谟 146

I

idolatry 偶像崇拜 53—4, 77—80
ignorance 无知 164
insight 《领悟》 147
intensities 强度 116, 120, 121
interpretation 阐释 61—3, 99—102, 125—41
Irenaeus 艾雷尼厄斯 81
Isaac 以撒 36
Israel 以色列 87, 90, 93, 108, 115, 128

J

Jacob 雅各 35, 36
Jeanrond, Werner G. 沃纳·杰隆德 134
Jesus Christ 耶稣基督 21, 25, 27, 28, 35, 36—7, 38, 39, 52—3, 60—1, 64, 67, 77, 83—102, 106, 107—8, 109—10, 111—12, 113, 114, 117, 128, 158, 159, 161, 162, 163
  conceptions of 的观念 84—6, 96—7, 100—1
  and God 与上帝 25, 28, 36—8, 52—3, 56, 60—1, 90, 91, 94—5, 96—7, 107, 163
  Gospel of 的福音书 25—7, 115
  historical existence of 的历史存在 44—5, 84—93, 96—7, 141, 143
  as a Jew 作为一个犹太人 67, 83, 85—7, 97, 98, 99, 101
  as a man 作为一个男性 99, 101
  as Messiah 作为弥赛亚 85, 87, 88, 93, 98
  resurrection of 的复活 91—3
Jesus through the Centuries 《历代耶稣形象》 96
jhana 入定 118
John 约翰 84
John the Baptist 施洗者约翰 87
Josephus 约瑟夫斯 86
journey of intensification 强化历程

110—15,120
Judaism 犹太教 35, 62, 85, 93—4, 95, 98—126, 128, 129, 133, 135
Judas 犹大 90
judgement 判断、审判 132—3, 140—3, 148
justification by faith 因信称义 113, 129

K

Kant, Immanuel 康德 29, 146
Karma 业 118
Käsemann, Ernst 恩斯特·克泽曼 130
Keown, Damien 关大眠 117
Kingdom of God 天国 27, 87, 88, 108, 109, 128
knowing 认识 144—64
Koran《古兰经》97, 130

L

language 语言 13, 24, 42, 45, 71, 97—8, 126—7, 130—4, 135, 138, 139, 143, 145—7, 152, 153, 154, 155, 161—3
Lash, Nicholas 尼古拉斯·拉施 50, 126
Last Judgement 最后的审判 81
Letter to the Hebrews《希伯来书》111—12
Letter to the Romans《罗马书》130
Letters and Papers from Prison《狱中书简》66
Leviticus《利未记》126
Locke, John 约翰·洛克 145—6
Logos 逻各斯 161
Lonergan, Bernard 伯纳德·罗纳根 147, 156
Loyola, Ignatius 罗耀拉的圣依纳爵 29
Luke《路加福音》61, 84, 88
Luther, Martin 马丁·路德 95, 113

M

Mark《马可福音》61, 84, 88, 110
Marx, Karl 卡尔·马克思 138
Matthew《马太福音》61, 62, 84, 87—8, 126
Meaning and Truth in 2 Corinthians《〈哥林多后书〉中的意义与真实》131
media 媒体 3, 10, 20, 34, 83, 154
metanarratives 元叙述 12—13, 80—2
Method in Theology《神学中的方法》147, 156
Millennium Dome 千年穹顶 172
modernity 现代性 8—10, 21, 23, 84, 99, 101, 112, 142
Modern Theologians, The《当代神学家》170
Moses 摩西 35

81, 84, 142

N

narrative 叙述、叙事 80—2, 91, 141
Nazis 纳粹 26, 28, 70, 98
neutrality 中立 163
New Testament 《新约》 25, 37, 44, 62, 64, 82, 83—93, 98, 100, 111—12, 128, 141
Nicea, Council of 尼西亚会议 94
Nietzsche, Friedrich 尼采 138
Nirvana 涅槃 118

O

Old Testament 《旧约》 35, 62, 87, 128
omnipresence 全在 33
omniscience 全知 33
Orthodox Church 正统教会 114
overwhelmings 洪流 7—11, 50, 54, 110, 165

P

Paul 保罗 129, 131—2
Pelikan, Jaroslav 杰罗斯拉夫·帕利坎 96, 100—1
Pentecost 五旬节 37, 46
Pentecostalism 五旬节信仰 38, 39, 114, 129
performatives 述行句 162
postmodernity 后现代性 12—15, 21, 81, 84, 142
praxis 实践 115
prayer 祈祷 51—3, 54
predestination 命定论 106
premodernity 前现代性 99, 101, 142
proof 证据 5, 48
Protestantism 新教 3

Q

questioning 质问 43, 137, 148—50, 154, 157, 158, 159

R

Rahner, Karl 卡尔·拉纳 28—9, 30, 59, 161
reason 理由、原因 161, 164
Reformation 宗教改革 95, 112, 113, 129, 136
religious studies 宗教研究 16—20, 29—30, 120, 121, 130, 169—70
responsibility 责任 18—20, 29—30, 61—6, 69—72, 73, 107, 113, 171—3
resurrection 复活、重生 36—8, 52, 61, 64, 91—3, 110
Revelation 《启示录》 81, 94
Ricoeur, Paul 保罗·利科 129, 136, 138
Roman Catholicism 罗马天主教 28—9, 94
Roman Empire 罗马帝国 37, 70, 85, 88—90, 93, 94, 95, 135

Romans 罗马人 64
Rouault, Georges 乔治·鲁奥 57

S

sacrifice 献祭、祭品 111—12
Sainte Face, La 《圣像》57
salvation 拯救 63, 77, 103—22, 128
Sartre, Jean-Paul 萨特 26
Schleiermacher, Friedrich 施莱尔马赫 136
Second Vatican Council 第二次梵蒂冈大公会议 28
Sedgwick, Peter 彼得·塞奇威克 79
self 自我 13, 118, 142, 145—7, 153—5, 163
Sermon on the Mount 登山宝训 62, 87—8
Shoah 浩劫 98, 101, 129
sin 罪 53, 70, 107, 108, 113, 128
Song of Songs 《雅歌》 128
sources 来源、依据 85—6, 140—1
Spencer, Sir Stanley 史丹利·斯宾塞爵士 109
Suetonius 苏埃托尼乌斯 86
symbol 符号 26—7, 99, 111—12, 114, 151

T

Tacitus 塔西陀 86
theodicy 神正论 72—7, 79
theological anthropology 神学人类学 67
Theological Hermeneutics 《神学阐释学》 134
Theological Investigations 《神学研究》 29
theology 神学
  academic study of 的学术研究 8—9, 11, 16—30, 52, 96, 121—2, 130—1, 139, 164, 169—75
  Christian 基督教 20—30, 36—8, 60—1, 77, 80—2, 107—10, 161, 164
  comparative 比较的 116—22, 174
  confessional 信仰声明式的 16—18, 29
  conservative 保守的 20—1, 30
  constructive 建设性的 17—18, 105
  in the future 未来的 169—75
  liberal 自由的 20—1, 30
  liberation 解放 115
  radical 激进的 20—1, 30
  systematic 系统的 104, 105
  texts in 中的文本 125—43
theophany 显灵 35
Tillich, Paul 保罗·蒂利希 26—7, 49
Tracy, David 大卫·特雷西 110
translation 翻译 97—8, 130—3, 134, 136
Trinity 三位一体 35—9, 51, 56, 60, 64, 73, 79, 108, 114, 142, 156, 159—60, 161,

162
trust 信任 25—6, 40, 43, 44—5, 58, 61, 68, 73—7, 82, 151, 159, 163

U

ultimate concern 终极关切 49—51, 56
understanding 理解、领悟 22, 26—30, 43, 45, 47, 99, 102, 112, 125, 143, 144—8, 150—7, 158, 165, 173, 175

V

vipassana 洞见冥想 118

W

wisdom 智慧 147, 165—6, 170, 172, 173, 174, 175
Wittgenstein, Ludwig 维特根斯坦 24
women, subordination of 女性的从属地位 62, 81, 99, 126
Word 道 36, 64, 161
world 世界 145—7, 152—6
worldview 世界观 21—5, 68, 91, 102, 161
worship 崇拜 49—54, 56—7, 77—9, 80, 83, 128

Y

Yad Vashem 犹太大屠杀纪念馆 74
Young, Frances 弗朗西斯·扬 131

X

Zechariah《撒迦利亚书》90

David F. Ford

THEOLOGY

A Very Short Introduction

Contents

List of Illustrations ix

Part I. Describing the Field

1 Introduction: Theology and the Religions in Transformation 3

2 Theology and Religious Studies: How is the Field Shaped? 16

Part II. Theological Explorations

3 Thinking of God 33

4 Living before God: Worship and Ethics 49

5 Facing Evil 68

6 Jesus Christ 83

7 Salvation – Its Scope and Intensity 103

Part III. Skills, Disciplines, and Methods

8 Through the Past to the Present: Texts and History 125

9 Experience, Knowledge, and Wisdom 144

Part IV. Prospect

10 Theology for the Third Millennium 169

Further Reading 177

List of Illustrations

1 Russian icon depicting the Pentecost 46
Private collection. Photo: AKG London

2 *La Sainte Face*, 1933, by Georges Rouault 57
Musée National d'Art Moderne, Centre Georges Pompidou, Paris. © ADAGP, Paris, and DACS, London 1998

3 Dietrich Bonhoeffer in captivity awaiting trial, Berlin-Tegel, summer 1944 65
Photo: AKG London

4 A mother holding her dead child. Sculpture by Ilana Guy, dedicated at the Yad Vashem, the Holocaust memorial in Jerusalem, in 1974 74
© All rights reserved, Yad Vashem

5 Christ with the Crown of Thorns, 20th-century African wood carving 89
James Cronin Collection. Copyright holder not traced

6 The Holy Family. Painting on silk. Japan, 20th century 100
Society for the Renewal of Christian Art Photograph Collection. Notre Dame Archives, Notre Dame, Indiana

7 *The Resurrection: Port Glasgow*, 1947–50, by Sir Stanley Spencer 109
Tate Gallery, London. © DACS, London, 1998

8 The Bodhisattra Arapachana Manjushri 119
From *The Tibetan Art Calendar 1990*, published by Wisdom. By kind permission of Wolfgang Jünemann, Schneelöwe Verlagsberatung & Verlag, Aitrang, Germany

9 The Codex Sinaiticus of the Greek Bible 127
By permission of the British Library

10 *Apples*, *c.*1877–8, by Paul Cézanne 150
By kind permission of the Provost and Fellows of King's College, Cambridge. Photograph © Fitzwilliam Museum, University of Cambridge

11 Millennium Dome, Greenwich 172
Photo: Garry Weaser © *Guardian*

Part I
Describing the Field

Chapter 1

Introduction: Theology and the Religions in Transformation

Theology at its broadest is thinking about questions raised by and about the religions. We will look at a more precise definition of academic theology in the next chapter, but that will do for now to indicate the scope of the field.

It is estimated that between four and five billion of the world's population are directly involved in the major world religions, and a great many others are affected by the religions or interested in the questions they raise. There is an enormous amount of interest in religions in the media, usually – understandably – in the bad news. There are significant religious dimensions in many (perhaps most) of the conflicts in the world's trouble spots and in less dramatic tensions elsewhere. As I write I can remember news stories over the past few months on the religious aspects of problems in Northern Ireland, France, former Yugoslavia, many parts of the former Soviet Union, the Middle East, India, Pakistan, Afghanistan, Burma, Sri Lanka, Indonesia, the United States, Mexico, El Salvador, Brazil, Algeria, Sudan, Egypt, Nigeria, South Africa, Rwanda, Burundi, and Kenya.

Yet that is only the tip of the iceberg. Why is religion so controversial and so important to so many people that they will fight, suffer, and make enormous sacrifices when they see it at stake? The answer is that it is about the whole shape of living. Obviously it can play greater or lesser roles in the lives of various communities and individuals, but typically a religion is about shaping many levels of life together. The major world faiths have affected whole civilizations over many centuries and have lived with different cultures, economic and political systems. For individuals, religious involvement often affects how they imagine reality, what they believe and think, how they feel and behave, who they marry, and all sorts of other things important to their identity.

Given all that, it is no wonder that the religions are controversial. The biggest single scene of violent crime is the family, where people's deepest passions, closest relationships, and strongest commitments are often focused. Religion has many similarities to the ways in which family life grips people and becomes fundamental to who they are and how they act – for worse as well as for better. 'The corruption of the best is the worst' – it is these things that mean so much which can go most terribly wrong. They would not have that destructive capacity if they did not touch us so deeply.

Like the family, too, many of a religion's effects can be so deep and encompassing that they are hardly conscious. So even those who think they have left their family or their faith usually go on being influenced by it, and generally need something like another family or another faith in order to have a satisfactory life. For those in a state of crisis or transition in their faith, theology in the broadest sense will be unavoidable as they wrestle with the big questions.

Those who are more at home in a particular faith will also have their big questions. The world's religions have many millions of practising members who try to apply their minds to their faith and its implications. Issues come up all the time which have no ready-made answers, or which have a range of possible answers. How is God (or Allah, or whatever comparable name one's faith uses) involved in the world today and in our own lives? What should we teach our children? Is euthanasia wrong under all circumstances? What moral standards should be kept in a family, a school, a place of work, an army? What does modern science mean for our faith? Is there any explanation for evil? How do we understand death? What is my vocation in life? How do I interpret scripture? What authorities should I follow, and how far? What should our attitude to money be? What sort of priority should prayer and worship be? How can the truth of my belief be tested and deepened?

So whatever one's personal situation with regard to a community of faith and its institutions, questions of theology are likely to arise.

About this Book

This book is written for readers who want to be introduced to some of the ways those and other questions have been asked and answered over the centuries and especially in our own time.

It makes sense, if we are not the first to pursue an issue, to try to learn from those who have been concerned with it before us. As soon as we dip our toe in theology we begin to discover a fascinating community of men and women over many centuries and all around the world who have wrestled with our questions or who have suggested new questions and responses that we never thought of. As students engage with the great thinkers of other periods and of our own, one common reaction is: 'They are speaking straight to us.' But it is also common to hear: 'How strange! Does it make any sense? How could anyone have thought that?' I hope that by the end of this book readers will not only have experienced some of both reactions but also have learned how to go beyond them. Both extreme reactions – 'That rings so true!' and 'That cannot possibly be true!' – are invitations actually to do theology. That means they encourage us to think further, drawing on all the resources we can, including the best that has been thought already. Many people deeply interested in theological questions go through their whole lives ignorant of the resources there are to help them think more knowledgeably, deeply, and relevantly. This book tries to offer readers a chance to do better than that.

Above all, this book introduces theology by doing it and inviting the reader to do it. Some introductions begin with questions about the possibility of doing theology or the methods of enquiry – discussing what sort of reasoning and knowing are involved, or what skills are required. Those are important matters, but I will come to them towards the end of this book. Before that, I want to do two things. Part I will briefly describe the way I see the current religious and academic situation (in the rest of this Introduction) and the discipline of theology and religious studies within it (in Chapter 2). Then in Part II I will do theology, offering examples of theological thinking about a selection of key issues (Chapters 3–7). Only after that will I analyse more closely what fed into that thinking – the use of texts, scripture, and tradition, the nature of historical enquiry, the approach to experience, understanding, and knowing, and the overarching importance of the pursuit of wisdom (Chapters 8–9). In conclusion, Part IV (Chapter 10) will look ahead to offer a brief prophetic postscript about theology as it enters the third millennium.

One question to which I gave a good deal of thought was whether to concentrate on the theology of one major tradition or to try to introduce more than one. Various considerations weighed in making the decision to focus discussions through Christian theology. First is the very practical one that this is meant to be 'A Very Short Introduction'. Religions are at least as complex as languages and their associated cultures, and are also as diverse and long-lasting, and few people would expect a very short introduction to cover several simultaneously. My principle is, therefore, to attempt to become literate in one 'language' rather than run the risk of ending up with only a tourist's smattering of several. There are books in this series which deal with Judaism, Buddhism, and Islam, and while the present volume is not an introduction to Christianity it does complement them in their treatment of the thought of each of those faiths. Second, in trying to get a sense of what it is like to think theologically it is a help to have some common framework rather than having to start from scratch every time a new topic is introduced. This lets us go deeper and make more connections between chapters, and when we come to the reflections in Chapters 8 and 9 it avoids an impossibly complex task in relation to different scriptures, traditions, and intellectual frameworks. Third, Christianity is the largest of the world religions (estimates of current size vary, but between one and a quarter and one and a half billion members seems likely), it has by far the largest number of students and teachers specializing in theology in third-level institutions, and it has (parallelled in this perhaps only by Judaism) engaged deeply in thinking theologically through the implications of modernity (as defined below). Finally, Christian theology is my own academic specialty.

So this book does its theological thinking mostly through Christian examples, but it tries to do so in a way that can inspire comparable thought in relation to other traditions, as well as fruitful engagement between the thinkers of various traditions.

Theology Today amidst Multiple Overwhelmings

I described above in a fairly low-key way how theological questions can grip all sorts of people, whether or not they identify with a particular religious tradition. That description might, with obvious adjustments, hold true for many different centuries and situations. Religions have been important for as long as human history, they have regularly provoked conflict and questioning, and people have had to cope with the problems of belonging to them or dissenting from them (though there have been some communities where dissent is hard to identify). Now I want to ask what is distinctive about our own period as a setting for doing theology.

My answer is that our times seem to have one obvious distinctive mark:

the pace, extent, and multifaceted nature of the transformations that are occurring.

'Modernity' is hard to date. Does it start with the European Renaissance? Galileo? The Reformation? Newton? The colonization of North and South America? The rise of capitalism? The nation state with its armies and bureaucracies? The Enlightenment? The French and American Revolutions and democracy? The Industrial Revolution? Those events suggest different aspects of a set of changes which together are unprecedented in world history, and signify such a massive transformation that in religion as in other spheres it is appropriate from our perspective in the twentieth century to speak of 'before it' and 'during it' as different eras, whenever we date the transition. The aspects are cultural, scientific, technological, religious, imperial, economic, political, social, and intellectual. They have interacted with each other, developed further, and set up a dynamic of constant change and innovation which has become a permanent feature of modernity. From largely European beginnings (the actual genesis is very complex) this dynamic has become global, as seen in the scope of wars and weapons, of market capitalism and its international corporations, of communications, mass media, and the distribution of information, and of accompanying problems such as pollution, drugs, and epidemics.

This period has been overwhelming in its effects. None of the aspects of life mentioned above has been able to sustain substantial continuity, and this has caused massive problems of identity for individuals, groups, and whole nations, regions, and religions. Even when there has been intense dedication to maintaining continuity, the defensive effort and the radically changed context mean that what has actually been preserved is no longer in fact the same as before.

What about the academy in all this? In the last century there has been a huge multiplication of educational institutions at all levels as mass education has spread around the world. At the same time there has been an unprecedented explosion of knowledge. All the traditional academic disciplines have expanded, and many new disciplines and sub-disciplines have been added. Add to this the new methods of information communication, storage, and retrieval which make ever greater quantities of information available from all around the world and all past periods, and the result is yet another picture of overwhelming. And even to begin to cope adequately with an information-rich society, which is increasingly complex to operate, education is crucial.

What about the religions? Because they touch on all aspects of life they have been profoundly and complexly affected by the transformations. Because all the major religions are rooted in premodernity and need to be able to sustain significant continuity with the past, the constant changes and uprootings of modernity have struck especially hard at them. They have reacted in different ways (and each of the main religions displays the whole range within itself), from the extreme of changing past all recognition in order to 'keep up with the times' to the other extreme of trying to resist all change and conserve everything as it used to be.

There is a further crucial feature of the religions in this situation of multiple overwhelming. Most of them are themselves about being overwhelmed – by God (or however we name the transcendent present to humanity); by revelations and imperatives from beyond ourselves which invite into radical transformation; by worship, prayer, meditation, service, and other activities which call for all we have and are. They have centuries of premodern experience in coping with being overwhelmed in multiple ways – not only by God, but also by other overwhelmings that have always been part of the human condition, such as disease, famine, war, wickedness, sexual passions, love of money, fame and power, overdrinking and overeating; and, among the more positive overwhelmings, by the passionate pursuit of beauty, truth, and goodness.

In other words, each religion has developed wisdom for shaping life amidst multiple good and bad overwhelmings. In premodern times each went through crises and major transformations, in the course of which they all needed, among other things, to engage in hard thinking and rigorous debate. A critical question facing them today is whether their thinking and understanding, as well as their other resources, can cope with unparalleled change on every front. Each of them has millions of well-educated believers who participate in information rich 'learning societies', and who are faced with daily challenges and alternatives to their faith coming from the media and elsewhere. What will the quality of their response be?

This is where theology as I have broadly defined it comes in. Theology considers its questions while being immersed in the changes of modernity and at the same time drawing on the wisdom of one or more religious traditions. For believers and for others who are gripped by these great questions it is often a daily matter of wondering, doubting, trusting, weighing up options, discussing, reading, listening, meditating, discerning, and deciding. All sorts of influences come to bear, from worship, education, and preaching to novels, work experience, and suffering. Who can tell what is decisive in arriving at judgements, decisions, and basic orientations? There are also groups, communities, conferences, assemblies, synods, and councils which deliberate more socially and often officially. The vast majority of this worldwide activity in minds, homes, and larger groupings is unnoticed by most people who are not directly involved. Yet the quality of it is crucial for how individual lives and whole communities and traditions are shaped amidst the complexities of modernity.

So far I have been talking about theology in the broad sense of thinking about the questions raised by and about the religions. But I also mentioned another scene of multiple overwhelming: the academy – by which I mean educational institutions, especially at the third level (universities, further education colleges, professional schools, and seminaries). I will now make three concluding points which will link this introductory discussion with the fuller treatment of academic theology to be given in Chapter 2.

First, theology in the academy is located at a convergence of what have been described above as overwhelmings. The religions are fundamentally about being overwhelmed and are also undergoing massive transformations; the academy is deeply involved in modernity, both in shaping it and studying it, and has itself been undergoing major changes; and the multiplication of disciplines and explosion of knowledge make a specially strong impact on a subject which draws on a great many disciplines. It is hard to find a discipline that does not somehow relate to theology and the religions, and the problems this poses will be discussed in the next chapter.

Second, theology in some academic settings is in a particularly sensitive situation. I refer to those institutions which are not run by a church or other religious community but teach theology. This has some risks – it can happen that, on the one hand, the religious communities do not really 'own' it or are even suspicious of it; or, on the other hand, that the other academic disciplines want to do away with anything that might make it different from themselves – for example why should the study of the Koran not be in departments of Arabic and the New Testament under classics, with most theological questions being dealt with under philosophy or the history of ideas? But it also has good possibilities – of relating theology more richly with other disciplines, of mediating between them and the religious communities, and of making sure that questions of religious meaning, truth, practice, and beauty are given the academic significance that is due to them in the light of the extraordinary importance of the religions, for better and for worse, in history and the contemporary world.

Finally, there is an issue which presses further the discussion of modernity begun above and deserves a brief concluding section to itself.

Theology and Postmodernity

For some time the idea has been in the air that our situation now is not so much modern as 'postmodern'. By this various things are meant. My own interpretation is that it refers first of all to traumatic events and developments in the twentieth century which have reduced confidence in modernity. World wars; Fascist and terror; the Shoah (or Holocaust); genocides; the use of nuclear weapons; the destructive, polluting, and unjust effects of modern science and industry; the trivialization of life in modern culture; the sexism and racism of much modern society: these have taken away much of the superiority complex that modernity has often seemed to have in relation to earlier periods and other 'surviving' cultures. In other words, the massive modern transformations listed earlier are not necessarily for the better. Change need not mean progress.

Philosophy, theology, and other areas of thought have also contributed to a mood of radical suspicion directed at any way of making overall sense of life. They have especially focused on key 'integrators' of human existence.

For example, one way in which we try to make sense of life is to see ourselves as part of some overarching history or drama. This might be the story of our family, of our nation, of God's involvement with the world, of human progress, of a revolutionary movement, or even of a television 'soap' drama. Postmodern thinkers have been extremely suspicious of such ways of integrating experience, and have tried to show how many alternative ways there are in which the stories could be told. Above all, they have subverted the very idea of overarching 'metanarratives'. A metanarrative is a term used for those ways of integrating reality through a story-like plot. Examples include the Marxist one of the development of capitalism, followed by revolution leading to a classless society; or the 'myth of human progress' for which history is a story of continual improvement; or the traditional Christian metanarrative from creation through the life, death, and resurrection of Jesus Christ to the eventual consummation of history. They suspect that the metanarratives are primarily devices whereby the powerful impose views of reality which serve their own interests, and instead the postmodern stress is on the fragmentary and even absurd nature of experience and history.

A second example of an integrator under attack is the idea of the human self. This can be seen as a bundle of conditionings, drives, and attractions which under modern conditions is fragmented or even shattered. There is no centre of a person's identity; many pressures overwhelm us from outside us and from parts of ourselves (especially the subconscious or unconscious); and in the midst of all this we are continually trying to invent and reinvent who we are in fairly arbitrary ways.

A third example is the loss of confidence in reason or rationality. It is seen as an exercise in domination. 'Knowledge is power', and is used to manipulate people. So there is deep suspicion of rational argument and debate because they are seen as instruments of coercion by powerful groups who use them for their own ends. These try to control education, the directions of research, communications, who is considered knowledgeable and authoritative, and what is regarded as conceivable or true. Specially intensive attention has been paid to language: does it really refer to reality, or is it a rhetoric in the service of power and control? Without some trust in language's ability to identify reality and create a trustworthy shared world of meaning, reasoning is impossible.

What are the consequences of such postmodern suspicion for theology?

Because theology has usually wanted to have an overarching story, to find some sort of integration and continuity in the human self (or soul), and to use rational argument, it is often a prime target of postmodern thinkers. Extreme postmodernism rules out a theology which has any significant continuity with what theology has been in the past.

Postmodern thinking can, however, also be helpful in relation to the idea of theology that will be presented in this book. If one grants that its extreme suspicion of narrative, self, and reasoned argument is not sustainable (Chapters 8 and 9 below will discuss that), nevertheless it has been healthily effective in putting modernity in better perspective. It has done this through its sensitivity to the negative sides of modernity and its exposure of the oppressive possibilities of types of rationality which have confidently (and often arrogantly) dominated large areas of modern life. No longer can it be seen as natural to dismiss the premodern as antiquated and irrelevant, or to assume that we have progressed beyond it. Instead of imprisonment in that superiority complex we can be free to engage with the resources of premodernity with some respect and even an expectation that they might have a good deal to teach us. A theological way of putting this is that postmodernity has been effective in exposing 'idolatries' of recent centuries which have had horrendous consequences. Postmodern critiques have tended to be extreme and their suspicion has tended towards nihilism; but the benefit has been that a modern superiority complex is much harder to sustain, and so the religions, which have such deep roots in the premodern, can more plausibly be imagined as shapers of current life and thought.

One final relevant feature of postmodernity is its mixture of popular and 'high' culture. In architecture, novels, poetry, music, film, and other media we often find that what used to be called 'high' or 'classical' is widely accessible in new ways, and it is much more difficult to draw clear boundaries. This is very important for theology because, if it is to keep in touch with the realities of what life is like for billions of religious people and others who are trying to answer theological questions, then it must continually cross boundaries between theory and practice, sophisticated methods and ordinary understanding, precise technical terms and commonsense meanings. Those judged the greatest theologians have combined intellectual sophistication with the ability to relate their thought to ordinary living. There are aspects of postmodern thought which give the impression of being lost in abstruse linguistic games; but there are other aspects which daringly cross boundaries in order to bring together levels of culture which are often alienated from each other, and these have much to teach any theology which sees itself as having responsibilities towards religious communities and public life as well as towards academic disciplines.

The next chapter will look more closely at theology in its academic setting.

Chapter 2
Theology and Religious Studies: How is the Field Shaped?

The last chapter broadly defined theology as thinking about questions raised by and about the religions. It then went on to describe the modern world in terms of multiple overwhelmings, with religions as both agents of overwhelming and shapers of life within them, and theology pursuing its questions in that context. I also described briefly some of the overwhelmings in the sphere of education and research, where specifically academic theology is located, and I suggested that the phenomenon labelled 'postmodernity' is in some ways helpful to theology. Now it is time to examine academic theology more closely.

How might the broad definition of theology be developed to fit academic theology? My suggestion is: Theology deals with questions of meaning, truth, beauty, and practice raised in relation to religions and pursued through a range of academic disciplines. That is still very broad because it is intended to embrace theology in different types of institution. This matter of the different settings in which theology is studied is important and controversial, and it needs to be faced now.

Beyond Confessional Theology and Neutral Religious Studies

If you go to study a course in theology it is likely to be in one of three types of institution. There are all sorts of institutional mixtures and gradations, but for simplicity I will describe three basic approaches to the subject.

First, you can go to an institution identified with a particular church or other religious tradition. The theology done there is likely to be 'confessional' in the sense that it is committed to the sponsoring church or other body.

Second, you can go to a 'religious studies' department in a college or university. There, several religions will be studied through various academic disciplines. Theology will figure as part of the history and phenomenology of life in the different religions. The main focus here will be on the meaning, analysis, and interrelation of religious thought and practice, including how they relate to their contexts. What you will not usually be encouraged to do is to press questions about the truth of a theology, or to try to develop a constructive theology.

Third, you can follow a course in 'theology and religious studies'. In this you might have the opportunity to study various religious traditions through different disciplines, and to pursue questions of truth, beauty, and practice in constructive as well as descriptive and critical ways. Most such courses are in universities.

As I look around in Europe, North America, and elsewhere at what I would consider examples of 'best practice' in universities and colleges, the advantage seems to be with those which try to combine theology and religious studies – or, even better, refuse to recognize any simple splitting of the field into two. What seems to be happening is that in the best centres of religious studies they do not now usually pretend that a scholar can neutrally stand nowhere. They also see that it is arbitrary to draw a line which says that in the academic study of religion you may not pursue questions of truth and practice beyond a certain point. Once this is granted, then religious studies must allow scope for intelligent faith leading to constructive and practical theologies. It is something like an economics department which is not just about economic history, econometrics, and the various ways of describing, analysing, and theorizing about economies, but is also concerned with contributing to the ways economies can be shaped now and for the future. That contribution can involve constructive theories, views of what is preferable, social and political policies, and whole worldviews.

In the best centres of theology a complementary movement in the other direction can be seen. They recognize that, if God is really related to the whole of reality, then they need to engage with not only what usually comes under religious studies but also with many other disciplines – such as economics, medicine, the natural sciences, and law. The great questions of beauty, truth, and practice in theology need to be informed as thoroughly as possible by a range of disciplines.

All this amounts to a move beyond a simple alternative between 'confessional' theology and 'neutral' religious studies. But it does not mean that the field becomes homogeneous. It means rather that the different institutions are distinguished in other ways than by that simple dualism. The key further question is: what does now distinguish them?

Theology and Religious Studies: Purposes and Responsibilities

The obvious distinction between different institutions concerns their main purposes. If you go to a seminary or other Christian church-related institution you expect the primary purpose to be education and training for taking part in church and society as a Christian, whether in an ordained or lay role. The primary purpose of a university department is academic engagement with a variety of religious traditions. But I have argued that theology and religious studies should go on in each. How can the similarities and differences be best described?

I would suggest the idea of an 'ecology of responsibility' which both can share but which is balanced differently in each case. There are three basic orientations of responsibility.

One is towards the worldwide academic community and its disciplines. This is a responsibility to be as good as possible academically. The aim is to do justice to questions of meaning and truth and also to engage with questions of commitment, norms, and values. This involves the study of texts, history, laws, traditions, practices, institutions, ideas, the arts, and so on, as these relate to religions in the past and present. Along with this research orientation goes the responsibility for teaching – giving as good an education as possible.

The second responsibility is towards churches and other religious communities. This is inseparable from carrying out the first responsibility – churches and other faith communities need high-quality studies and discussions of issues relevant to them, and they also need members and others who are well educated and theologically literate. Religions are learning communities which benefit from interaction with other learning communities, and they also need to cultivate their own educational institutions. There have been devastating consequences when religious communities have had negative attitudes to study, scholarship, and intelligent faith, or have failed to face intelligently major questions, discoveries, or developments. There have also been extraordinary achievements when intelligent faith, deep learning, and imaginative wisdom have come together.

The third responsibility is perhaps the easiest for both academy and community of faith to ignore. It is towards the society as a whole. Religious and theological concerns are essential to many debates about politics, law, economics, the media, education, medicine, and family life. But where is high-quality theologically informed attention being paid to such matters? It is unlikely their complexity can be done full justice to unless there is collaboration across disciplines, faith communities, and nations. This is probably the greatest lack in the world theological scene at present.

If this is the 'ecology of responsibility' embracing academy, faith communities, and societies, clearly different institutions have very different emphases within it. All institutions should ideally recognize all three responsibilities, but their balancing of them can vary widely. Getting the balance right in a particular place is a matter for thorough debate in which theological thinking plays an essential role. This is in fact what is seen in best practice around the world. The main general point is, however, clear: it is more satisfactory to differentiate the various shapings of the subject by pointing to primary responsibilities than by creating a dualism between theology and religious studies.

In the rest of this book I will assume that theology flourishes best when it can learn from and contribute to various disciplines, faith communities, and debates on matters of public importance. But it is time now to turn from the institutional to the intellectual shaping of the field.

Types of Christian Theology

Looking at Christian theology in its different settings the picture is obviously very varied. Before we plunge into specific topics, I will sketch a map of the field to help in finding our way around it. I will offer a way of thinking about Christian theology (in fact much of what I will say applies well to the theologies of other religions too) which will help to understand its variety better than the usual labels used by the media and others.

The commonest labels are borrowed from politics: conservative theology, liberal theology, and radical theology. The advantage of these terms is that they do indicate a key issue in Christian theology: how the past is related to the present and future. If you are 'conservative' it usually means that you want to preserve some version of the past and are resistant to change in the present. 'Liberal' means that you sit more lightly to the authority of the past and are more open to change in the face of contemporary demands – the theological appeal is to the freedom of God and the freedom God gives. 'Radical' means that you are open to fundamental changes, often by appealing to the roots of Christianity in Jesus and the early church.

One problem with the conservative, liberal, and radical labels is that they tend to lump together theologies which are actually very different. We need a better way of identifying the types of theology which are generated when theologians handle the relation of past to present very differently. When the American theologian Hans Frei was trying to write about how Jesus Christ was treated in English and German thought since the eighteenth century he was constantly frustrated by the inadequacy of the descriptions of the theologies of the period. The descriptions were too crude, and failed to catch the most important differences. So he decided to try to do better and came up with what I find is the most helpful way of categorizing types of theology (Hans Frei, *Types of Christian Theology*). He himself was also very concerned to overcome the split between theology and religious studies, and his map of types fits very well the conclusions about institutional shaping which this chapter has already proposed.

Five Types, Two Extremes

Frei's basic idea is of five types of theology. Imagine a line with two extremes and three points in between. The two extremes represent opposite ways in which Christianity relates to modernity or postmodernity.

One extreme, Type 1, gives complete priority to some contemporary philosophy, worldview, or practical agenda. Suppose, for example, you are an atheist materialist. You believe that matter is the sole or ultimate reality, in terms of which everything can be understood, and the material universe is a 'brute fact' which requires no further explanation. You will be extremely suspicious of Christian theology. You will be confident that your worldview is more reliable, and in any discussion of theology you will assess it in your own terms. You will be able to draw on many 'explanations' of religion and of Christianity – in terms of history, genetics, psychology, economics, sociology, philosophy, and so on. All of those disciplines can of course be understood in non-materialist ways, but you are persuaded of an atheist and materialist interpretation. So theological statements are assessed by whether they fit your framework, and most of them do not fit.

Or suppose your basic commitment is to an ethical framework of some sort – an ethic of respect for people and the environment, a feminist perspective, or a concern to maximize human happiness. You are convinced of these on other grounds, and these dictate your judgements when you engage with Christian theology. Unlike the atheist materialist, you may find a great deal that you judge acceptable – each of those ethical approaches has its Christian versions. But you are not engaging in Christian theological discussion: you have your mind made up already and are accepting those bits of Christianity that fit your framework.

Or suppose you are not convinced that any approach to truth or ethics is sustainable in the forms I have just described. For you, a worldview is not mainly about understanding with the mind or acting with the will: it is about conceiving possibilities with the imagination. You do not claim objective truth like the materialist, or clear ethical principles for your behaviour. Instead, you play with possibilities, and you look for something that makes sense as a pleasing pattern of life. It is not possible to give criteria for your choices – life is like an artistic enterprise with no external standards, and you are always experimenting with options and shapes of living. Christianity can be one source of imaginative possibilities, but they have to please your artistic judgement.

Type 1 is an extreme because it treats Christian theology from the outside, coming to it with a mind (or will or imagination) already made up and simply using it within its own framework where it fits. Yet it represents a very common attitude to Christian (or other) theology in our culture: assuming it is outdated, untrue, immoral, or imaginatively restrictive, approving of it when it fits one's own framework, but not having any serious dialogue with theology or allowing it any practical influence. Often it is simply ignorant of the best in theology, and is working with caricatures of Christianity; but, even when it is well informed, it frequently displays what the previous chapter called the 'superiority complex' of much modernity.

The other extreme, Type 5, is the attempt to repeat a scriptural worldview, classic theology, or traditional version of Christianity, and to see all reality in those terms. Here there is a drastic rejection of contemporary frameworks and worldviews. Type 1 cut off dialogue because it was convinced of the superiority of its own external framework; Type 5 cuts off dialogue because it is convinced that some internal Christian framework is sufficient. Suppose you are a Christian who believes that the Bible is the clear, inerrant, inspired Word of God for all times and places, and that you (or your church) understand its meaning correctly. The main thing then is obviously to believe it and get on with living it: other enquiries are likely to lead to doubt, confusion, and distraction from living it. You will probably be labelled 'fundamentalist' by people who disagree with you, but you see that as merely underlining that they have different 'fundamentals' from you, and you are happy to stand by yours. (It is worth noting that most actual Christian Fundamentalists do not fit completely within this picture – they are, for example, often concerned to argue for 'creationism' on scientific grounds.)

There are more sophisticated versions of Type 5 today. A common one is linked (somewhat dubiously) with the philosopher Ludwig Wittgenstein's idea of 'language games'. It suggests that we are all involved in complex 'languages' through which our understanding, behaviour, and imagination are shaped. Christianity is one such language game, it has its own integrity, and you should not judge it by the rules of other games any more than you would apply the rules of chess to tennis. Therefore it cannot be adequately explained or understood in terms of other language games such as atheist materialism or Islam or secular feminism. The task of theology is to make clear what sort of 'game' Christianity is and to draw the consequences for living within it. It is pointless to try to justify Christian faith in alien terms – that would be to switch games.

The two extremes of Types 1 and 5 can be seen to come together in their tendency to see everything in terms of some given framework (whether Christian or non-Christian) and to cut off the possibilities for dialogue across boundaries. If you are an utterly committed adherent of one of those types you will probably find little convincing in most that goes on within academic theology. But if you are at all interested in what many of your fellow human beings find significant then you may still want to read further. Those who are not convinced by Types 1 or 5 will still have to take them seriously, not only because millions of people in fact are polarized at the extremes, but also because they are a constant source of sharp questioning for other options.

Three Types at the Heart of Academic Theology

In between those extremes are the types of theology which are what one might call the mainstream in academic theology.

Type 2 takes external frameworks seriously but also wants to engage with what is distinctive in Christian theology. Among the external philosophies and worldviews some are more suited to Christian faith than others. Why not choose one of these and then apply it to understanding Christianity and showing how faith makes sense and is relevant today? One of the most influential theologians and biblical scholars of the twentieth century, Rudolf Bultmann (1884–1976), found that existentialist philosophy offered a description which was in line with the deepest diagnosis of human existence found in the New Testament. We live amidst all kinds of insecurity, and we are tempted to choose forms of security which limit our good possibilities and close us to other people and to God. But one possibility is to trust in God in such a way that we are freed to live without the compulsion to find false forms of security, and so we can love, trust, and hope despite the anxieties of life and death. Bultmann saw the Gospel as enabling us to live in that sort of freedom. The good news challenges us to a decision to live in trust that the way of Jesus Christ is God's way. We should not look for the security of proof (which is impossible in such matters), but, by deciding in faith, we will find ourselves changed and entering into a form of existence which is unimaginable without this faith. The obvious parallel is with a friendship or marriage: without long-term trust you simply cannot know what a good friendship or marriage is like.

So Bultmann shows how the Gospel works in terms of existentialism. The other side of his theology is 'demythologizing'. He points out that the New Testament writers and later Christians inevitably expressed their beliefs in terms of the worldviews of their time. He uses existentialism to identify the heart of what they meant, and this allows him to separate out their continuing message from what is 'mythological' or peculiar to their worldview.

The mark of Bultmann's strategy is, therefore, the use of contemporary thought to reinterpret what he sees as the core of the Gospel and to abandon the rest. It is a strategy which others employ using very different philosophies and practical agendas. Sometimes the strategy tends towards Type 1, as the philosophy or agenda takes over and Christianity seems merely an illustration of it. Bultmann does not, however, allow existentialism to dictate to Christian faith like that. The heart of the Gospel is the transformation of human life through trust and freedom. This is shown to make sense in existentialist terms, but what results is something that is very different from atheist existentialism (such as in Martin Heidegger or Jean-Paul Sartre).

Type 3 is what happens when no framework such as existentialism is allowed that sort of integrating role. Type 3 is right in the middle of the spectrum because it refuses to allow that any single framework is adequate. All sorts of philosophies and worldviews might help in doing Christian theology. The best formula is therefore: avoid any systematic way of relating Christianity and other forms of understanding, and instead set up dialogues between them. The key idea here is 'correlation' – the aim is to correlate issues raised by Christian faith and practice with other approaches to those issues. Until you enter into the dialogues you cannot predict what will be most illuminating. So existentialism may help in describing human anxiety and insecurity in a way that correlates with the Gospel's message of faith, hope, and love. But it may be useless in trying to work out how a creator God correlates with modern scientific understanding, or irrelevant in learning from an exchange between the social sciences and a theology of the church. Other philosophies and religions may have a great deal to contribute, without having to buy into any one of them wholesale.

The best-known exponent of a theology of correlation in the twentieth century has been Paul Tillich (1886–1965). He worked in both Germany (until he had to flee the Nazis) and in the United States, and engaged in extensive theological dialogues with philosophies, religions, the arts, psychology, and interpretations of culture, politics, and history. His chief concern was to correlate faith with culture. One of his main ways of doing this was to show how religious symbols meet the fundamental questions raised about the meaning of life and history. He defined 'symbol' very broadly: not only visual images, but also rituals, stories, saints, and even ideas can act as powerful symbols through which we find meaning. For example, faced with the destructive forces that threaten our lives, a key symbol is 'God as Creator'; the symbol 'Jesus as the Christ' responds to the alienation and estrangement we experience from ourselves, our neighbours, and the ground of our being; and the symbol 'Kingdom of God' correlates with the question about the meaning of history, generating a wide-ranging dialogue between theological and other understandings of history. As with any 'middle way', Tillich's critics tend to see him failing to maintain his delicate balance – they either see faith carrying out a religious take-over of culture or culture taking over faith.

Type 4 tries to avoid that tightrope by giving priority to Christian self-description. It does not go to the extreme of Type 5, but still insists that no other framework should be able to dictate how to understand the main contents of Christian faith. It is 'faith seeking understanding', basically trusting the main lines of classic Christian testimony to God and the Gospel, but also entering into a wide range of dialogues. It sees Type 3 as inherently unstable: there can be no neutral standpoint from which to carry on dialogues, and therefore there has to be a basic commitment either for or against Christian faith. Type 4 acknowledges a basic commitment in faith, but also the need continually to test it and relate it to other positions. Part of its attraction is that it recognizes that Christian faith is not just an intellectual position, but is also a way of life in a community that stretches around the world and down the centuries. If you live in that community, you cannot pretend to be neutral yet you will want to seek truth wherever it is found, and Type 4 is one way of doing this. If you are not a Christian you may still value Type 4 highly because you want to know what an intelligent mainstream Christian understanding is like in order to be clear what there is to agree or disagree with.

Karl Barth (1886–1968) was a Swiss theologian who followed an approach something like Type 4. Partly under the impact of the First World War (1914–18), and later through his opposition to Hitler and the

Nazis, he was deeply concerned about how Christianity was compromised by its alliances with modern Western culture, politics, and civilization. He criticized the way Christian churches had acted as chaplains to empires, armies, and ideological systems which were often profoundly problematic in Christian terms. The challenge this left him was to explain what those 'Christian terms' are. He wrote his six-million-word *Church Dogmatics* to meet that challenge, exploring how an understanding of reality centred on the God of Jesus Christ can be worked out. He covers the major areas of doctrine – God, creation, human being, sin, Jesus Christ, salvation (justification, sanctification, and vocation), Holy Spirit, church, ethics, the Kingdom of God. In the course of developing them he engages in dozens of discussions with past and present positions, traditions and thinkers. But his main concern is to show what a 'habitable' Christian theology is like, offering a rich, tested conception of those major doctrines in line with scripture and mainstream Christian tradition.

Beyond the Types: Karl Rahner

Any complex, sophisticated thinker is unlikely to fit neatly into a single type, yet the types can still be helpful in mapping the field. The next stage after learning the broad lines of the five types is to appreciate how they interact in complex ways. I will conclude this section with a brief description of one of the greatest twentieth-century Christian theologians, Karl Rahner (1904–84). Rahner was a Jesuit who was deeply immersed in the intellectual ferment of European Roman Catholicism after the First World War. He played a leading role in preparing the way for what has perhaps been the most significant single event in Christian history of the twentieth century, the Second Vatican Council (1962–5), and then he contributed influentially to the deliberations of the Council. He became the most widely read Catholic theologian of the century.

Rahner's own intellectual formation drew on deep immersion in the Christian tradition – especially scripture, Augustine, the Greek theologians of the early centuries of the church, Thomas Aquinas, Ignatius Loyola (1495–1556) who had founded his own Jesuit order, and Catholic traditions of liturgy and spirituality – combined with adventurous engagement in modern thought, especially in philosophy. He was especially influenced by attempts to rethink the philosophy and theology of Thomas Aquinas in the light of philosophers such as Kant and Hegel, and he also studied with the philosopher Martin Heidegger. It is extraordinarily difficult to categorize his theological output. Perhaps it is best described as combining characteristics of Types 2, 3, and 4. In line with Type 2 he works out a 'transcendental theology' which includes a philosophical framework for theology. In line with Type 3 he engages in innumerable dialogues trying to correlate Christian faith and practice with a vast variety of other understandings and practices. He never produced one big work of theology and his favourite form was the essay or paper. This means that it is very hard to systematize him: in over twenty volumes of his *Theological Investigations* he continually springs surprises and shows how his transcendental philosophy and theology do not give an overview of his thought. Yet like Type 4 he is in faith and seeking understanding, and he could be read as offering above all a habitable, mainstream theology and spirituality for modern Christians.

Conclusion

This chapter has defined academic theology as a subject which deals with questions of meaning, truth, beauty, and practice raised in relation to religions and pursued through a range of academic disciplines, and it has shown how theology is shaped institutionally and intellectually.

Institutionally, the field is not best described in the ways better suited to a previous period, using the categories of 'confessional' theology and 'neutral' religious studies. Instead, I suggested describing institutions in terms of their purposes and responsibilities. Some are more oriented towards religious communities, others towards academic disciplines, but both should be open both to theology and religious studies. In this 'moral ecology' of the field, the two responsibilities towards academy and community of faith need to be completed by responsibility towards the rest of society and towards the international community of societies. Institutions should ideally recognize all three dimensions of responsibility but they will differ in the ways in which they combine them. That description was based on assessing 'best practice' in the field in several countries.

Intellectually, the field is not best described by the labels conservative, liberal, and radical. Instead, a different map of Christian theologies was sketched to show the main options. The key axis for distinguishing the types was the way in which the past is related to the present and future. At one extreme (Type 1) theology is assessed from the outside according to whether or not it agreed with some modern framework or agenda. At the other extreme (Type 5) theology is a repetition of some past expression of Christian faith and so is completely internal to it. In between are the three types of most concern in this book. Type 2 tries to do justice to what is distinctive in Christianity while choosing one modern framework through which to show its relevance. Type 3 does without any overall integration and engages in continual correlation between Christian faith and various questions, philosophies, symbols, disciplines, and worldviews. Type 4 gives priority to Christian self-description and is best summed up as 'faith seeking understanding'. But any sophisticated thinker is likely, like Karl Rahner, to transcend any one type.

Now it is time to move from thinking about the discipline of theology into directly theological thinking, beginning with God.

Part II Theological Explorations

Chapter 3
Thinking of God

Is God real?

That basic question is the concern of this chapter. Its introduction to thinking about God is intended to open up some of the immense implications of the question of God for how we understand not only God but also ourselves, reality in general, and human understanding.

There are two crucial issues embraced by the question of God's reality. The first is: What is meant by God? The second is: What is meant by being real?

The Meaning of God

We have to learn the meanings of words we use, and it is the same with the word 'god'. It is worth asking yourself what meanings you associate with it. Your answer will very much depend on your background, education, and commitments, and in Western culture will probably have several strands. Even if you are not a member of a worshipping community you are likely to have Jewish, Christian, Muslim, Hindu, and Buddhist associations and some acquaintance with philosophical ideas such as omnipresence (God as present everywhere) and omniscience (God as all-knowing). You will know that many other traditions have 'gods' of various sorts, and you will have some experience of the behaviour of worshippers, if only through the media or funerals. You will also have met (and may hold) the belief that all these gods cannot possibly be real, and that the best explanation of diverse beliefs is that gods are human creations, projected according to human desires, fears, and fantasies.

But what if you are seriously trying to test out whether 'God' is real? Which god are you going to investigate? You cannot investigate all 'gods' at once and even if you try to distil some essence called 'divinity' out of them all there will be great differences of opinion about what 'the divine' essentially is. Clearly, too, some are more likely candidates than others – not many people are going to devote a great deal of energy to exploring the reality of an ancient Inca god as the best candidate for worship today. Usually people who believe in God have come into that belief through knowing other people who believe. This makes sense: the first candidate for examination should be one who has come through many centuries of discussion and selectivity, and is taken seriously by people who mean a great deal to us. This is all the wiser because usually it is that conception of God which has already influenced us – positively, negatively, and beyond what we are conscious of.

The main candidates for 'God' in the world's major religious traditions are today taken seriously by billions of people. These traditions of faith and life have usually had centuries of intelligent discussion of the matter, both in developing their own understanding of the divine and in debating with other understandings. In line with what I said in the Introduction, I am going to focus mainly on the God worshipped by Christians, but I will return at the end of the chapter to the question of different gods.

In our culture many people have become so detached from any major tradition of worship that the word 'God' often conjures up something very vague indeed. There is often a gap between vague popular or media notions of God and what is actually meant by God at the heart of a particular tradition. It is sensible to take as candidate for 'God' one which is actually believed in by a community where ideas of God have been discussed and tested over the centuries. So my most general working definition of the divine is 'what is worshipped'. That leads directly into looking at the worship of particular communities and how their conception of God has been worked out. One basic task of theology is to 'think God' in such a way as to do justice to what intelligent believers in God actually believe. That is what I will now attempt for the God Christians worship.

God as Trinity

Mainstream Christianity believes in God as a Trinity. This God is very different from the vague notions mentioned above, and if someone says 'I do not believe in God' they do not usually mean that they have considered and rejected the Trinity. Faith in the Trinitarian God is remarkable enough to require some basic explanation as to how it came about and what it means. I will tell the story about this from a mainstream Christian standpoint and also point to some of the big questions about it.

Jesus and the first Christians were Jews, and so the God they worshipped is to be identified mainly by looking at the Jewish scriptures, which Christians call the Old Testament. One key story there is about Moses at the Burning Bush in Exodus Chapter 3. It is what is called a 'theophany', a manifestation of God, and it became one of the main texts used in Jewish and Christian discussion of God. Moses in the desert near Mount Horeb comes on a bush that is blazing but not consumed, and a voice addresses him which says: 'I am the God of your father, the God of Abraham, the God of Isaac, and the God of Jacob' (Exodus 3:6) The voice goes on to say: 'I have observed the misery of my people who are in Egypt . . . I know their sufferings, and I have come down to deliver them . . .' (3:7–8). God sends Moses to Pharaoh and promises to be with him, and when Moses asks God's name he is told: 'I AM WHO I AM' (3:14.

Other translations are: 'I am what I am' or 'I will be what I will be'). What conception of God emerges from that? The discussion is inexhaustible, but for now three points are crucial.

First, God is identified through key figures who worshipped him, Abraham, Isaac, and Jacob: their stories are the main way to understand who this God is. Second, God is known through God's compassionate involvement in the sufferings of people, and is on the side of justice. Third, that mysterious name 'I am who I am' or 'I will be what I will be' means at least that God is free to be God in the ways God decides: there is no domesticating, there is 'always more', and God can go on springing surprises in history.

Now leap over hundreds of years to Jesus (of whom much more will be said in Chapter 6 below). He is in this tradition of worshipping God. But, as his followers tried to come to terms with who he was and what had happened through his life, death, and resurrection, they came to affirm that he was one with this God. Is there any way of making sense of that extraordinary conclusion? His resurrection is the pivotal issue. We will look at it in more detail in Chapter 6, but for now let us look at it from the standpoint of the early Christians.

For the first Christians the resurrection was a God-sized event which affected their understanding of Jesus, of history, of themselves, and of God. In terms of the Burning Bush story, God was now decisively 'the God of Abraham, Isaac, Jacob, and Jesus', and through Jesus God was compassionately involved in history at its worst. The resurrection was the great surprise. They ascribed it to God, seeing the raising of Jesus from the dead as comparable to creation. The content of this event was the person of Jesus, who in this way could be seen as identified with God by God. Jesus was seen as God's self-expression (or Word), intrinsic to who God is, so that their worship began to include him. There was a wide variety of expressions, names, and forms of behaviour with reference to Jesus, but the central tendency was to see him as having unlimited significance, liveliness, and goodness, inseparable from God. Not only that, his life was shareable in unlimited ways. This was expressed in the New Testament's stories of the pouring out of the Holy Spirit at Pentecost and the risen Jesus breathing the Holy Spirit into his disciples.

So the basic theological structure of the resurrection event could be summed up as: God acts; Jesus appears as the content of God's act; and people are transformed through the Spirit that comes through him. That can be seen as the seed of the later doctrine of the Trinity. A creator God says 'I will be what I will be'; and this God's decisive self-expression and self-giving are in Jesus and the Spirit. It is directly in line with the God of the Burning Bush, but tries to do justice to a massive surprise.

Yet it took over three hundred years for these implications to be worked out and agreed in the doctrine of the Trinity. That process in itself says a great deal about the nature of Christian theology. The complex setting for theological thinking included teaching the faith to new members (culminating in their baptism 'in the name of the Father and of the Son and of the Holy Spirit'), continually worshipping this God, deciding on the contents of the New Testament, interpreting scripture and tradition, wrestling with the most sophisticated contemporary philosophy and culture, responding to challenges from pagans and Jews, settling internal Christian disputes, and engaging in ordinary living in faith. As the church moved from being a persecuted community to becoming a major force in the Roman Empire, there were also new political dimensions in Christian debates about doctrine.

That was a messy, complicated process. It makes a fascinating story which it is essential to study in order to be educated in Christian theology. The points it suggests about the nature of theology as understood by Christians include the following: theological conclusions are not just deductions from authoritative statements, but are worked out by worshippers responsibly engaged with God, each other, scripture, the surrounding culture, everyday life, and all the complexities, ups and downs of history; the Bible is the model for this sort of thinking which is deeply involved with both God and real life; the life, death, and resurrection of Jesus show the extent to which God is vulnerably involved in life, allowing people the freedom to misinterpret, misunderstand, and do great evil, while yet never letting that be the last word; there is an endless process of learning to live with each other before this God, and theological thinking is essential to that.

There are still intensive debates about the issues of that time, but as regards our present topic, God, there is to this day a remarkable agreement among the vast majority of Christians that the conclusions of those early centuries were right. It has become basic Christian wisdom that God is Trinitarian, and in the twentieth century there has been a new explosion of theologies of the Trinity. From many quarters the doctrine has been thought through afresh – by Catholics, Protestants, Orthodox, Evangelicals, Pentecostals, feminists, postmodernists, liberation theologians, missiologists, natural scientists, psychologists, social theorists, musicians, poets, philosophers, Africans, Asians, Australians, theologians of world religions, and so on!

So what are the theological lessons to be drawn about the meaning of the Christian God? They can be put in the form of 'wisdom for worship'.

First, there is a negative guideline: never conceive of God without taking all the dimensions of the Trinity into account – that God is creator and transcends creation; that God is free to be involved in all the messiness of history; and that God is self-giving and self-sharing in the Spirit. The rule is: beware of relating to God in ways which ignore one or more of these dimensions.

Second, there is the positive guideline: God is love, and therefore God's very being embraces relationship – the Trinity is a dynamic relating of Father, Son, and Spirit. God's unity is a rich, complex life of love which can embrace all creation.

Third, be ready for more surprises from this God. There is always more to learn, and twentieth-century theology can be seen taking further the 'Trinitarian revolution' – for example, exploring what modern natural science and Einstein's theory of space and time mean in relation to God, or asking how to conceive the death of Jesus as in some sense the death of God, or doing justice to the Holy Spirit in the light of the Pentecostal movement.

Fourth, there are likely to be many more surprises for Christians in understanding how this God relates to what others regard as divine: the Trinity has been central to some of the most fruitful theological engagements between Christians and those of other faiths. There can never be a human overview of what is happening when worshippers identify very differently their object of worship. But many doctrines of the Trinity allow ample scope for Christians to respect the worship of others and to remain agnostic about a great deal regarding the relationship of other faiths to God.

The Meaning of God: A Conclusion

We have tried to enter into the meaning of God as worshipped by Christians. At each point further theological issues could have been raised, and the reader has probably already found questions springing up. In theology practically every statement on a major issue is bound to be contestable and controversial, and God is the biggest issue of all. I hope three things at least are clear by this stage: that you can never take it for granted that you know the meaning of the word 'God'; that it is worth going deeply into particular traditions in order to give the sort of rich, specific meaning that is necessary for good theological thinking; and that the Christian meaning of God as Trinity does make some sort of sense – even as it challenges other frameworks and worldviews, and opens up far more questions than it answers.

But is it true? How theology can begin to answer that question is the subject of the rest of this chapter.

The Reality of God

How do we decide that something is real? As soon as we begin to answer that question we realize that it partly depends on the nature of the 'something'.

If the question is about a table in the room in which I am at present writing, then I can inspect the room and see and touch the table. But what if I want to know whether a particular table was in a particular room on a day three hundred years ago? Nobody now alive can inspect the room, and both the room and the table may long since have been destroyed. And what about a conversation around that table? On such matters of historical fact it may be possible to gather some evidence (perhaps archaeological, perhaps in written records), but it is likely that we will end up trusting or not trusting the testimony of people who were alive then. This is especially the case with an event such as a conversation and most of the other things that are needed to reconstruct history with any richness and depth.

Other 'things' raise different problems. How do you establish the reality of somebody else's thoughts or feelings or dreams or intentions? Or of your own? What about the 'real meaning' of a historical record or a novel or a poem? What sense can be made of the reality of values, of goodness, of evil, of lies? What sort of reality is the English language, 'existing' in the past, in the present, in all sorts of people, written texts, films, conversations, dialects, and so on? What about the reality of a legal system, or improvised music, or a scientific theory, or a light year, or a smile?

In all this diverse 'reality' it must be clear that there is no one simple criterion for what is real or not. Great confusion follows from applying the wrong criteria. This page that you are reading could be analysed in terms of physics and chemistry – its paper and ink. But that sort of analysis would completely miss the reality of the meaning of the words – to analyse that meaning requires knowing the language it is written in, and also having a certain sort of education.

So what about God? Much discussion (especially of a dismissive sort) looks like a physics and chemistry approach to the meaning of this page. Having applied some predetermined criterion of 'reality' to some predetermined conception of 'God' the conclusion is that no such being can be shown to exist.

This sort of dismissal, however, still leaves the problem of why so many people affirm God's reality, and various explanations can be offered for that. Recent centuries have produced explanation after explanation for the phenomenon labelled God. The most common suggestion (which goes back to the ancient Greeks) is that God is projected by the human imagination, and fulfils a range of functions. The trouble with this explanation is that people can have imaginings that are true, false, or a mixture of truth and falsehood. Yet it can gain force if the 'imaginings' can be explained as exhaustively as possible by some discipline or combination of disciplines. Some practitioners in every major area of human knowledge and interpretation have offered 'reductionist' accounts of 'God' – philosophers, historians, psychologists, psychoanalysts, anthropologists, sociologists, economists, evolutionary biologists, geneticists, neurologists, information theorists, and others. On the other hand, different practitioners in the same fields have claimed that the explanations, for all their elements of truth, are not adequate or exhaustive, and that it is intellectually plausible to affirm God while taking account of those disciplines.

Those are fascinating debates, and theology needs to engage with each of them. Special attention should be paid to two things: the definition of 'God' being used or assumed; and the criteria for reality being used or assumed. This chapter is a starter in coming to terms with those two issues, but it is only a very short introduction to debates which quite rightly lead into a wide range of disciplines and have to handle considerable complexities. I have already discussed the definition of God as Trinity; now it is time to examine the criteria for reality appropriate to that God.

The Reality of the Trinitarian God: God the Creator

What if the God at issue is the Trinitarian God of Christian worship and theology? What is involved in affirming the reality of this God?

First there is God as creator of all that is. It is possible to discuss the meaning of this at great length, but here it is enough to try to conceive of a God who is not some object 'in' reality, but is the source and sustainer of all reality and maintains an intimate relationship with it. In theological terminology, God is both transcendent (all reality depends on God and has been created 'out of nothing') and immanent (God is present to and involved with all reality). God's own reality is therefore not like other created reality, and theologians have developed many ideas about how to express this fundamental difference. The ideas include attempts to express God's uniqueness in terms of aseity (self-existence, the only reality with its source of being in itself), freedom, love, goodness, eternity, power, presence, beauty, glory, simplicity, self-communication, generativity, and so on.

One move which goes to the heart of the problem of expressing God's uniqueness in language is Anselm of Canterbury's description of God as 'that than which no greater can be conceived' – complemented by Bonaventure's expansion into 'that than which no greater or better can be conceived'. Further, what is infinitely great cannot be fully grasped by our finite minds. This God is always beyond human conceptual capacity, and if you think you have finally caught God in a definition then you can be sure that what you have caught is not this God. God is 'always greater', and this has a direct consequence for any attempt to prove God's existence: there can be no larger framework within which God's reality can be assessed. The one who seeks God does not have any neutral criterion or any overview of the evidence. God is the ultimate framework and has the sole overview.

So what is the seeker to do? The answer is to try to seek God in accordance with who this God is. What does it mean to seek God who has already found you; who is the inspiration of your questioning; who is, as Augustine said, more intimate to you than you are to yourself; who longs to be found by you; who communicates abundantly through all sorts of signs in nature, in history, in scripture, and in your own experience? The basic secret of finding this God lies in beginning to trust that God is that kind of God. Trust opens up understanding. The parallel with human relationships is clear: any really worthwhile understanding and loving require trust, and you can have no guarantee in advance regarding what will be discovered about yourself or the other.

But what is the way into this trust? Here there is no formula. The Christian and other traditions are full of diverse ways into faith. Usually it is through people you trust, trusting that their faith rings true. It can also be through a book, a sunset, an extraordinary experience, a poem, a piece of music, a suffering, a good deed, a bad deed, or almost any other occasion. Commonly, it is an accumulation of many things, often unconsciously. But one possibility is that questioning, seeking meaning, and exploring intellectually might be an occasion for awakening trust and challenging to a decision. It makes sense to enquire as energetically as possible into the greatest conceivable truth.

This is where philosophical and theological arguments about the existence and nature of God come in. They do not, at their best, pretend that God's existence can be proved in the same way as a table or a historical fact. Instead, they try to show that the notion of God does (or does not) make intellectual sense and can (or cannot) be linked up with other sorts of knowing. There are great standing arguments among Christians and also between those who have very different ideas of God and truth. All the above-mentioned disciplines, which have some practitioners who dispute and others who uphold the reality of God, are also involved in the arguments. Faith in the Christian creator God is constantly being challenged, rethought, reimagined, expanded, and enriched in this process. But the lesson of this chapter is that it only has relevance and 'grip' when it is alert to its own assumptions about how God is defined and how the nature of God has to be taken into account in investigating the reality of God.

God the Son

One dimension of God as creator which was omitted in the previous section was God's involvement in specific historical people and events. The Christian conception of God as free to express who God is in particular ways, including one pivotal person and history, suggests a whole further set of criteria about the reality of this God. There must obviously be criteria appropriate to historical events and people. If the story of Jesus Christ as Son of God is considered to indicate who God is, then the testimonies to Jesus Christ need to be reliable.

There have always, right from the start, been disputes over what might be considered 'reliable'. The mainstream position has never been that every detail of the biblical records need to be precisely accurate – if that had been so, the New Testament, with its very different and in places contradictory accounts could never have been accepted as normative. Rather, the emphasis has been on trusting the stories to give a testimony good enough to know Jesus and what he did and suffered, and to relate to him.

That reliance on testimony is the crucial issue as regards the reality of Jesus. There can be no rerunning his history – the only access is through testimony of various sorts. Testimony can be cross-examined and then trusted, partly trusted, or distrusted. Christianity is a faith that trusts in the basic reliability of certain witnesses. Its understanding of God would be different if their testimonies were different. Its scriptures and traditions are therefore vulnerable in ways similar to the vulnerability of their central character, who was misunderstood, manipulated, tortured, and killed. It has often been tempted into claiming or bidding for something more secure, more certain, less open to doubt and questioning. Yet there has also been a strong tradition of insistence that the form of security appropriate to this God is trusting other people's word. There is bound to be controversy over this, and the only reasonable way for Christian theology is to face the need for cross-examination and argue the case for trusting the main message of the witnesses.

God the Holy Spirit

What about the reality of the Holy Spirit? The classic position is that the Spirit is not known in any separate way. The Spirit is known in his/her/its effects (there are fascinating questions about the appropriate gender language for the Spirit), such as believing, loving, or hoping, or in gifts, such as prophecy, teaching, and healing. More embracingly, the 'work of the Spirit' is seen in the whole of creation, and in the ways in which, when creation is spoiled or destroyed, it can be recreated and transformed. The Spirit is associated with dramatic experiences such as conversions and inspirations; with long, slow processes such as learning wisdom and building up communities over generations; with community practices such as baptism and ordination; and with habits such as prayer and worship, fasting and giving generously.

Clearly that sort of reality is going to be known in many different ways, all of them indirect because one never comes upon the Spirit 'neat'.

1. A Russian icon depicting the Pentecost: The coming of the Holy Spirit

There is a complex learning process which, like any worthwhile learning, requires trust, discipline, and long-term self-involvement (in mind, imagination, feeling, and will) to the point of being transformed in various ways. There can be refusal to embark on it, there can be turning back at any stage, and suspicion which aborts the process. But without commitment to the process there can be no chance of knowing the reality. One thing ruled out is any neutral, uninvolved inspection of the Spirit in such a way that one can come to an 'objective' view of its reality.

Which God?

The previous paragraph should make it clear the immense difficulty of comparing different candidates for 'God'. The 'understanding through self-involvement' described there has its parallels in other faiths. The dilemma is obvious: if you stay outside any tradition of affirming God, then you run the risk of being superficial about all of them; but if you get involved in one of them you rule out the possibility of a comparable understanding of any other.

This is because each major faith tradition is a radical, life-embracing commitment. It is a whole way of life which is not just about beliefs or truth-claims. Someone involved in a lifetime of faithful Jewish practice cannot also be committed to a lifetime of faithful Muslim practice or a lifetime of 'mix and match' New Age practice.

Yet it is possible to try to become more nearly 'bilingual' or even 'multilingual' through study, collaboration, hospitality, and friendship across the boundaries separating the religions and worldviews. Theology and the associated study of religions is a crucial part of this. In dealing with the question of God or the divine it is trying to wrestle intelligently with what is the most significant reality for billions of people. It recognizes at its best that the great questions about life-shaping truth, beauty, and practice cannot be handled neutrally, and that no one has a God's-eye overview of them. It is no obstacle to theology that it cannot aim at conclusive demonstrative proof of the reality of God – there are many other worthwhile intellectual goals. The richest theological engagements are between those who acknowledge where they are coming from and then patiently study, communicate, and discuss with others (whether of their own or different persuasions) about matters of importance. It is a practice that regularly leads to transformations of one's horizon and unimagined surprises, not least in one's ways of thinking about God and, inseparably, about oneself, others, and the created world.

Chapter 4

Living before God: Worship and Ethics

This chapter is an introduction to thinking theologically about what it means to be human. It starts from the phenomenon of worship as the key dynamic of human existence, then it moves into theological discussion of worship, followed by consideration of how God and worship connect with ethics. Finally, it draws together some of the implications for an understanding of human being.

The Phenomenon of Worship

It is possible to define worship so as to see all people and their communities as involved in worship. Paul Tillich spoke of 'ultimate concern' so as to make this apply potentially to everyone. Émile Durkheim spoke of 'the compulsions which order society', and these compulsions could be seen as a social form of ultimate concern which grips whole communities of people. Worship could be defined as the behaviour of individuals and groups which serves their ultimate concern. To be gripped by one great integrating, imperative concern or desire is like monotheism – worship of one divinity. To have your ultimate concern distributed in different directions is like polytheism – worship of many divinities.

It is not hard to describe yourself or your community in terms of such concerns, compulsions, and obligations. In every major area of life there is a dimension that you do not experience as basically your own choice (though you may have many choices to make in relating to it) and which shapes your behaviour.

Think of money and the whole realm of economic value and activity. These are inescapable, and they are capable of taking over the lives of individuals, groups, and even whole nations and global networks. An enormous amount of energy and intelligence is concentrated on serving the economy in various forms. If this takes practical priority over everything else in your life then it is, according to the broad definition, a form of worship – it is, as the saying goes, 'your religion'. Or, in the term I used in Chapter 1, it is an 'overwhelming' which embraces your whole life as an ultimate reality.

Similar points could be made about other fundamental aspects of life. You can be governed by involvement in and obligations towards your family, your race, your gender or your nation in ways which effectively make them ultimate. Or you can be gripped by the need for justice in legal systems, societies, and the international community. Or your dominating desire might be for pleasure and self-fulfilment to the point of obsession or addiction.

If, as the previous chapter suggested, your god is what you worship, then this broad conception of worship points to a world with many gods, many objects of ultimate concern and desire, but by no means all of them are 'religious' in the usual sense. The religions can then be seen as traditions of worship whose task, as Nicholas Lash has described it, is to wean people away from inadequate ultimates, gods or idols, which dominate, consume, and distort their lives, and to reorient and energize their desires through engagement with their traditions' members, institutions, practices, and beliefs.

The fascinating phenomenon of worship can then be seen to take many forms, religious and nonreligious. It relates to Fascism, capitalism and the 'Diana phenomenon' as well as Greek religion, animism, Christianity, and Islam. But there are difficulties with seeing worship in general terms like that. The main problem is that it can give the impression of some universal, unchanging feature, called ultimate concern or desire, through which humanity can be understood. This sort of attempt to have an overview of humanity in relation to the divine was criticized in the previous chapter. It can be a helpful opening move, but the further theological thinking goes the more it needs to recognize that the nature of the 'god' involved is crucial. A theology that is not prepared to start thinking in relation to some particular conception of the divine condemns itself to lining up and describing various options without ever moving into issues of truth and practice. It is indeed important to be aware of the major options, but each of them carries a whole world of meaning embodied in centuries of worship, debate, and ordinary living. Dialogue between them is necessary, but, as the last chapter has suggested, the priority in a very short introduction must be to engage in depth with at least one. So, building on the discussion of the Trinitarian God, let us now think theologically about worship of that God.

Theology and Worship

Exploring worship is a way into some of the richest veins of theology. As the last chapter described, the Trinity itself was thought out in the course of centuries of worship. Those centuries showed how worship involves fundamental dimensions of reality which give rise to profound questions and, inevitably, controversy.

Take, for example, the theological implications of the five basic forms of prayer.

Praise of God is a dynamic relationship which stretches minds, imaginations, emotions, wills, and bodies. In praise of God thinking is constantly challenged to surpass itself in order to do justice to God, who is always greater than any conception. This is an invitation to intellectual creativity in the worshippers, as they try to expand their ideas in ways that let them become more adequate to who God is. Worthy praise tries to distil in language, music, gesture, and other forms of expression something that is sensitive to the Bible, to the tradition, to fellow worshippers, and to the occasion. At its best this includes intensive thinking. That does not, of course, by any means imply that it has to be academic theology – most of it is not. But for academic theology to work at any depth it has to engage with the questions that are raised here.

If God is praised for what are called his 'attributes' or 'perfections', what does each of these mean – God as good, loving, just, free, self-existent, eternal, almighty, omnipresent, compassionate, patient? Do we just expand our notion of what these might mean based on what we know about human beings? Or do these attributes apply to God in a way which is very different? If so, how do they make sense? Might we not be developing projections that are sheer invention? What distinctive content is given to the attributes because of God being Trinitarian? Books of theology are full of discussions of such matters.

Thanks to God is another aspect of the dynamic relationship to God in praise. If we owe our whole being to God, and God gives all that is good, true, and beautiful, gratitude is the obvious response. One basic aspect of this is thanks for what God is believed to have done. But how is God's action to be conceived? Can it ever be separated out from other events and actions, or must God be discerned acting through those? How does one recognize that it is God acting? If the paradigm of God's activity for Christians is the life, death, and resurrection of Jesus Christ, how are they to go about applying that criterion today?

This vital matter of the activity of God arises again in relation to the third form, prayer for other people which is called intercession. This is classically seen as a form of participation in Jesus Christ through the

Holy Spirit. In Christ God and the world come together, and the needs and sufferings of other people are entered into in prayer. Intercession identifies with others before God and appeals to God for them. What understanding of God and God's ways of working does this imply? Is it to be thought of as magical manipulation of God, or changing God's mind?

Those same questions occur in considering the fourth mode of prayer, petition for oneself or one's community. In the Bible there are very direct encouragements, even commands, to believers to ask God for what they desire, with promises that requests will be answered. But what about unanswered prayer? Does God discriminate in favour of those who pray? Can we imagine God concerned with all the details of individual lives?

Finally, there is confession, prayer in which one admits having done wrong and asks forgiveness from God. To face up to oneself in the light of God embodied in Jesus Christ is at the same time to realize both how imperfect one is and also that one is before someone who embodies an embracing forgiveness for sin. But what is sin? What about the significance of the death of Jesus? How is being forgiven related to forgiving? Later chapters will explore these questions, but for now it is worth raising the issue of worship itself going wrong.

'The corruption of the best is the worst', and when the dynamics of worship are distorted or misdirected they can be devastating in their effects. At its most blatant, this is what is called 'idolatry', when people relate to something less than God in a way appropriate only to God. All the gifts, energies, and enthusiasms of individuals and whole communities are mobilized in the service of something which is not God, and the whole 'ecology' of life is distorted and polluted. Some common idols are national power and glory, money and prosperity, status and reputation, ideologies and ideals of many sorts, pleasure and self-fulfilment, comfort and security, heroes and heroines. Yet the distortions of worship are often not so blatant. All the forms of true worship can remain while there is some corruption – perhaps in who is excluded, or in political allegiance, or in failure to respond to need, or in moral standards or doctrinal truth. Theology has a critical role, testing all that comes together in worship, including teaching and preaching.

Theology also diagnoses and responds to the difficulties faced by worship in particular cultures. In Western culture at present, amidst the multiple overwhelmings described in Chapter 1, worship often has to struggle to maintain its integrity, liveliness, and significance. One common response is for worshippers to become preoccupied with themselves and their communities, focusing on the means of worship (such as liturgical forms, ministerial leadership, distinctive doctrines or religious experience) to the disadvantage of the dynamics of participation in the Trinitarian God of love, wisdom, and beauty, and the sharing of that in the world. Theology here tries to recall worshippers to full recognition of the source, character, and orientation of their worship. This is confession in the full sense, assessing the whole life of oneself and one's community in relation to God. It is both intellectually demanding and inevitably controversial, and it can lead into deep discussion with others whose 'worship', in the broad sense discussed above, leads them to assessments that agree or disagree with those made in the light of the Trinitarian God.

The five forms of prayer – praise, thanks, intercession, petition, and confession – are just one way into the theology of worship and the questions it raises about the interrelating of God, worshippers, other people, and the world. A crucial recurring issue in it was about how to understand the activity of God, and the next section takes up that topic in relation to human action.

Ethics and God

Ethical or moral thought is about how people should or may behave. There are dozens of ways of understanding morality. Some of the most popular core ideas are: follow your conscience; do your duty; cultivate certain virtues and habits; relate your actions to certain values, standards, or some idea of what is good; stick to certain principles; accept the norms of a particular tradition; imitate good examples; pursue your deepest desires; make a rational choice taking into account the consequences of your actions. Each of those raises many questions, and some of the answers are in the form of ethical theories such as those worked out by Western schools of thought including Platonists, Aristotelians, Stoics, Thomists, Kantians, utilitarians, existentialists, and evolutionists.

Theological ethics is ethics that takes God seriously. The core ideas and the schools of thought such as those mentioned in the previous paragraph might also play significant roles, but the distinctive feature is that God is crucial throughout. The understanding of theological ethics, by those outside as well as inside religious communities, is of great importance in the contemporary world. All the religious traditions involve ethics, and many personal, family, political, educational, economic, medical, and other issues turn on whether there can be some agreement on what is right and wrong, better and worse. People on all sides of these debates need to be able to appreciate how the issues appear to others. In the present situation it is often the case that religious positions are especially vulnerable to misrepresentation – frequently by believers as much as non-believers. They are sometimes seen as simply authoritarian – as if all believers have their morality dictated in detail by divine decree; or God might be seen as having no effect on morality at all.

Again, the critical question is: which God? Does God create human beings with a conscience and moral reasoning powers and then leave them alone? Does God dictate commandments or other guidelines and judge people by whether they live up to them? Does God participate in human life in such a way as to help people be good? There is a different type of God imagined by each of those approaches. I will build on what has already been laid down by enquiring into the sort of Christian theological ethics that imagines God as Trinity. The key question is: what are the moral implications of living before a God who creates and sustains everything; who is deeply involved in all human history, as seen especially in Jesus Christ; and who is present to all creation in many ways through the Holy Spirit? I will explore that question under the headings of desire and responsibility.

Christian Ethics – Desire

Desire was mentioned in this chapter's opening broad description of worship in terms of ultimate concern, radical obligation, and even compulsion. Like them, our strongest desires are about being gripped in ways that are not simply our own choice. Overpowering desires can be generated by almost any area of life. Human relations are the most common, but they can also happen through eating, drinking, drugs, work, money, power, status, beauty, and so on. Our economy and culture has increasingly become preoccupied with arousing desire for commodities, entertainment, and anything else that can produce profit. In every area of life desires are basic to behaviour and therefore to morality. The shaping and directing of desires are at the heart of human existence.

Because of the intertwining of desire, morality, and every significant area of living, there can be no separation of morality from other areas of life or from our mental, emotional, and physical habits. The major religions have recognized this. They have all been concerned to educate desires and have done so in various ways. Worship has been a central way in which habitual desiring has been directed to what is considered its most satisfying and worthy object, God. A whole complex of

2. Georges Rouault's *La Sainte Face* (1933)

education, social arrangements, customs, rules, and cultural communication have acted to sustain worship-centred desiring. Within this, ethics can never be considered as only concerned with problematic decisions and choices: it is about the fundamental forming and sustaining of good desiring, and it is therefore about the divine. What is the relationship of God as Trinity to desire?

The most important statement in a Christian theology of desire is that people are desired by God. At its heart is trust in being overwhelmingly desired by a God who loves them. They are created by God, blessed by God, addressed by God, chosen and called by God, forgiven by God, taught by God, and given God's Son and Spirit. In other words, any activity of theirs is rooted in a radical passivity. How this passivity relates to human activity is perhaps the most basic issue of all in Christian ethics (and most other religious traditions have their own versions of it). In terms of the present discussion, how does one understand theologically the relation between, on the one hand, being desired by God, and, on the other hand, desiring God and what God desires?

This question comes up under many headings in theology – the relation between divine and human freedom, grace and nature, justification and sanctification, faith and works, the Holy Spirit and human capacities, God's initiative and human response. It has been a specially acute issue in recent centuries in Western thought because of a great emphasis on human dignity, freedom, capacity, creativity, and autonomy. The problem has been that divine freedom seems to be in competition with true freedom for human beings. If God has the initiative, how can we be free? Surely in order to be fully mature persons we need to be able to take our own initiatives and not be subject to someone else's will and desire? The conception of God as an infringement of human freedom has been at the root of a good deal of atheism. Do we not need to be atheists in the interests of being fully human, growing out of childlike dependence on God in order to take charge of our own affairs as adults?

Theological responses to this have varied. Some have accepted the assumption that there is a degree of competition between divine and human freedom and have then tried to define separate spheres for them. One version would be that God creates the world and then lets it have complete autonomy, with no divine 'interference'. Other versions allow for divine activity in certain ways – encouragement, communication, persuasion – but not in such a way as to trespass on human freedom or initiative. Yet the mainstream responses – represented, for example by Barth and Rahner among those mentioned in Chapter 2 – have been to affirm that divine and human freedom are noncompetitive. How can that be thought through?

The basic analogy is that of love between people. If you love me you can use your freedom to preserve and even increase my freedom. Your initiatives may be completely for my good and dignity. More profoundly, it is possible that freedom is not at root something I 'own' as an individual – it may only fully flourish in relationships, above all in relationships of love. Therefore without your initiatives in respect and love I cannot be a fully free person. I am free only in responding to others. Of course among people there are all sorts of distortions of freedom – it is used manipulatively, coercively, selfishly, maliciously, ignorantly. But if one is thinking of God then one is imagining a freedom which creates and sustains all other freedom, never distorts it, and takes initiatives to enhance it. If people can enhance each other's freedom in certain ways, why cannot God do even better?

Yet to think of God as just like another person has its problems, and the 'even better' extrapolation from human beings also risks not doing justice to the radical difference, or transcendence of God. Interaction between people helps in imagining the possibility of non-coercive, non-competitive freedom in relationship; but is God's freedom not so overwhelming, different, and mysterious that it is wrong to think of it in the same category as human freedom?

One theological approach to this is to explore the idea of distinct yet related freedoms: uncreated and created freedom, primary and secondary freedom, autonomous and dependent freedom. According to this there is no contradiction in talking about dependent or secondary freedom – it is simply another way of saying that human beings are created and not divine. We owe our freedom, and everything else, to God, and the desire to be fully autonomous is a wrong desire to be God. Our true freedom lies in being responsive to God's initiative – that gives us immense scope, but always in relationship with God as the one to whom we are freely grateful for our freedom. Our desires lead to our fullest flourishing when we are responding to God's desire for us and when we are harmonizing our desires with the desires of God which are for love of God, of others, and of creation. So the distinctiveness and initiative of God are affirmed at the same time as full human flourishing.

Yet the full theological depths have still not been sounded. The more one explores both Christian theology and the critiques of it by atheists and others the clearer it is that what is fundamentally at issue is, simultaneously, the nature of God and human nature. The scandal of Christian theology to many is that it does not conceive of humanity as alien to God or in essential tension with God. On the contrary, because of its belief in God freely choosing to become human in Jesus Christ, it not only refuses to see a necessary tension but even finds a glorious union of divinity and humanity. The definition of God does not (as in many definitions) rule out this union with humanity. The consequence of this is that not only is the conception of God affected – hence the doctrine of the Trinity – but also the conception of humanity is affected. Humanity is not made identical with the divine, but it is conceived as being invited into a relationship of differentiated unity with God through relationship with Jesus Christ. This will be discussed further in Chapter 6, and it has implications in all directions, but for now it is important to note that in Christian theology the basic clue to how to understand human and divine freedom and activity is through thinking about Jesus Christ.

The stories at the opening of the Gospel accounts in Matthew, Mark, and Luke suggest what this might mean for the way in which being desired and desiring are at the root of a Christian approach to ethics and the shaping of human life before God. Jesus's ministry opens with his baptism. During it the Holy Spirit comes on him and he is affirmed by his Father: 'This is my Son, the Beloved; with whom I am well pleased' (Matthew 3:17). It is a picture of Jesus delighted in and desired by God. Then Jesus 'led by the Spirit' is tempted during forty days of fasting in the wilderness. The temptations can be seen as a testing of his desire for God, and for what God desires, in the face of alternatives – desire for food, for spectacular, painless success, and for power. The shape of his life and work are seen as crucially dependent on living by what God wants, on trusting God's way (which turned out to be the way of crucifixion), and on the embracing desire with which he responded to temptation: 'Worship the Lord your God, and serve only him' (Matthew 4:10). Throughout his life, death, and resurrection Jesus is portrayed as sustaining this union between being sent, desired and affirmed by his Father and at the same time freely fulfilling what God desires and wills. This description in story form became normative for Christian theology – the theological issues in it will be developed further in Chapter 6. The present point is that Jesus is portrayed as embodying the union of being desired by God and desiring God and what God desires, and that this is seen as central to understanding his life, death, and resurrection.

Christian Ethics – Responsibility

Desire to do what God desires leads to taking on responsibilities. The classic Christian interpretation of the life of Jesus sees him taking on radical responsibility for other people before God, to the point of crucifixion. This then becomes the pattern of 'being for others and for God' which is at the heart of the Christian ethic of love.

If responsibility before God is to be realized it requires a whole 'ecology'. There has been general agreement about many of the niches needed if that ecology is to flourish, such as those already mentioned – a worshipping community, faith in God, prayer, life-shaping desires. There are many other niches of the ecology into which Christian ethics enquires. For example, there is the question of the virtues – the seven classic ones are faith, hope, love, prudence, justice, courage, and self-control. Each of them, and other related ones, has given rise to a theological literature. So too has each of the main vices – the classic 'seven deadly sins' are pride, anger, envy and jealousy, greed, sloth, lust, and gluttony.

A fundamental (for some the only essential) theological enquiry into responsible behaviour is through reflection on the Bible. What does God command? Are Christians to take all the Old Testament law as applying to them? If not, what is its authority for them? How can Christians learn from the centuries of Jewish interpretation and practice of the law? What about the guidance for conduct given in the New Testament? Is it to be taken as law? If not, what is its status? Should certain passages, such as the Sermon on the Mount (Matthew 5–7), be given special authority? Should passages such as those about slaves or the subordination of women be seen as irrelevant to very different cultures? What does the Bible teach about a whole range of topics: marriage and divorce, standards for a legal system, justice for the poor, money, work, paying taxes, warfare, peacemaking, enmity, good government, use of the tongue, compassion, homosexuality, hospitality, and so on? Once we find out what biblical teaching was for its original periods and situations, how is it to be interpreted in different circumstances today? And how is the Bible to be related to situations and ethical dilemmas (such as many in modern medicine) which do not have biblical parallels? Some of these large issues will be discussed in Chapter 8 on the interpretation of texts.

For most Christians (in practice if not sometimes in theory) biblical interpretation has to be supplemented by looking at what Christians in the past have taught and what is being learnt in the church now around the world. Ethical teaching can also incorporate close attention to a range of other sources, such as the philosophical schools mentioned above, the resources of disciplines such as history, sociology, anthropology, psychology, biology, and literary studies, or the wisdom of other religions. Controversy surrounds the ways such sources are used in arriving at ethical wisdom and decisions.

Christian theological ethics, then, contributes to forming the minds, hearts, and wills of individuals and communities who continually find themselves in situations requiring responsible judgement, decision, and action. Their ethical and political living can be illuminated from many angles, and there can be convergences and alliances with those whose relationship to Christian faith is distant or even hostile. Yet it is always an issue for Christians (as it is for those with other ethical commitments) just how far such alliances should go. When does alliance in the interests of, for example, the flourishing of family life, become unacceptable compromise over questions of divorce, homosexual marriage, standards in the media or moral education? How far should 'tolerance' go when it seems that freedom is being abused in order to manipulate or corrupt vulnerable people?

Within Christianity, various churches (and groups within churches) represent different ways of answering such questions, and there is intensive debate at all levels. Looking at those debates theologically, it is interesting to note three basic points.

First, even though the way God is identified rarely plays an explicit part in the discussions, how God's characteristics or 'attributes' are understood is actually very important. How can the judgement and justice of God relate to the mercy and compassion of God? What does it mean that God is patient and gracious but also consistent and demanding? If all power belongs to God and salvation comes from God, what does that mean about the responsibility of human beings in a particular situation?

Second, it is fascinating to see how a particular ethical orientation relates to God as Trinity. Some positions seem most preoccupied with God as the creator who is involved with all creation and all people in their ethical and religious lives (as in other ways). This tends to make such positions more collaborative, more open to convergences and alliances. Other positions are more centred on Jesus Christ as the Word of God, who gives his distinctive teaching and example – often very different from the prevailing ethos. More fundamentally, he takes the radical responsibility of dying for others. The cross therefore stands confronting all compromises, and it challenges any ethic that is not based on self-sacrificial love. Other positions are more centred on the resurrection and the giving of the Holy Spirit. God gives energy, joy, new community, and all the discernment, gifts, and grace that are required to meet the radical divine demands. Here the emphasis is on the prior importance of transforming communities and individuals through the Spirit – ethics is the overflow of living in the Spirit. It is an approach illustrated by the way in which so many New Testament letters pivot around a 'therefore . . .'. The first part tells what has happened in Jesus Christ and the giving of the Holy Spirit, and the overflow of that is the ethics which the Spirit or God's grace enables: therefore you have the resources to behave like this (e.g. Romans 12:1; Ephesians 4:1). The ideal position is of course to unite the three Trinitarian dimensions. Many Christian ethical positions try to do so, but it is also easy to see the attraction of emphasizing only one or two of them, and the huge theological task there is in trying to do justice to all of them at once in any single ethical or political question.

The third basic point is the unavoidability of taking personal responsibility for one's judgements, decisions, and actions. In line with what was said above about the non-competitive relationship between divine and human freedom, one should expect that the more deeply involved with God one becomes the more intense becomes one's free responsibility in each situation. Far from being able simply to apply some rule directly to each instance, being alert to God might mean that

3. Dietrich Bonhoeffer (1906–45) in captivity awaiting trial, Berlin-Tegel, summer 1944

one has to be as intelligent and as responsible as possible in taking a risk and then taking the consequences. A classic instance of this in twentieth-century theology is Dietrich Bonhoeffer (1906–45). He wrote extensively on ethics, and appreciated the importance of the Bible, of rules and principles, of the whole range of what has been described above in terms of a God-related ethic. But, through all that, his is an ethic of responsibility. Writing in 1943 while taking part in a conspiracy against Hitler which not only was to cost him his life, but also represented a shift from his own earlier pacifist, non-violent position, he asks 'Who stands fast?' in such overwhelming times. His answer is in terms of 'a person's inward liberation to live a responsible life before God'. (Dietrich Bonhoeffer, *Letters and Papers from Prison*, 9.) That answer goes beyond any specific ethical guidance or system and it suggests the other fundamental matter at stake in theological ethics besides the conception of God: the conception of humanity. The final section will briefly open up this question, which has actually been implied all through the previous sections.

Being Human before God

Again and again in ethical and political discussion differences can be traced back to different conceptions of humanity. This does not mean that there can be no alliances or convergences between people who disagree on what it is to be human; but the deeper and more wide-ranging the engagement is, the more important it is to be able to face this basic matter. This section will conclude with a variety of questions around this topic.

The main truth about humanity on a Christian understanding is that it is related to God, and the conception of God therefore is central to the idea of humanity. A classic way of seeing this has been inspired by the account in the book of Genesis of God creating humankind 'in the image of God' (Genesis 1:27). There has been endless debate about how the image is to be specified – intelligence? freedom? self-communication? love? creativity? dominion? relationality? male–female relationship? physical appearance? or some combination, corresponding to the Trinitarian nature of God? The crucial Christian criterion has been the person of Jesus Christ, but that too has led into ramifying discussions – what sort of humanity is that? in what ways might a first-century Jewish carpenter's son be normative for everyone else? is his maleness supposed to include femaleness? how should Jesus be understood in evolutionary and genetic perspective? what of the status of the historical testimony to Jesus?

Those sample questions arising out of the relationship of humanity to God already begin to open a host of issues which draw theological anthropology (the name for the sub-discipline which discusses the nature of humanity) into dialogue with the human and natural sciences, with philosophical systems, and with all those other worldviews and religions which have their own conception of humanity. So the explosion of questions continues. Why should anything beyond the sciences have authority in defining humanity? On the other hand, can the sciences do anything more than describe, analyse, and explain, without ever helping with norms, values, and ethics? Is there any common humanity at all? Does ethical pluralism lead us into ethical relativism, which despairs of there being any common ethical reality? If so, then why not see some race or nation or class as more fully human and more deserving of respect and preservation than others? Or men as superior to women, or vice versa? What about the standing of the severely handicapped – is there any good reason to expend care and other resources on them? What about the humanity of a fertilized human egg? Or a person on life-support machinery in what is called a 'persistent vegetative state'? Theological ethics is about wrestling with these and other questions, always bringing to bear the wisdom (and confessions of foolishness) in long traditions of living, thinking, discussing, and worshipping before God.

Chapter 5
Facing Evil

Evil is the most critical problem for the God who has been the focus of the two previous chapters. For innumerable people over the centuries evil has been the greatest practical and intellectual obstacle to believing and trusting in God. In the face of so much misery, pollution, and wickedness, a loving God who creates and sustains this world and continues to be active in its history for the good of all creation can seem not only morally unbelievable but even ridiculous.

It is not only believers in God who have a problem with evil: it is a basic issue for any philosophy or worldview. A 'solution' to evil which does away with a good God will face other problems. If, for example, the solution is to see evil as simply one natural outcome of a messy, chance-driven evolution in a universe without God, then there will still be questions about how one can or should respond to it, and problems about the meaninglessness of the whole process. There are no unproblematic solutions to evil – it is even questionable whether it is right to see it in terms of a problem with some conceivable intellectual solution. Is an attempt to solve it not to trivialize it? Surely it is above all a practical problem which calls for practical responses? Yet most practical responses require thought and intelligence, and stopping thinking about evil is no solution either. This chapter will explore ways of thinking about evil, while recognizing the terrible dangers of thinking inappropriately about this most practically urgent matter.

Personal, Structural, and Natural Evil

Most areas of life unavoidably pose the problem of evil. What has been labelled 'moral evil' or 'human evil' or 'sin' touches every sphere of human activity. People are unjust, malicious, and cruel, they lie, cheat, murder, betray, and so on. Every relationship and activity can be distorted or corrupted. The natural world can be polluted, spoiled, or destroyed. Evil can be part of our deepest friendships, our marriages, and our family life, and its effects can accumulate year after year. It need by no means be obvious: it can be insidious and subtle.

Some of the most persistent dilemmas posed by human evil are regularly demonstrated in lawcourts. Of course, not all things a society considers morally wrong are illegal (many forms of lying, malice, cruelty, and betrayal are not against the law), and not all laws are about what is morally right and wrong (much traffic or commercial legislation), but day after day we hear of legal cases in which classic issues are raised about how evil is to be understood. Above all, there is the matter of freedom and responsibility. Was the accused really responsible for his or her actions? Were there factors such as state of mental health or intimidation or a history of bad parenting and abuse which would support a plea of diminished responsibility? Or should there be a verdict of 'guilty but insane'?

Questions like that are a battleground for some of the most powerful forces in our civilization. The modern West has been deeply split about freedom and responsibility. On the one hand, it has championed human freedom in many forms – human rights, sexual freedom, political liberty, freedom to choose in many spheres. On the other hand, many of its most intelligent members have not believed people are free at all, and have devoted great efforts to show that really we are the product of our genes, our unconscious drives, our education, economic pressures, or other forms of conditioning. In other words, there has been tension and conflict between those who affirm human freedom, dignity, rights, rationality, and responsibility and those who offer various 'reductionist' accounts of humanity, often drawing on the natural or human sciences.

These differences have deep roots in theology. The very idea of the responsible individual who is legally accountable has in the West been shaped by a merging of Christianity with the law of the Roman Empire. Augustine in particular had great influence, and the tensions can be seen in his thought about freedom. On the one hand, he did not want to make God responsible for evil, so human sin (and other forms of evil which he saw flowing from it) was, he said, due to human freedom going wrong in Adam, according to his reading of the biblical story of the Fall in Genesis Chapter 3. On the other hand, he recognized the pervasive influence of being part of a human race whose dynamics have gone terribly wrong, so that we cannot escape being caught up in sin and evil. Through all this he wanted to do justice to God being in control of everything and people being only able to be good thanks to the grace of God. This sets up a huge problem about how human beings are free and how their freedom relates to God's freedom. It is clear that the way such problems are answered has a great effect on how sin is understood, and on how legal systems and other institutions handle questions of responsibility and accountability.

But what if the very legal system is corrupt? What if laws are made which dehumanize large numbers of people, as the Nazi laws against the Jews and others did? What if women or black people or husbands are discriminated against in law and in the way a whole system works? What sort of evil is that? It is a feature of social scientific description of societies and institutions to show how each has its 'culture', embodying certain perceptions, values, norms, and judgements on the nature of reality. These are often not made explicit – in fact it is usual for the most fundamental of them to be taken for granted as simply the way things are. Natural scientists do not usually articulate the very strong ethical norms of their worldwide network – in fact they often do not reflect on themselves as part of a moral community. Political parties do not usually debate why human lives should be valued at all, nor do lawyers ask whether referring to laws is an appropriate way of settling disputes. Yet fundamental questions can be asked about such matters which are to do with the way whole societies and institutions are structured. Moreover, evils can be identified in the way such structures work. Might the dynamics of capitalism so distort and damage human wellbeing that the whole economic system should be radically changed? Might defective ethical and political responsibility be embodied in the normal ways of working in the scientific community, so that it is at least partly to blame for a great deal of ecological damage, and for the death and suffering caused by modern warfare? Might religious communities above all be corrupters of human life, indoctrinating people into passions and hostilities which threaten to destroy the world?

In theological terms, we have opened up the area of 'structural sin'. People find themselves part of structures whose dynamics militate against human flourishing. Individuals cannot be held directly responsible for the resultant evils, yet they are implicated in complex ways. In modern times especially, human beings have collectively been responsible for unleashing forces which nobody can control: political systems and revolutions, military establishments and wars, stock markets and crashes, technologies which seem to have their own momentum beyond anyone's ability to stop them, information systems and media which shape cultures in ways no one can predict or prevent. These factors, and many others, combine to form dynamics which have immense power to damage individuals and whole communities in multiple ways. But can anyone be held responsible? What does it mean to blame 'the system'? The very language of blame seems inappropriate, yet we are reluctant to give up using moral language about things that can produce such good and evil and which have been devised by human beings. One form of theological language that is sometimes used is that of the demonic or 'principalities and powers'. That draws on terms in the Christian and other traditions which have been used to refer to evil which is beyond individual human beings, which can take hold of individuals and whole communities or nations, and which seems to have a momentum and will of its own that is unresponsive to human control or even rationality. But should not God be seen as responsible for all such evil, given that God is responsible for the world in which these terrible dynamics multiply?

Besides evil that comes from human intentions and from humanly designed systems and structures, there is also what is sometimes called 'natural evil', meaning the pain, suffering, and death which come through diseases, natural disasters, and other harmful forces. Did God create the world intending such things to happen? In the face of them, can any form of interaction of God with the world be imagined in which a creating and sustaining God is both good and powerful?

The accusations against God could be multiplied, but they all amount to one great cry of protest, loading onto God ultimate responsibility for a world in which there is horrendous evil.

The Best Possible Theodicy?

Theodicy (from the Greek words for God and justice) is the name for the sort of theology and philosophy which try to justify God in response to such accusations. Some theologians refuse to enter into the discussion because they see it as inappropriate for human beings to judge God. But that is not necessarily what is going on. It can just as well be an attempt to question God arising out of anguish and apparent contradictions which it would be irresponsible to ignore.

Yet if it is legitimate, and even unavoidable, that does not make theodicy achievable in any satisfactory way. I will try to offer the best theodicy I can, and then will probe it with questions which it cannot adequately answer.

There are several promising lines of theodicy in response to the accusation that a good, all-powerful God would never allow personal, structural, or natural evil. One is to ask about the concept of God being assumed. Imagine a God who creates a world in which there is genuine freedom, and who refuses to manipulate that freedom into always doing good. Is it not the case that any such manipulation would mean that the world is just a machine run by God, with humans as robots? If that is granted, certain sorts of intervention are ruled out and things must be able to go wrong. When freedom is misused, God might offer ways of coping with the results, ways of patience, resistance, healing, forgiveness, and reconciliation. God might even in some sense suffer the consequences of evil, taking responsibility for it by identifying fully both with those who undergo it and those who do it. Others could be drawn into this responsibility and a way of life opened up that can both face the worst realistically and also share a new quality of life. That is obviously a Trinitarian theodicy, assuming a God who creates a world that is genuinely free, who takes responsibility for it to the point of being part of it in its suffering, evil, and death, and whose Spirit enables others to be immersed in it in faith, hope, and love without letting evil have the last word.

A further dimension of that approach is to try to see the various aspects of evil from the perspective of trust in God. Unimaginable though it may seem now, it is conceivable that even out of horrendous evil God may be trusted to bring good. It is also possible that viewed from the end of the story many aspects that seemed terrible or tragic might make some sort of sense. We are familiar with many other contexts in which our judgement of what is good or bad can change radically when we see a fuller picture – what appeared to be torture turns out to be medical treatment. While it would be intolerable to see this justifying all evil, yet some evil can also be seen to open up the possibility of good (such as compassion) that is hard to imagine otherwise. Ultimately, the question of theodicy is about whether God was right to create at all, and it has been argued that that is simply unanswerable: either one trusts that God knew what was involved and

4. A mother holding her dead child. Sculpture by Ilana Guy, dedicated at the Yad Vashem, the Holocaust memorial in Jerusalem, in 1974

made a wise judgement, or one claims, impossibly, to have a superior viewpoint on the matter.

Many aspects of natural evil can be seen as perhaps unavoidable aspects of something good. Biological pain has crucial functions, and both it and biological death can seem very different in the perspective of eternal life beyond death. Accidents and natural disasters can also be seen as part of a contingent universe, which is required if there is to be both a reliable natural order and human freedom.

Then there is the human standpoint from which we view evil. Strange to say, it often seems far worse in relation to God when we are the spectators rather than the sufferers. This is not, of course, always the case, but there are many examples of it – someone suffers great evil, such as torture, betrayal, painful disability, or humiliation, whose trust in God is somehow deepened through it, whereas others who see them suffering find their own faith shaken or broken. One of the reasons why it is not impossible to have faith in God even after Auschwitz is that many who suffered and died in Auschwitz maintained faith in God. There is a warning here against thinking we know what is really going on in any situation between God and its participants. Many arguments which accuse God are the arguments of spectators who assume they are able to see what is most important in situations. And even if a sufferer loses faith in God that need by no means be the last word in that person's relationship with God.

Perhaps human confidence that we are in a good position to judge how God is really involved in situations and lives needs to be further eroded by reflecting on how vulnerable we are to shortsightedness, impatience, misjudgements, narrow-mindedness, and mistrust. Another dimension is the often-remarked problem of a quantitative argument about suffering. If we add together instances of suffering, are we doing anything meaningful? Might it be that the maximum of suffering is the maximum that any one person can suffer? If so, there is no meaning to a 'sum of suffering' – the problem remains but it is freed from inappropriate mathematics.

On the other side, confidence in God, despite the horrors of evil in ourselves and others, might be encouraged by the large numbers of people who have wrestled with the problem honestly and continued to trust in God. We are not the first to have faced the problem, and there is a long tradition of questioning, discussing, agonizing, and yet persevering in faith. This does not absolve anyone from going through it themselves, but it does mean that they have company. In the company are not only those who give pointers to ways of thinking, but above all those who embody the possibility of coming through terrible testing, suffering, and evil with enriched, realistic faith.

This leads on to the fundamental feature of Christian theodicy. It is not at heart about winning or losing an argument. Evil in our world is not most adequately met by arguments but by persons living certain sorts of lives and dying certain sorts of deaths. There can be no overview of what happens in the depths and extremities of these lives and deaths, but there are abundant testimonies to those who have faced the worst and testified to the goodness of God from there. Their stories are at the heart of authentic theodicy.

Nevertheless, I am not satisfied by such considerations. It is not that they are without substance, but rather that the terrible reality of evil constantly inspires suspicion of their adequacy. The attempts to suggest that evil is somehow a means to a good end are especially vulnerable to moral objections, but all the others are also open to a range of attacks. Above all, vivid and sickening testimonies to evil or experiences of evil – each of us can fill in our own examples – make all justifications ring hollow. Who can speak at all in the face of evil? Who can even bear to contemplate it fully? Is it not what the Christian and other traditions have often concluded, a 'dark mystery', of which no satisfactory understanding or explanation or even description is possible?

Perhaps the least inadequate points above are the one about an incarnate God with which I began and the related one with which I concluded, which might be called the argument from saints. But they are both peculiar sorts of arguments, fundamentally dependent on trust and discernment, and it is easy, when one's imagination is filled with the reality of evil, to interpret God differently (even to the point of complete rejection) or choose different individual and group stories of apparently unredeemed and unredeemable evil and suffering.

The most basic statement of the tradition is that there is a double mystery, the dark mystery of evil and the bright mystery of goodness. Acknowledgement of mystery need not deter further thinking, though the dark mystery will always defy ultimate intelligibility and the bright mystery will have infinite intelligibility and richness. The best way to explore further in Christian theology is to consider the theological topics where both mysteries converge, Jesus Christ and salvation. It might be said that for many Christians theodicy happens in this convergence. The drama of good and evil is focused through the history of one person. So it is not a new argument (though it gives rise to endless argument) or a new solution, but a new person who is to be trusted and hoped in. Jesus Christ is seen as someone who engages with evil at its worst and who can be trusted in any situation no matter how terrible. This distinctive Christian response will be explored in more detail in the next two chapters. But before that this chapter will conclude with an account of evil which sees it in the context of the God discussed in the previous two chapters.

Evil as Idolatry

So far the main focus has been on the possibility of justifying God in the face of evil. What about interpreting evil in the light of God? There are many ways of attempting this, and the one followed here will begin from the notion of worship discussed in the previous chapter. There the divine was defined as whatever you worship, the key focus of desire, attention, obligation, energy, and respect. Society was described in terms of the desires, compulsions, and obligations which fundamentally order and shape it. In theological terms this led into seeing it as defined through the worship of God and idols. If evil is theologically understood as whatever contradicts the good God, then the dynamics of idolatry are a basic way of exploring what evil is and how it works.

It is quite straightforward to apply this insight in a general way to big distortions and to name the obvious candidates as idols, as the previous chapter did: money, family, race, class, gender, nation, legality, pleasure, or self-fulfilment. Clearly these and other things can be given the sort of priority which turns what is basically good into something idolatrously ultimate and distorting. The twentieth century has been full of examples of human flourishing being destroyed through such false worship. Sometimes the idolatry is 'monotheistic' when there is one dominant concern; sometimes it is 'polytheistic' as several are kept in play at once.

Usually, however, particular situations are complex and their diagnosis is disputed. How does one decide, for example, when the line has been crossed from healthy concentration on economic prosperity to the 'bottom line' of profit being the only thing that really matters? There are serious issues of discernment here, with temptations to rhetorical exaggeration on both sides. Sound theological judgement requires case-by-case debate which is continually informed by worship and the understanding of traditions and contexts. I will give one sample case from my own experience.

For five years I was part of a group which included theologians, clergy, and others working 'on the ground' in deprived areas of English cities. We used many approaches to try to do justice to the complex reality of those areas, such as stories of individuals and groups, and studies of housing, children, black experience, business enterprise, crime, and fear. A key focus was on worship in poor urban areas, and its significance in illuminating the dynamics of life there. Idolatry became one key to understanding, but it was recognized that for those involved in an idolatry it tends to be encompassing and pervasive – it is their normality. Because of this, a society's idols may be more visible from the margins, where the normality is under strain or contradicted. Idols are usually supported by falsehoods and by ignoring major truths, and it is easier to discern these too from the margins.

The margins are not only a place where different perspectives can be had, they are also often where the bad consequences of idolatries are most apparent – misery, oppression, huge wealth differentials, violence, constriction of life and hope. We saw in deprived urban areas a specially intensive convergence of the negative consequences of our society's habitual idolatries such as economic success, efficiency, status, security, pleasure, and power as toughness and force. The margins can reveal what is not worshipped by society, what is avoided at all costs, and they are places of painful truth about the points at which the reigning gods fail. Yet they can at the same time show the dominant idolatries at their most devastating, as deprivation provokes obsessive pursuit of money and possessions, and the grip of images of wealth, status, power, and pleasure is all the stronger because people are excluded from mainstream ways of obtaining them.

In this situation worship of the Trinitarian God can be a critical criterion. It can hold up an alternative vision of what is ultimate, centred on Jesus Christ, and it can encourage a sense of worth and purpose that is not dependent on serving the idols. It can sustain a different way of imagining reality and a resistance to the dominance of false or inadequate images. Above all, it can affirm the abundant reality of God against whatever contradicts that. (For more on this see Peter Sedgwick (ed.), *God in the City. Essays and Reflections from the Archbishop of Canterbury's Urban Theology Group*.)

There are, of course, other major religious traditions too in which discernment of idols and the right orientation of desire are leading concerns. In English cities Muslims, Hindus, and Sikhs are often disproportionately represented at the margins, and therefore, if they are to be true to their own traditions, they bear a heavy burden of resistance against the dominant idolatries. That resistance has led to considerable co-operation between followers of different faiths in deprived urban areas of England. 'Idols' such as money, race, violence or pleasure have been a drastic stimulus to faith communities to discover how their wisdoms not only interconnect but can even teach each other.

Conclusion: Narrative, Metanarrative, and Best Practice

This chapter has surveyed the main types of evil – personal, structural, and natural – and has proposed a theodicy which, like all attempts to justify evil in relation to God, was judged unsatisfactory. More fundamental than any theodicy, however, has been the classical position of a double mystery, the dark one of evil and the bright one of God. In the final section something of the complexity of this double mystery was brought out by examining evil under the heading of idolatry. The example of worship sustained in poor urban areas under immense pressure from the idolatries of English society showed the two mysteries together in historical reality. Faced not only by evil but also by God, theology tries to do justice to both. In Christian theology the two are seen most fully together in the narrative of one person, who is the theme of the next chapter.

That narrative is at the heart of the Christian theological account of evil. It is significant that the account is in story form – it is not an argument, an explanation, or a solution. It can in fact give rise to a great variety of theological argument and reflection. Part of that has been the telling of 'metanarratives', overarching stories within which life now is set. One classic metanarrative has been Augustine's, which begins with his interpretation of the Genesis accounts of creation and fall and concludes with humanity divided into the blessed and the damned at the Last Judgement. One alternative, sometimes associated with Irenaeus, is of an uncompleted creation in which evil is a by-product of its development towards a final recapitulation of all things in Christ. Other religions have their own stories, and secular metanarratives include that of human progress, and the Marxist one of class warfare and revolution leading to the classless, just society with liberty, equality, and fraternity. Besides those upbeat endings some see a tragic plot in history, and thinkers labelled 'postmodern' have been strongly critical of all metanarratives: they tell an 'anti-metanarrative' in which there is no overall sense to history, and its fragmented happenings are best recounted in ironic forms which suggest the absurdity of even searching for integrated meaning. All of these options have had to take account of the natural scientific attempts to tell the story of the universe (for example, beginning with the Big Bang and trying to predict the long-term future) and of life on earth (Darwinian and Neo-Darwinian accounts of evolution). They also all involve criteria of good and bad, ranging from God-centred views (the good is what is created by God and pleases God), through some alternative moral standard of human welfare, to an amoral measure based on capacity to survive and adapt in a world governed by chance.

Much recent Christian theology has been sensitive to critiques of traditional metanarratives. This has partly been because, for both scholarly and scientific reasons, it has seemed less plausible to read the opening chapters of Genesis as either science or history. Another reason has been ethical: grand overarching narratives are seen as incurably ideological, with hidden agendas serving particular interests. Their dangerous claims to know too much about the past and the future are easily used in order to dominate or to manipulate others, and to justify coercive courses of action. The Genesis story of the Fall has often been used against women; the book of Revelation's bloodcurdling imagery of the end of history has legitimated religious wars, persecution, manipulative evangelism, and anticommunist crusades. But perhaps the most profound theological reason for Christian suspicion of metanarratives is that the primary narrative framework should be the Gospel story of the life, death, and resurrection of Jesus Christ, with him being seen as involved in creation and also the main clue to the end of history. It is instructive to note within the New Testament the tension between an interest in speculating about the details of the end of history and a more fundamental insistence that, whatever the details and the plot, the basic trust and hope is in Jesus Christ as the decisive character in the drama. In his person he unites the mystery of God and of God's good creation with facing and coming through suffering, evil, and death.

The practical implications of that trust and hope in Jesus Christ are that the overwhelming emphasis is on living in love with him and others now. The stress is not on trying to solve the mystery of evil but on resisting it, and building up communities whose 'best practice' of worship, forgiveness, faith, hope, and love is a sign that God, not evil, is the basic truth of life. In order to offer a convincing critique of this practice it is not enough to reject a metanarrative: what is centrally at stake is a wisdom and practice of relating to God and other people which is embodied in the testimony to Jesus Christ in narrative and other forms. It is to that which we now turn.

Chapter 6
Jesus Christ

Every so often – quite frequently in recent years – Jesus receives massive publicity in the Western media. It may be sparked off by an archaeological discovery, a new interpretation based on writings outside the New Testament, a fresh reconstruction of his life in its Jewish context, a claim that there is a hidden code in the New Testament, or a literary theory about the composition of the Gospels. Easter usually brings a crop of explanations of the empty tomb and of the appearances of Jesus to his followers, and Christmas brings new and controversial examinations of the birth of Jesus. There are regular television programmes popularizing various theories, trying to present an overall portrayal of Jesus. Together all these represent a confusing variety of portraits around which fierce controversies rage.

Yet if one is among the one and a half billion people who are estimated to take some part in Christian worship one will get a very different picture. There the Jesus of the New Testament is the norm, and usually little attention is paid to the fashions of the media or the theories of scholars. There are many reasons for this: worship patterns tend to be very slow to change; a great many believers simply 'don't want to know' about any awkward challenge to their faith; and many of those in churches who do know (such as theologically trained clergy) do not seem eager to discuss them widely. But there is also a more creditable reason. If pressed, a common response among those who are intelligently informed about such matters is that they do not get too excited because in fact spectacular 'findings', 'breakthroughs', and 'reinterpretations' have a very bad track record. Usually within a few years (or even instantaneously) the consensus of most scholars is clear that the initial reaction was greatly exaggerated and the result has not been any change in the scholarly pictures of Jesus. At best one new option or interpretation has been added to the thousands already to be mentioned in footnotes.

Considering Jesus theologically is about neither taking the Jesus of mainstream Christian worship as the last word, nor being continually blown about by fashions. It is rather about pursuing, in ways that take seriously the best available scholarship and theological thinking, basic questions such as: How is the New Testament and other testimony to Jesus to be understood and assessed? What is to be made of the classic developments in Christian doctrine about Jesus, which lie behind the ways in which he is related to in contemporary Christian faith? What is the significance of the amazing variety of images and portrayals of Jesus through history and around the world today, culminating in massive modern and postmodern challenges to traditional understandings of Jesus? Those are the three questions which I will explore in the rest of this chapter, with most attention being paid to the first.

The Basic Testimony to Jesus

One of the most startling things about the New Testament is that it includes four different Gospels, ascribed to Matthew, Mark, Luke, and John. Between these four accounts of Jesus there are considerable divergences in sources, fact, interpretation, style, theology, and overall portrayal of Jesus. One of the first exercises students of the Gospels do is to consult a parallel version of them, allowing an examination in four columns of the ways in which they relate to each other. Spending a good deal of time doing this is probably the single most useful thing one ever does in Jesus scholarship, apart from learning Greek. As one notices the parallels and differences, a host of questions flood in and one thing above all becomes clear: no single, agreed picture of Jesus is likely to be possible on this evidence. If that is true when the only evidence being considered is four accounts written by Christians and agreed by Christians to be authoritative, how much more is it likely to be the case when other evidence is included, and people with very different commitments and worldviews offer their interpretations!

Responses to the four Gospels range from preposterous attempts to show that there are no really significant differences to the radically suspicious conclusion that the differences are such as to deny us any plausible historical knowledge of Jesus at all, even to the point of not knowing whether he really existed. Fascinating though it would be to go into such extremes, a very short introduction has to ignore them and concentrate on what is probable rather than merely possible. Yet even among the probable there can be no wide-ranging debate here. The vital question that I want to identify is this: is the historical probability of the testimony to Jesus in the New Testament sufficient to sustain the plausibility of the Jesus Christ of Christian faith?

The Life and Death of Jesus

The first question about the historical Jesus is what the reliable sources are. Claims about 'new sources' constantly generate headlines, but in fact there is extremely little directly concerning Jesus outside the New Testament. An enormous amount has been learnt, especially this century, about the Jewish background – or rather foreground – of Jesus, and its context in the Roman Empire of his time and place. We know far more than ever about the tensions within the Jewish community, the different religious parties, and their various expectations (including some hope for a Messiah – the Greek word for which is Christ – who would liberate Jews from their enemies), the social world of Palestine under the Romans, how different groups of Jews then tended to think and behave, the way the Temple in Jerusalem worked and what its significance was, and the role of itinerant charismatic religious figures.

The Jesus of the Gospels fits very well into this general picture, but the sources for it outside the Gospels say very little specifically about him. This means that different ways of reading the context can give rise to different portrayals of Jesus without much direct evidence. One of the great disappointments in Jesus scholarship has been that the exciting discovery of the Dead Sea Scrolls, writings which belonged to the Essene community that flourished in Palestine at the time of Jesus, has not yielded any convincing reference to Jesus.

Yet there is some specific mention of him. There are brief references in the Roman authors Suetonius and Tacitus and in the Jewish historian Josephus. More controversial are Christian sources such as the Gospel of Thomas, the Gospel of Peter, the Gospel of Philip, fragments of other Gospels, and sayings attributed to Jesus which do not appear in the New Testament. Some scholars have tried to upgrade these as sources to the same level as the canonical New Testament Gospels, but the mainstream scholarly opinion is that they are overwhelmingly dependent on the canonical Gospel traditions, and are often strongly influenced by later religious concerns and disconnected from what is known of Palestine in the first century.

This effectively leaves the New Testament as the unrivalled major historical source for Jesus himself, to be interpreted in the light of all that is known about his first-century context. The interpretation of that small book is a vast industry, and I will say a little about it in Chapter 8 below. For now, my task will be to sketch a picture of the life and death of Jesus which can survive cross-examination as being historically probable.

Part of a defensible historical core according to an array of scholarly criteria would be the following.

Jesus was probably born in Bethlehem in Judaea around 4 BC. His paternity was mysterious – there are different indicators in the New Testament, but it does consistently link him with the family line of the great Jewish King David. He was brought up in Galilee, and was known as Jesus of Nazareth after his home town there. He became associated with the prophetic ministry of John the Baptist, and his baptism by John in the River Jordan was accompanied by a vision which had similarities to the ways in which prophets in the Old Testament experienced their 'call'.

What was Jesus's calling? As it unfolded, it connected with some Jewish expectations of the Messiah and reinterpreted other expectations. Central to it was his announcement of the Kingdom of God. That was above all about who God was and what God was doing. It was good news of God's overwhelming generosity, forgiveness, and compassion, with one of the key images being a party or wedding at which God welcomes those usually thought to be beyond salvation. Jesus represented the kingdom in distinctive parables, many of which drew on typical aspects of Galilean life – rocky wheat fields, hated tax collectors, absentee landlords, great debt problems, treasure buried in troubled times and forgotten, the hiring of day labourers. He also gave acted-out signs of the abundance and liberation of God's Kingdom in healings and exorcisms, and in his own practice of table fellowship with prostitutes and tax collectors he showed the breadth of God's welcome.

There was also a communal aspect to his ministry. He chose twelve disciples, probably in order to symbolize the twelve tribes of Israel, and he saw his ministry embodying what Israel was meant to be. He gave vivid teaching which went to the heart of its law and prophecy and called for radical obedience which was willing to go beyond the written requirements in imitation of the generosity, mercy, and forgiveness of God. The Sermon on the Mount (Matthew 5–7) gives a sense of how all ordinary dimensions of life – law, money, disputes, sexual desire, marriage, vows, retaliation for wrongs, lending, prayer, almsgiving, forgiveness, anxiety about food, drink, and clothing, and judging others – were radicalized in this God-centred perspective.

The Sermon also recognizes how intolerable for society this sort of living is, and how likely to lead to rejection and persecution. The aim of Jesus was the renewal of Israel, with implications beyond Israel. He saw a great crisis looming and announced judgement and the opportunity to repent. But he did not follow the line of any of the main parties of his day, and was therefore deeply provocative. His vision was 'apocalyptic' in the sense that it took up intensive expectations of his time that God would bring about a great turn-around and transform the world and Israel's place in it. Apocalyptic expectations were diverse, including dramatic cosmic catastrophes, the coming of various types of Messiah, and the expulsion of the Romans from Palestine. Jesus's expectation was distinctive in two basic respects: the way he envisaged the Kingdom of God breaking in already, and the connection of it with his own person.

The utterly crucial point is this focusing of apocalyptic expectation through himself. It meant that his message and actions were inseparable from his person and his fate. The Gospels signify this through stories such as those of his baptism (Mark 1:9–11 and parallels in Matthew and Luke) and transfiguration (Mark 9:2–8 and parallels), statements about him as the Son of Man coming on the clouds with great glory and people being judged by their reaction to him (Mark 8:38 and parallels), and his claims to authority in teaching and forgiveness. For all the differences of the Gospels, the inextricability of his message and ministry from his person is perhaps the most deeply embedded feature of their testimonies. If this feature is kept, many details could change without the picture of Jesus becoming fundamentally different. Each Gospel moves in different ways towards the climax of the story in Jerusalem, where Jesus is put on trial and executed by crucifixion, but in each there is an intensification of the identification of message, action, and person.

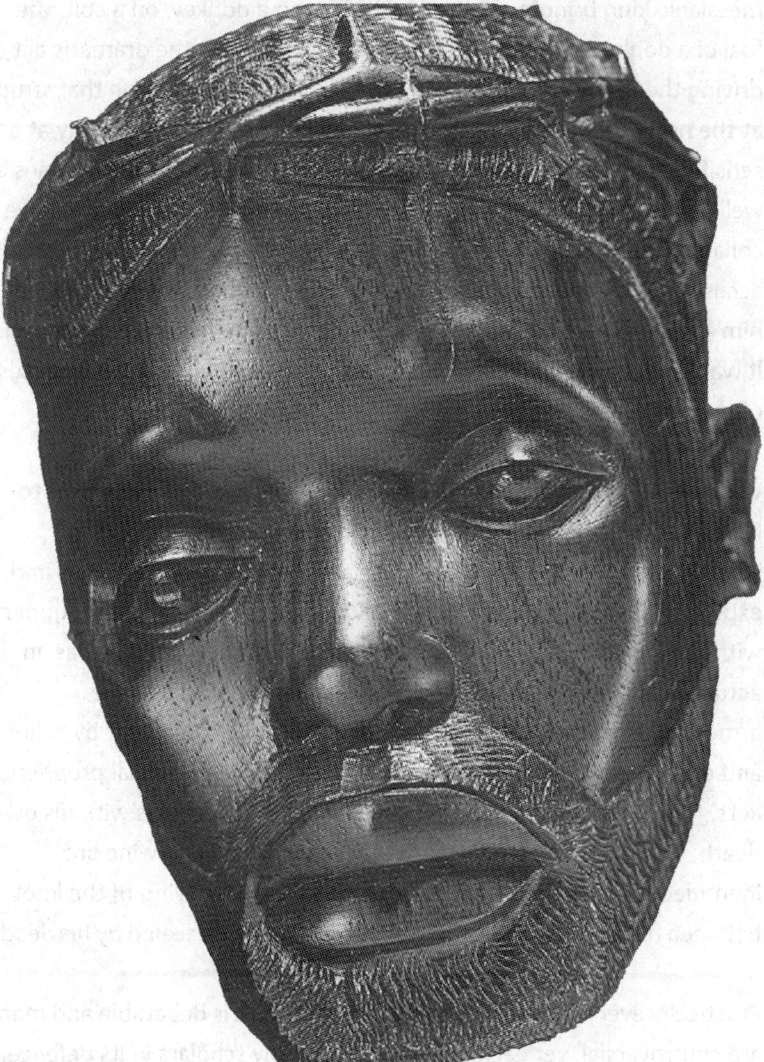

5. Christ with the Crown of Thorns, 20th-century African wood carving

Jesus came to Jerusalem at Passover time when the city was full of pilgrims. His entry on a donkey's colt seems to have been in deliberate fulfilment of a biblical passage about the coming to Jerusalem of a messianic king bringing peace and 'riding on a donkey, on a colt, the foal of a donkey' (Zechariah 9:9). He followed it with the dramatic act of driving the money-changers from the Temple, a provocation that struck at the heart of religious and political power and which, especially at a sensitive time like Passover, was dangerous in relation to the Romans as well as the Jewish priestly aristocrats. Those two groups seem to have collaborated (helped by Judas, one of Jesus's disciples) in arresting, accusing, and executing Jesus on charges of sedition which identified him as a messianic claimant who forecast the destruction of the Temple. It was the Romans who condemned and crucified him as a rebel because of the political threat.

What about the meaning of his death for Jesus himself? He seems to have approached it as a fulfilment of his mission, seeing his own suffering and rejection as somehow part of the salvation of Israel and expecting God to vindicate him. The critical event was his Last Supper with his disciples. There are disputes about whether or not it was an actual Passover meal, but it took place at Passover time in the atmosphere of remembering Israel's redemption from Egypt by killing and eating Passover lambs. In an act similar to many biblical prophetic acts, Jesus seems to have linked covenant and forgiveness with his own death, to be remembered in a meal in which bread and wine are identified with his body and blood. It was a decisive tying of the knot between his mission and his person, which was then sealed by his death.

Practically every statement in the above account is debatable and many are controversial, yet each could also call many scholars in its defence. The aim has been to suggest a portrait that draws on good scholarship but without any claim to exclusiveness. The conclusion is that according to academic historical criteria the basic reliability of the New Testament pictures of Jesus is not falsifiable, though it is of course disputable. The fact of four different accounts shows that accuracy in every historical detail was never essential for theologically reliable testimony to Jesus. Each account wanted to tell a good enough story, and it also had a variety of other concerns too – to explore the theological and ethical implications of this endlessly rich person and set of events, to bring out his relevance to specific communities of readers, and to answer opponents, objections, or alternative accounts. Those concerns led them far beyond a bare historical narrative into writing testimonies which challenge readers in far more radical ways than could a set of verified facts. We now turn to the most radical challenge of all.

The Resurrection of Jesus

All the New Testament documents are written within the horizon of faith in the resurrection of Jesus Christ, by which they seem to mean that the one who was crucified was made alive by God in a way that was both new and yet in continuity with the person who ate and drank with his disciples. It was not about resuscitation but about this person being still himself, free to be present, communicate, and act, with no question of further death – he was experienced as having overcome death. There are of course many other views possible as to how that 'event' is to be interpreted – mistaken identity, fraud, delusion, vision, mythological or symbolic interpretation of the crucifixion, a 'spiritual' resurrection with no implications for his dead body, and so on.

In Chapter 3 I summarized the theological structure of the resurrection according to the New Testament as: God acts; Jesus appears as the content of God's act; and people are transformed through the Spirit that comes from the risen Jesus. It was described as a 'God-sized event' which has implications for the sort of God one believes in. If one rules out (for whatever reasons) a God who creates and is free to be surprisingly involved in creation, then one has set up a rival worldview to faith in this God. Yet it is perfectly possible to believe in such a God and yet not believe in the resurrection of Jesus, and this was described as the question of the reliability of the testimony. There is fierce debate about that, and endless examination of the accounts, with a wide variety of theories that could fit the evidence. The bleak conclusion of a survey of these is that there has been no progress towards scholarly consensus. The more definite the scholarly claims, the more vulnerable they are to refutation on the grounds of biased presuppositions or inappropriate methods or criteria. In other words, this really is a case in which the jury is faced with a decision about whether or not to trust the only witnesses whose accounts have survived.

Yet this is where the third element in the structure comes in: the claim that this person is still alive, sharing his Spirit in a community of followers in such a way as to confirm who he is. It is not as if we are examining evidence for a distant historical character. Rather, Jesus is believed to be present in ways which allow him to be related to in faith, love, hope, joy, and obedience. How is testimony like that to be taken? The New Testament has at least as much of this sort of testimony to Jesus as it has testimony to historical words and events – in fact, all the historical type of testimony is given by those who are committed in faith. There is therefore testimony to who Jesus was, and to what he said, did, and suffered, which is inextricably interwoven with testimony to having a continuing relationship with him as risen from the dead. The resurrection is falsified if there is an attempt to abstract it from this complexity of testimony. If the inextricability of God, historical events, and the continuing community of witnesses is taken together, then any jury has to recognize that their own fundamental commitments and understandings of life, death, and God are at stake in their verdict. There can be some compartmentalized topics, but the overall character of the testimonies to Jesus refuse to allow any line to be drawn between the Jesus of history and the Christ of faith.

Theology therefore does fullest justice to the issues about Jesus's resurrection when it refuses to let any compartmentalization (including dramatic headline 'discoveries') dictate a verdict without facing the full complexity of the case. That complexity has at its heart a claim which is both historical and theological at the same time. If a scholar or theologian or anyone else argues for separating the two – saying, as many have, either that a genuine historical approach can ignore God or that a genuine theological approach can ignore what historians say – then they are entitled to do so. But they also need to recognize that they are going against the evidence of the earliest witnesses, who invoked both God and historical testimony in trying to do justice to what they saw as an unprecedented event: a past dead person being made alive with the life of God.

Classical Christology

The resurrection is the right place to start to follow developments in the Christian understanding of Jesus, the part of theology called christology. Without belief in the resurrection the whole development is unthinkable. As Chapter 3 has already suggested, it is a messy, complicated story. There was an explosion of oral communication in story, preaching, teaching, worship, prophecy, and so on. There were also writings such as Gospels, letters, historical narratives, apocalyptic visions, short statements of faith, collections of quotations from scripture, lists of key elements in teaching, attacks on rival positions, and responses to attacks. All of these had their own interests, settings, authors, and readers which helped shape how they were written. There were intense pressures from the surrounding society and passionate disagreements among Christians.

Given the potential for disintegration, it is remarkable that there was so much integration among the network of communities that spread around the Roman Empire and beyond. Clearly the key to this was their common allegiance to Jesus Christ. There was also widespread agreement on vital elements of what this meant. They saw themselves in continuity with faith in the God of Israel, taking the Jewish scriptures as their scriptures but with Jesus identified as the Messiah. They continued to be in relationship with the risen Jesus Christ, focused in celebrating the Lord's Supper (also called the eucharist, Holy Communion and Mass), and they identified him as saviour through his life, his teaching, and his death. They slowly agreed on which were their most authoritative writings besides the Jewish scriptures, and these became the New Testament – some books were very late being accepted, and it took until the fourth century for the book of Revelation (or the Apocalypse of John) to be generally acknowledged in the Eastern parts of the Empire. They also developed forms of church order, discipline, and consultation, ethical teaching, ways of initiation, and short summaries of the main headings of their faith which eventually became creeds.

In the present century there has been an unprecedented amount of historical and archaeological research into how Christianity developed and how it defined itself against other groups and also against those whom the 'Catholic' Christians decided were heretical and not Catholic. As regards christology, one of fascinations of this story is that it played out many of the options facing christology in other periods too. If you learn the story of the first seven centuries you have met many of the theological positions which are continued or revived with variations in the following centuries. This is not too surprising: Christianity as it spread in the Roman Empire had to engage with a very sophisticated culture, and many of the key intellectual issues were bound to be raised there.

The main official landmarks in the christological debates are clear, associated with the Councils of Nicea (325), Constantinople (381), Ephesus (431), Chalcedon (451), and Constantinople (680). Nicea and Chalcedon are the most significant, dealing respectively with the true divinity of Jesus Christ as 'of one substance (or being) with the Father', and with the union in Jesus Christ of divinity and humanity which are 'not to be confused, not changed, not divided and not separated'. In other words, the central development was that both divinity and humanity were reconceived by thinking through the significance of Jesus Christ. The problem was not that a predefinition of God was laid alongside a predefinition of humanity and an attempt made to reconcile them, though there was an element of that. The revolutionary thing was in trying to think through afresh what God meant if Jesus Christ was intrinsic to who God is, and what it meant to be human if the criterion of true humanity is Jesus Christ. Many of the disputes were about just the sort of matters one might expect. Each position was tested by whether it could simultaneously do justice to the divinity of God, to the humanity of Jesus Christ and to the union of the two in one person. Even among christologies judged orthodox there were strong tensions between two basic types. Those called 'Alexandrine' (after the theological centre of Alexandria in Egypt) tended to stress the divinity of Christ and the unity of divine and human in him; those called 'Antiochene' (after their centre of Antioch) tended to emphasize the humanity of Christ and the importance of distinguishing between divinity and humanity in him. These types have tended to recur – in the sixteenth-century Protestant Reformation, for example, Martin Luther inclined towards Alexandrine christology and John Calvin towards Antiochene.

The debates were often quite technical, and theological judgements on them have also varied predictably. For some they are still the last word in christology – nothing further of basic importance can be added. For others, these are major but not unsurpassable intellectual achievements: the Councils took what was already being believed and practised by the church in its worship, and they not only conceptualized it more adequately by critically appropriating the best available philosophical thinking, but they also had further insights and laid the basis for future theological wisdom and creativity. For others, an originally Jewish faith was distorted by capitulating to the surrounding Graeco-Roman culture and especially to its philosophy. Others have a more purely secular understanding of the whole process by reference to a range of factors discussed by history and the human sciences, often laying special stress on the explanatory value of the interplay of powerful forces and interests. It is in fact quite easy to see the five types of theology as described in Chapter 2 operating in verdicts on the history of christology. They range from those who judge on the basis of some independent, non-Christian framework of reality to those who take the orthodox christology resulting from those centuries as unrevisable and permanently normative – with the most interesting positions for academic theological debate usually being the three types in between these extremes.

Diverse Conceptions of Jesus through the Centuries

One of the leading historians of the theological traditions of Christianity, Jaroslav Pelikan, has written an attractive survey of the diversity of images of Jesus in his little popular book, *Jesus through the Centuries*. As he moves through history it is remarkable how many of the critical issues and influential images of Jesus in previous periods are still live options at the turn of the second millennium. Improvising selectively on such an overview, it is possible to raise some of the most important theological questions about Jesus.

I have already looked at the question of divinity and humanity. Within orthodoxy there was the continuing tension between Alexandrine and Antiochene approaches, and beyond the bounds of what the church approved were those who proposed a Jesus who was divine without being fully human or was human but not divine. In the past few centuries there is no doubt that the dominant emphasis in Western civilization has been on the humanity of Jesus, to such an extent that his divinity has become almost inconceivable for many. Partly this is due to the popular notion of the divine (discussed in Chapter 3) which tends to imagine God as transcendent, external to creation, and in a contrastive or even competitive relation with humanity. But a related reason has been the focus on the historical particularity of Jesus: Jesus the

Aramaic-speaking, Jewish male of the first century. The vivid, full humanity of Jesus has been seized on by mainstream Christian theologians too, because their non-competitive concept of divinity and humanity means that the human Jesus is the image for understanding God. So from all sides there is interest in the individuality of Jesus and his specific context.

A key issue raised by this interest is how such a particular person can be universally relevant, as Christians claim. The basic Christian theological answer to this seems simple: Jesus Christ risen from the dead is both still the particular person who lived and died in Palestine and is also free to relate universally to everyone in their particularity as God does. But it is not quite so simple. Each of the particularities raises its own issues, and they are not just practical difficulties – there are considerable theological ones too. Indeed Christian history has been profoundly shaped by the responses to them. I will now indicate some implications of the particularities just mentioned – Jesus as Aramaic-speaking, Jewish, male and first-century.

Language, Translation, and Cultural Diversity

Some religions have a sacred language – Arabic has clear priority as the language of the Koran in Islam. But Christianity does not, and the Gospels in Greek are already a product of much translation from the Aramaic of Jesus. Translation inevitably carries with it losses and gains, and every translation is also a new interpretation and adaptation to another culture. Deciding how to translate the word for 'God' or 'saviour' can have momentous consequences, and there are thousands of similar decisions to be made. By not having a primary sacred language Christianity becomes as it were 'incarnate' in the words and other cultural practices of each new setting into which it spreads. The theology of this is important: it means that for Christians the Holy Spirit is seen to be involved in the process of communication, that new meanings can emerge, and that the growing diversity of expression and embodiment can be an enrichment rather than a threat to some original normative unity. As we have seen, the diverse testimony given in the four Gospels is another form of this thriving on variety and resistance to any single normative story or language.

Jesus the Jew in a Gentile Church

Jesus as a Jew has been one of the main areas of scholarly interest in recent decades. The first Christians were also Jews, their Bible was the Jewish scriptures, and they saw no contradiction between their Jewish identity and their faith in Jesus as the Messiah expected by Jews. It was exactly this Jewishness that necessitated a major decision in the early years of the church: ought non-Jews (called Gentiles) who become Christian also become Jewish by being circumcised and obeying other aspects of the Jewish law such as food regulations? It was a momentous turning-point when the Jerusalem church decided that Gentile Christians did not also have to fulfil the entry requirements to Judaism (Acts 10–11).

The admission of Gentiles meant a massive change in the make-up of the church, which soon become overwhelmingly Gentile. There was also tension and conflict with established Jewish communities. In this situation it was easy to eclipse, ignore, misunderstand, or distort the Jewishness of Jesus. Later when Christians became dominant, Jews remained as provocative 'others' who represented non-acceptance of the Gospel and were therefore very vulnerable to discrimination and persecution. The terrible history of anti-Semitism began, the soil in which eventually the Nazi attempt at genocide in the Shoah or Holocaust took root. This most traumatic of twentieth-century events has had a profound and increasing effect on both Jewish and Christian thought, not least of which has been the attempt to do better justice to the Jewish Jesus and to explore how the New Testament and the whole Christian tradition appear when read through Jewish eyes.

The Male Jesus

The twentieth century has seen unprecedented transformations in relations between men and women and in understandings of the significance of gender. This has not only been a matter of attempts to ensure equal rights, do away with discrimination, and address the pervasiveness of male dominance and patriarchalism. It has also affected some of the most powerful symbols and ways of imagining ourselves, going to the heart of each person's gendered identity. All cultures and religions, and the very languages in which the questions are discussed, have been subjected to critique. In this situation it has become theologically more significant than in the past that Jesus was male.

A huge literature has grown up in recent decades about women in the Bible, patriarchal religion, gender in relation to God, how Jesus related to women and other marginalized groups, women in the Christian tradition, and such questions as 'Can a male saviour save women?' For now the point to note is that gender has become prominent as a key feature of the particularity of Jesus. It has led to a new set of questions being asked and a fresh range of conflicting interpretations of him and his significance.

From the First to the Twentieth Century

The pace, extent, and multifaceted nature of the global transformations of recent centuries have already been discussed in Chapter 1. Modernity has created a huge gulf between the pre-modern and ourselves, so that it has become increasingly difficult to imagine how a first-century person can be deeply relevant to life today. The strangeness of this wandering Galilean Jew and the stories about him easily overshadow any sense of his significance for living in such a different world as ours. What are the theological responses to this apparent gulf, one term for which is the 'hermeneutical gap', indicating the difficulty in really

6. The Holy Family: Joseph, Mary, and Jesus. Painting on silk. Japan, 20th century

understanding and interpreting meaning between situations that are so different? More will be said about this in Chapter 8, but it is worth at least summarizing some of the main theological moves, each of which gives rise to a range of debates and conflicts.

First, there is the basic move of Christian faith that has already been noted: Jesus is not believed to be restricted to the first century but to be alive and communicating in diverse ways century after century. This has led to endless improvisations on New Testament pictures and to innovations which relate Jesus to new situations – think of images of a black Jesus, or interpretations of 'Jesus Christ incognito' in modern embodiments. Pelikan's list of images of Jesus is just a selection showing the potential for a faith which believes that its founder really is both the same person testified to in the New Testament and also is involved in ongoing relationships: Jesus the Rabbi, the turning-point of history, the light of the Gentiles, the King of Kings, the Cosmic Christ, the Son of Man, the true image, Christ crucified, the monk who rules the world, the bridegroom of the soul, the divine and human model, the universal man, the mirror of the eternal, the prince of peace, the teacher of common sense, the poet of the spirit, the liberator, the man who belongs to the world.

Second, Pelikan's brisk run through the centuries is a reminder that strictly speaking there is no 'gap': at every point in the past two thousand years there have been people attempting to interpret and follow Jesus. There have been other times and places before the twentieth century when it seemed as if gaps were opening up – between the Jewish and the Gentile Jesus, or the Catholic and Protestant Jesus – and each major cultural or civilizational transposition has raised similar issues: the moves to Celtic countries, to Germanic tribes, to India, to Japan, to China, to South America, to Africa and so on. Looked at in this perspective the impact of Western modernity has indeed been immense, but the issues it raises are not all unprecedented. Christianity is seen as a faith which continually reinterprets its founder in new settings and finds in those settings inspiration for new ways of portraying him. So the Shoah and the twentieth century gender revolution provoke hugely influential ways of interpreting Jesus as Jewish and male, but these portraits are always in dialogue with others produced over the centuries.

Third, the argument for massive discontinuity between the premodern and modern is, as Chapter 1 suggested, sounding less persuasive at the turn of the second millennium. The modern superiority complex with regard to all that preceded it is less in evidence, and there is the possibility of less prejudice against premodern voices and more attentiveness to them. At a common-sense level, the continuities are obvious in much to do with life, death, human desires and behaviour, physicality, and influences of genes, education, family, politics, and other elements of context. Of course all these are partly 'social constructions' but there is in principle no greater difficulty in relating to a first-century person than there is in relating to those in different parts of the world or even of one society today.

Finally, we return to the five types first discussed in Chapter 2 and raised again earlier in this chapter. In their focus on Jesus they are basically concerned with how he relates to current worldviews and frameworks of understanding. The chief lesson they teach about the hermeneutical gap is that the difficulty is only partly about the possibility of a first-century person being relevant today: clearly Jesus is relevant in many ways to hundreds of millions of people. Rather, the main decision is theological: what role does this person play in relation to a particular worldview and way of life? That will always be the most controversial – and unavoidably theological – question about Jesus.

Chapter 7

Salvation – Its Scope and Intensity

The root meaning of the word salvation is health. That has an appropriate range of reference, since health can be physical, social, political, economic, environmental, mental, spiritual, and moral. None of those dimensions is irrelevant to what the major religious traditions understand as salvation. They are concerned with the whole of life in its largest context and, within that, with human flourishing in particular. There are many different key terms for this besides salvation – redemption, union with the divine, freedom or liberation, enlightenment, peace, bliss, and so on. I will use the term salvation since its root meaning of health has the advantage that it applies more broadly than most.

Because of its many dimensions, salvation is a topic where most key theological issues can be seen to converge, and so it is a good place to culminate our series of theological explorations. But just because of all those dimensions it is also especially hard to handle. It is self-involving, God-involving, and world-involving all at once, and most traditions teach that really understanding salvation requires undergoing personal transformation. We have met this dilemma in earlier chapters, but here it is perhaps most acute.

The study of religions can be very helpful here if it gives some notion of what salvation actually means within particular traditions.

Phenomenological descriptions, which try to bracket out the observer's commitments and enter into the significance of salvation in Christianity, Buddhism, Islam, or some other tradition, can help to imagine and understand what it is like to have one's life shaped like that. So too can good social anthropology, which is produced by the anthropologist taking part, perhaps over decades, in the community being studied. These can be complemented by a range of other scholarly and scientific studies. But none of these can, singly or together, substitute for theological thought which enters into the key discussions of salvation within and between the traditions, and which pursues not only questions of meaning but also questions of truth, beauty, and practice (as outlined in Chapter 2 above). Good theology tries to do justice to all the studies mentioned, but it is constantly interrelating them across their own boundaries and exploring questions that none of them see as within their specialty.

In this chapter I want to explore the theology of salvation in two ways. First, I will follow this book's policy by exploring salvation primarily through Christianity. This will give the opportunity to introduce what is called 'systematic theology' and also to sketch some 'journeys of intensification'. Second, I will raise as a theological topic the question about many salvations according to many traditions.

Christian Salvation

It is a striking fact about Christianity that, in its mainstream forms, it has never officially defined one doctrine of salvation. It has lived with a diversity of approaches. The basic reason is twofold. On the one hand, it has recognized the complexity of human life and of the ways in which it can be damaged, perverted, healed, and renewed. On the other hand, it has appreciated the far richer complexity, freedom, and novelty of the activity of God.

In the Bible this double richness is expressed in a variety of ways, and these have been taken up and developed in different traditions of the church. The unsummarizable richness is increased by the strongly practical dimensions of salvation, which mean that it is constantly being adapted to different settings and cultures.

In addition there is the combination of the *scope* of salvation as a topic where most key theological issues converge, and the *intensity* of it. It is therefore extraordinarily difficult to do justice to salvation: when you have coolly surveyed the many issues and their implications you are likely to feel that the intensity has been lost; when the intensity is entered into there is likely to be a loss of perspective, and other intensities seem to be downgraded. It is a helpful introductory exercise to follow what is involved in each way, on the one hand that of systematic overview and interconnection, and on the other hand that of the lived, concentrated intensity of the particular. The next two sections will attempt this.

A Theological Ecology of Salvation

It is a commonplace in theology that any major topic will involve most others. It therefore becomes a habit for a theologian handling any one issue to ask as a matter of course how that relates to the whole range of doctrines. It is like a finely balanced ecology: a major change in one niche is likely to have effects throughout. Previous chapters have illustrated this already, but salvation above all calls for this approach. Each doctrine is relevant to it, so it is the best topic through which to be introduced to the interconnection of doctrines in what is variously called systematic theology, dogmatic theology, doctrinal theology, or constructive theology. I will not attempt to develop any of the doctrines, and it will be a very sketchy and compressed account, but just raising the questions will show how they interrelate.

'God saves' is the basic Christian statement about salvation. The character and initiative of God are central to the idea of salvation.

Theological discussion about God is therefore always pivotal for salvation. The main issue is the one that dominated Chapter 3 above: is God Trinitarian? If God is different from that, then salvation is also different from what most Christians have supposed. This is bound up with the significance of the person of Jesus Christ, as discussed in the previous chapter, and the ways in which God is intimately involved in response to God through the Holy Spirit, and the relation of divine to human freedom, as discussed in Chapters 4 and 5. One of the most controversial issues over the centuries has been about what is called 'predestination'. For theologians such as Augustine, Aquinas, and Calvin it was inconceivable that an all-powerful, foreknowing God should not determine in advance who is ultimately saved and who is not. For many others it is not compatible with the character of God revealed in Jesus Christ that some should be predestined to damnation: there must be the possibility of genuinely free human acceptance or rejection of God. For yet others, God's 'salvific will' is for the salvation of all people and the whole of creation, and it is inconceivable that anyone should ultimately reject a God who is so patient and loving – this leads them to a doctrine of 'universal salvation'. The whole argument pivots around how God is understood.

A second basic doctrine is that of creation. If creation is by God and is good, then a doctrine of salvation needs to do justice to the whole human person, including physicality, sexuality, and creativity. It makes a great difference how personhood is described – for example, how the 'image of God' in human beings is interpreted, and how the human will is related to intellect, desire, and imagination. Thought about salvation also needs to take account of the whole natural world and the cosmos, the knowledge of it in the sciences, and aesthetic appreciation of it. Creation is also closely related to the doctrine of providence – how God is conceived to be involved in ongoing ways with creation, so that the 'God who saves' is discerned in evolution and in human history, including the 'secondary creation' produced by human beings in cultures, cities, technologies, and other transformations of nature.

This in turn leads into the question of evil dealt with by the previous chapter. All doctrines of salvation have to offer some account of evil and how it is dealt with, and this is traditionally given under the headings of the doctrines of providence and of sin. Some of the key questions that arise include: Is death or sin the main evil for humans? How far is sin to be seen as a human responsibility? What about 'original sin', seen as a state into which all people are born? What about 'structural sin' or those other suprapersonal or impersonal dynamics of evil which devastate individuals and groups? Clearly the answers to such questions help to shape any account of salvation.

But it is also important to see how understandings of evil and sin are shaped by doctrines of salvation. There has been a strong insistence in much twentieth-century theology on the dangers of accounts of salvation which are too 'problem-oriented', their content dictated too much by independent accounts of evil and sin. The alternative is to tie the description of evil and sin very closely to positive doctrines. So, for example, the criterion for human beings gone bad is held to be Jesus Christ, who is understood as the good human being fully 'in the image of God'; or it is argued that only in the light of faith, hope, and love can one really understand despair, failure to trust, and the closing of hearts to God and other people.

We have already in this section had to mention more that once the next crucial doctrine, about Jesus Christ, since he is part of discussions of God, creation, and evil. The classical christological debates summarized in Chapter 6 were as much about salvation as about the nature of God and the person of Christ. 'Jesus is Saviour' was assumed throughout, so the debate about him was always inseparable from the theology of salvation. Where is the main emphasis to lie – on his example, or his teaching, or his death, or his resurrection, or his giving the Holy Spirit, or his union with his Father and the Holy Spirit? Mainstream Christian theology has wanted to affirm all of those, but there have been huge swings of emphasis. The main focus, especially in Western Christianity, has been on the death of Jesus, seen as 'atoning', 'making satisfaction', 'redemptive', 'substitutionary', 'sacrificial', in short 'salvific'. The crucifixion is the point of concentrated intensity which above all realizes what is most distinctive about Christian theology of salvation, and it will be taken up in the next section.

Next there is the corporate dimension of salvation. Jesus gathered twelve disciples symbolizing his own people Israel. The salvation he preached was essentially social, inseparable from the coming of the 'Kingdom of God'. That Kingdom was above all represented as a feast or a party, and Jesus's practice of table fellowship was an important part of his ministry. The covenant tradition of Israel – that agreement between God and Israel which was the distinctive mark of their community life – was adapted by the Christian church, and the early Christians understood themselves as members of the people of God. They never imagined salvation without this community dimension, and their literature is full of imagery for it, such as body of Christ, fellowship, household, temple, adoption and sonship, vine and branches, and city. To become a Christian was to be baptized – into union with Christ and, inseparably, into membership of the church. The most distinctive performance of this identity was celebration of the Lord's Supper or eucharist, and that came to embody the key elements of salvation: worship of God in Trinitarian form; the activity of the word of God through the Bible, preaching, and teaching; confession of sin and forgiveness; interceding for each other and the world; affirming faith in a creed; being in communion with Jesus Christ and each other; orientation towards service and mission in the world; expectation of the Kingdom of God; and the need for appropriate leadership and organizational structures to facilitate all that. This means that ecclesiology, the branch of theology dealing with the church, is also intrinsic to a Christian account of salvation.

Within the church the living of salvation in individual lives requires other aspects of doctrine, often summarized under the headings of the three

7. *The Resurrection: Port Glasgow*, 1947–50, by Sir Stanley Spencer

'theological virtues' of faith, hope, and love. They lead into ethical teaching and decision-making in order to work out the implications of salvation for ordinary living, thus opening up another large area of doctrine. Marriage and family, politics, economics, law, education, and medicine are all inseparable from ethical issues, so inevitably questions in those areas have also to be answered. There are also many other matters requiring thought about how life is to be shaped – to do with feasting, fasting, helping the poor, disciplines of prayer, use of leisure, and individual vocation and gifts. So the implications of salvation continue to ramify.

Finally, there is the future. The technical term for this doctrine is eschatology, teaching about 'the last things', and it is obviously part of the conception of salvation. How is the Kingdom of God (or Kingdom of Heaven) to be understood? Is it to be understood as coming in ordinary history or in some 'other world' after death? What is the Christian hope beyond death? What about judgement by God? What about heaven and hell? Most early Christians seem to have expected a dramatic consummation of history very soon, but there were also early moves to shift the emphasis from dates and times onto the person of Jesus Christ as the one who was seen as the 'alpha and omega', the clue to the beginning and the end of history. The basic question is not when the consummation will be but who will be the consummator. So once again he is seen at the heart of Christian theology of salvation.

This condensed survey of the interrelation of salvation with all areas of doctrine has been a necessary exercise, but also a low-key one. Now it is time to try to evoke salvation's intensity.

Journeys of Intensification

The phrase 'a journey of intensification' (coined by the American theologian David Tracy) conjures up what is found again and again in Christian thought about salvation. Salvation is primarily about coping with what Chapter 1 called multiple overwhelmings – by God, life, death, sin, evil, goodness, people, responsibilities, and more. In this field of force, thought needs intensity and gripping power. It can use overviews, integrating concepts and systematic interrelations, but it has a more basic need of images, metaphors, and symbols which can shape thinking, imagining, desiring, feeling, and action together. Here theology can only come poor second to liturgy, poetry, story, music, and architecture. Yet theological thought has its own forms of inspired intensity in theory, analysis, commentary, and argument. It can happen that one metaphor or image can grip a theology of salvation in such a way that it is enabled to travel a journey of intensification leading to depths and heights which otherwise might never have been explored.

The crucifixion of Jesus, the climax of the Gospel story, has been the central intensity of Christian salvation. Each of the Gospel writers shows its significance in different ways; Mark, the shortest and earliest account, devotes the largest portion of his story to it and the events leading up to it. The resurrection was clearly understood not as reversing or superseding the crucifixion but as intensifying its significance.

What was that significance? The basic strategy in the Gospels is to tell the story and not weigh that down with too much overt interpretation. The ongoing Christian strategy in line with the Gospels has been to re-enact the story in baptism and eucharist. In baptism, the one-off ritual of initiation, the imagery of submersion in water signifies identification with the death of Jesus (who was said to have compared his own anticipated death to a baptism) and the candidate is marked with the sign of the cross. In the eucharist, there is a retelling of the story of Jesus's Last Supper leading up to his death, and the shared bread and wine are identified with his body which was crucified and his blood which was shed. These interconnected, very early elements of a story and two rituals are at the centre of an array of imagery with which early and later Christians tried to do justice to the event, which they found incomparably mysterious, moving, and significant.

It is as if the range of significance of the crucifixion was to be indicated by drawing on every sphere of reality to represent it. From nature there were the basic symbols of darkness and of seeds dying in the ground. From the religious cult there were sacrifice and the Temple. From history there were the Exodus and the Exile. From the lawcourt there were judgement, punishment, and justification. From military life there were ransom, victory, and triumph. From ordinary life there were market-place metaphors of purchases and exchanges, household images of union in marriage, obedience, parent-child relationships and the redemption of slaves, landlords whose sons are killed by tenants, medical images of healing and saving, and the picture of a friend laying down his life. Not all of those had equal weight, and some had far more capacity for becoming leading images around which others could be organized.

One of the earliest and most profound journeys of intensification was made by the writer of the Letter to the Hebrews in the New Testament. He or she improvised on the imagery associated with the Temple cult, and especially on Jesus as a High Priest whose sacrifice is himself. This image of Jesus's self-sacrifice occurs elsewhere in the New Testament and some argue for it being the most fundamental of all ways of imagining the death of Jesus. It has continued powerfully down the centuries, often reinforced by accompanying sacrificial understandings of the eucharist and Christian priesthood. It concentrates in itself some potent elements: the sacrificial worship of the Temple cult and the covenant relationship with God which was represented by it; the convergence in sacrifice of God-givenness and costly, obedient response; the physicality of body and blood, together with the violence of killing; the multifaceted meaning of actual sacrifice, which embraced praising and thanking God, celebrating God's blessings and gifts, sealing relationship with God, atonement for sin, intercession and petition; and a host of metaphorical applications of sacrifice to self-giving, good deeds, fasting, thanksgiving, and acts of mercy.

In recent centuries Western modernity has often despised sacrifice as primitive and has rejected sacrificial imagery as outmoded, but the critiques of modernity have been accompanied by bids to rehabilitate sacrifice. Some anthropologists, for example, have suggested that the dynamics of sacrifice (and related practices such as gift-giving and scapegoating) are fundamental to most societies and many essential relationships. It is also striking how many of the other images can be embraced within this one – laying down life for a friend, redemption, reconciliation, exchanges, obedience, healing alienation, and judgement.

There have been three other main journeys of intensification focused on the death of Jesus in Western Christianity over the centuries. One is the military symbolism of victory over sin, death, and the devil, which was so popular in the early centuries and again during the Reformation. Like actual war, it has great power to mobilize energies, drawing all areas of life into serving the cause, giving the clarity of identified enemies and the confidence of being on the winning side. Like all the journeys it has its characteristic pitfalls: it is tempted by triumphalism; and it can take mythological pictures of spiritual warfare too literally, so that the demonic enemy is seen everywhere and accorded too much importance.

A second is the 'satisfaction theory' of atonement produced by Anselm of Canterbury (1033–1109), which dominated the next half-millennium and remained influential far longer. It was worked out when the feudal system was being established as the dominant political, economic, and social structure of Medieval Europe. It correlated well with the dynamics of allegiance and honour within a feudal hierarchy, seeing the death of Jesus meeting, as only someone both divine and human could, the disorder and dishonour to God caused by the disobedience of sin. Here the basic imagery powerfully unites the political, economic, and social with the individual's responsibility to honour and obey, and the freely obedient death of Jesus is the pivotal event allowing the whole system to be restored, with right obedience and worship of God at its centre.

A third way was at the heart of the sixteenth-century Reformation imagination: the reality of justification before God, an image taken from the lawcourt. Martin Luther had a strongly cross-centred theology, God being utterly identified with the crucified Jesus who takes the place of those who deserve condemnation before God. Faith in this God is both a receiving of forgiveness and a healing that makes the believer righteous, able to stand confidently before God without being condemned. It is a doctrine of freedom through faith, and it liberated immense energies. Perhaps never before had a major Christian movement focused so single-mindedly its conception of salvation on one article as did the Lutherans with 'justification by faith alone'. Other Protestant teachers and churches spoke differently of its implications, but justification by faith remained the characteristic journey of intensification.

What happens on these 'journeys' and the many others that can be traced? None of them is content with coolly examining the range of options, followed by attempting to gather the best from each. There is something about salvation that resists such an even-handed approach. If one sees it as a way of life rather than an intellectual exercise, then it seems that the heights and depths are only discovered by risking intense involvement in one of them. One cannot travel more than one journey, and one's intellectual outlook is, like all other aspects of life, shaped by the travelling. Yet theology has to study and discuss all of them, and might be seen as a place where those who travel different journeys can meet, be hospitable, argue and even at times persuade each other to alter their route, welcome new companions and redraw their maps.

What about today's journeys of intensification? All the previous ones are still being travelled, and there is the repeated phenomenon of the rediscovery or reopening of ways that have fallen into disuse or been followed by churches or groups that are not fashionable or well known to others. Perhaps the two most striking such phenomena in the twentieth century have been the extraordinary growth of the Pentecostal and Charismatic movements and the present renewal and expansion of many Orthodox Churches in former communist countries and elsewhere. Pentecostalism's intensification has been through the Holy Spirit and the explosion of Spirit-inspired faith, charismatic gifts, worship, mission, community-building, and martyrdoms that have marked its unparallelled growth to over 300 million people. The Orthodox Church's central, concentrated image of salvation is its liturgy, celebrated through the feasts, fasts, and ordinary days of its Church Year. Within that complex symbol, the key image of salvation is of 'deification', the transfiguration of humanity through marriage-like union with God. It is not primarily 'crucifixion-intensive' as are most Western journeys. The death of Jesus is deeply significant, but is constantly set (not least through icons) in the perspective of the incarnation and the Trinity, the two doctrines most concerned with union and appropriate differentiation between God and humanity.

What of new twentieth-century journeys? There is one obvious candidate: the array of theologies which in various ways take 'liberation' as their watchword. Their leading image has been the political-religious one of the Exodus when Israel was freed from slavery and oppression in Egypt. As time has gone on there has often been a complementary emphasis on the less triumphalist image of Israel's Exile. The first such theologies were produced by Latin Americans, applying the Gospel and an analysis of injustice and oppression to their own societies. The result was theology from the standpoint of and on behalf of the victims of unjust regimes and structures. It speaks of God seen in the poor of history, calling to solidarity with the poor in their resistance to oppression, and giving priority to 'praxis' which aims to change the situation, in particular through joint action in grass-roots communities.

Latin American liberation theology has been paralleled, with the same stress on solidarity with victims and on radical praxis, by the theologies of other marginalized and oppressed groups, such as blacks in USA and South Africa, 'Dalits' in India, Native Americans in USA and Canada, Maoris in New Zealand, and women all over the world. Of those, feminist theologies have perhaps been the most pervasive, and have developed in many directions other than the 'liberation' model.

One final contemporary salvific intensity is worth noting, though it is harder to summarize or identify with a movement. Some types of feminist theology exemplify it well, since they want to remain true to the 'liberation' emphasis but to go deeper into issues of personal transformation. Psychology, psychotherapy, psychoanalysis, the arts, and long traditions of spirituality are drawn on to ask about the shaping of persons in relationship. It may be that variations on this approach are more pervasive than any other at present among middle-class Christians in the West.

Thought amidst Multiple Intensities

I have described what I regard as two necessary movements in relation to Christian theologies of salvation, attempting both to think as systematically as possible and also to do justice to the existential intensity of each journey. How to hold the two together? There is no formula for it, and indeed part of the distinctiveness of the different journeys is that they prefer different ways of doing this. Alien forms of analysing and systematizing will be rejected, and the way in which I have summarized theologies of salvation would not please many. Yet I suspect that it is rare for those who travel one journey to find that they fail to learn from a serious engagement both with the journeys of others and also with sensitive attempts to understand them as systematically as possible. Theology flourishes best when this learning is part of its agenda, and ideally the result is a fresh intensity of thought such as the major thinkers of all traditions embody. The final section of this chapter will now extend this principle beyond Christianity to other ways of salvation.

Many Salvations

I have described salvation within Christianity so as to show the impossibility of any agreed overview. The obvious conclusion when one moves beyond Christianity and considers other ways of salvation (or whatever comparable term is used) is that that impossibility is compounded. Yet, as with theologies of salvation within Christianity, that does not mean that trying to understand systematically is pointless – only that it is very difficult and must always be informed, disrupted and kept suitably modest by engagement with the multiple intensities of lived salvation.

I will trace the ideal that emerges, in line with the previous section, for what is required to have worthwhile theological engagement about salvation in Christianity and, for example, Buddhism. The basic requirement is for dialogue partners who can do some justice not only to the range of overviews and existential intensities in Christianity but also those in Buddhism. It is very hard to imagine dialogue partners who have equal ability in both sets of traditions, so usually there is required a good deal of mutual education. In this and the previous chapters I have outlined the beginnings of what is involved in being competent in Christian theology. It has proved at least as complex as a language and associated culture, and that is why I have been reluctant to attempt an introduction to more than one tradition's theology at the same time. This reluctance will, I hope, be confirmed by looking in the next few paragraphs at what a minimal competence on the Buddhist side might entail, with a running commentary remarking on the difficulties of comparison with Christianity.

Salvation in Buddhism and Christianity: Four Requirements for the Comparative Theological Task

I take as a guide Damien Keown's excellent contribution to the series of which the present book is a part, *Buddhism. A Very Short Introduction*. He opens by showing the great difficulties even students of Buddhism have had in describing and categorizing it. He stresses its inner pluralism in terms of periods, places, traditions, schools, and sects, and shows how it eludes many categories such as 'religion', 'philosophy', 'way of life', 'code of ethics'. In comparison with Christianity even the notion of 'God' or 'the divine' is not much help, since Buddhism is not theistic in a Christian sense. Similar difficulties are met by all the Christian doctrines through which the overview of Christian theology of salvation was presented above: creation, providence, sin, Jesus Christ, church, eschatology. There may be some apparent points of contact, but it is soon clear that they are often deceptive: Jesus Christ plays a very different role in Christianity to that of the Buddha in Buddhism; worship, prayer, and meditation are very hard to compare in both since their meanings and practices are so different; the diagnosis of what is wrong with the world and human existence overlaps somewhat but also radically diverges; and the main texts and the traditions of their interpretation and application which shape the thinking of Buddhists are worlds away from the Bible and Christian theologies and philosophies (and many Buddhist texts are not translated into Western languages). That is not a counsel of despair, just a measure of the complexity of the task, which requires at least the sorts of skills and long-term commitment needed to master a language and culture.

In relation to salvation (Buddhists might speak of Nirvana, a term with no Christian parallel), the difficulties become most acute. First there is the framework of reality in which it makes sense – a conception of the cosmos as world-systems going through cycles of evolution and decline over billions of years within which there are six realms of rebirth, and movement between these on the basis of one's karma – the good or bad one has done. Next there are the Four Noble Truths – of suffering, arising, cessation, and the Eightfold Path (right view, resolve, speech, action, livelihood, effort, mindfulness, and meditation). The requirement of meditation is perhaps the point at which the possibilities of external comparison are hardest to imagine. A classic pattern is one of progress through eight levels of meditative state or trance (jhana), which the Buddha supplemented with another form of 'insight meditation' (vipassana). Here we have a pattern of personal transformation (which even brings the reality of the self into question) about which it is hard to say anything worthwhile without going through it. It is a 'journey of intensification' culminating in an enlightenment which is beyond what the words of those who have not attained it can make sense of.

It is of course tempting to take the strong ethical side of Buddhism and concentrate on that as the accessible core. But that is as untrue to the main forms of Buddhism as moves to concentrate on Christian ethics without God are to Christianity. There can be no short cuts in relation to either tradition. Each is a complex ecology, sustained in part by long

8. *Arapachana Manjushri*, from *The Tibetan Art Calendar* 1990

traditions of interpreting difficult texts, and maintaining practices which transform those who participate in them. Each embraces a family of 'journeys of intensification' and various related ways of describing themselves.

What is the ideal form of theological engagement between them?

The first requirement has already been stated: dialogue partners who can do some justice to the range of overviews and intensities in both Christianity and Buddhism.

The second requirement is for each to work out a theological ethic of engagement which springs from the heart of their own tradition. There will be Buddhist reasons for engaging in dialogue and Christian reasons for engaging in dialogue, and they need not be the same. Likewise there will be Buddhist and Christian ways of regarding others beyond their own tradition, and Buddhist and Christian topics for the agenda and ways of tackling them.

The third requirement is to be hospitable to contributors beyond Christianity and Buddhism. In theology and religious studies it is a very sensitive matter to learn how to embrace in the field those who are participants in the traditions being studied and those who are not. The effort has been bedevilled by claims to superiority. The participants can claim insider knowledge, and as regards salvation this can include, for example, the perception of reality that comes after decades of practising Buddhist ethics and meditation. The 'outsiders' can claim to be less biased or more neutral and 'objective'. Perhaps the best way of approaching the dilemma is to see that there is really no category of 'outsider' as regards the fundamental shaping of life which is the concern of salvation. Everyone is in fact living according to certain ethical standards and perceiving reality in particular ways. Therefore the problem as regards those beyond Buddhism and Christianity is similar to that between Buddhists and Christians: all are insiders to their own way of living. The only ones who are excluded from theological debate about different ways of salvation are those who exclude themselves by claiming that they have nothing to learn from others or teach others.

The fourth requirement is to do it: to risk engaging in multilateral conversation, in practical collaboration and in other forms of learning across boundaries, and see where this leads. This is worthwhile even if the other three requirements are only very inadequately fulfilled. One of the hopeful signs of our times, in the midst of a great deal of bad news about relations between the religions, is how many people, communities, and institutions are taking this risk. The above requirements are distilled from taking part in small ways in some of these developments, and from the growing literature that gives a glimpse of what is going on.

What emerges is as far as possible from what some people want from comparative theology: a consumer's guide to ways of salvation, assessing them according to specific criteria. That is the sort of dominating, superior overview which violates the integrity of each participant. The alternative to it is for each to follow the second requirement, working out an ethic of engagement which does not project one's own categories on others, and does not co-opt others or otherwise violate them. When that happens the results, as in any genuine exercise of mutual hospitality, are unpredictable to all sides: it is, in a little way, creating the next stage of the millennia-long history of ways of salvation in interaction with each other.

What does the field of theology and religious studies have to contribute to the study of and hospitality between ways of salvation? I have described the field as having responsibilities towards the academy, the religious communities, and society, and those demands are perhaps most overwhelming in the area of salvation as described in this chapter. Both the scope of salvation and its multiple intensities invite and even press for academic engagement with urgent questions of truth, beauty, and practice in the contemporary world as well as with the study of religious meaning and phenomena through a range of disciplines. Likewise, the scope, intensities, and urgencies press each particular tradition into deeper engagement with others. So the rationale for the shaping of the field as outlined in Chapter 2 above is strengthened by the implications of what has been described in this chapter under the heading of salvation. And a responsible cultivation of this field can in its own way share in the healing of our world.

Part III
Skills, Disciplines, and Methods

Chapter 8
Through the Past to the Present: Texts and History

What skills and ways of thinking are helpful if you are wanting to do theology well? The previous two sections have mapped the field and then explored it a little. The aim in the exploration has been to give a taste of the sort of thinking that theologians do. But what feeds that thinking? If you are entering this field for the first time, where do you begin?

This section suggests what the beginner in theology needs to learn. This chapter looks at skills to do with two closely related matters: reading, interpreting, and applying texts; and gaining access to the past by studying history. The next chapter asks about the sorts of understanding, knowing, and deciding that go on in theology and how a beginner might become competent in them. These two chapters are also closely related, because a considerable part of theological understanding, knowing, and deciding is to do with texts and history.

Texts in Theology

A 'text' is a collection of written words. It can be a sentence, a poem, a book, a letter, a liturgy, a laundry list. Texts can have immense power for good and evil, playing crucial roles in the formation of communities, situations, and individual lives. The urgency of trying to learn how to handle theological texts as well as possible is underlined by the terrible uses to which they are put. John Bowker makes this point in relation to one common form of misinterpretation of scripture, which takes a text (in the sense of a verse or sentence) out of its historical and literary context and treats it as if its words contain an absolute truth to which time or circumstances or people are irrelevant:

> The consequences of treating scripture as though history and personality made no difference to the words and content of scripture have been, in Christian history, horrendous. By lifting a text from its context and treating it as a timeless truth, Christians claimed scriptural warrant for their murder of Jews (Matthew 27:25); by lifting a text, Christians found warrant for burning women whom they regarded as witches (Exodus 22:18); by lifting a text, Christians justified slavery and apartheid (Genesis 9:25); by lifting a text, Christians found justification for executing homosexuals (Leviticus 20:13); by lifting a text (Genesis 3:16), Christians found warrant for the subordination of women to men, so that they came to be regarded as 'a sort of infant', incapable of taking charge of their own bodies, finances or lives. (John Bowker, *A Year to Live*.)

In the face of those examples, and of others which tell of texts opening up truths that transform life for the better, how does the beginner approach a theological text?

The Company Words Keep

I am assuming that if you are a beginner theologian you have already learnt to read in your native language. If so, then the good news is that many of the basic principles are just a matter of making clear what you already know by common sense. The most basic principle of all is that, as Nicholas Lash says, words usually get their meaning 'from the company they keep'. (Nicholas Lash, *Believing Three Ways in One God*, 12.) For a great many words this is obvious – what is the meaning of 'he' or 'to' or 'of' without any further hints? The word 'on' will have a

9. The Codex Sinaiticus of the Greek Bible (here the beginning of John's Gospel is shown), written in uncial script on vellum, four columns to a page, probably in Egypt in the late fourth century. Discovered in the Monastery of St Catherine on Mount Sinai 1844–59

different meaning according to whether it keeps English or French company. 'Creation' will have a different meaning if it is used in theology or under the picture of a new hat. Usually you need at least a sentence to have a unit of worthwhile meaning. But the sentence can mean very different things according to the sense of the paragraph it is in, and likewise the paragraph in the context of a chapter, and the chapter in a book.

At the level of the book, you will understand it very differently if you think it is a novel and not a work of biography or history. This is what is known as the question of its 'genre', and in theology there have been massive arguments about whether, for example, the opening chapters of Genesis are history, scientific statement, liturgy, myth, saga, or something else. A book too can keep various types of company – volume of a series, a response to another book, or part of the Bible. Inclusion in the Bible, or the 'canon of scripture', has affected the way every book in it is read. This is obvious in the case of the Song of Songs (or Song of Solomon), which is a marvellous love poem, but would never have been included if it had not been read by Jews and later by Christians as also referring to God's relationship with his people and with the hearts and souls of believers. Canonical company is also crucial for the relation of what Christians call the Old and New Testaments – how are they to be used to interpret each other? We have already discussed (in Chapter 6) how the fact that there are four different Gospels in the New Testament influences how each of them is understood.

The books in the canon of scripture (fixing the canon was, for both Jews and Christians, a long process involving many disputes, and the issues are continually being reopened) themselves are understood differently as they keep different company. They play various roles in worship – it matters a great deal which readings are associated with which special days and services, or which biblical images of God are taken up in hymns. Traditions of interpretation grow up and develop their own principles – one of the most persistent has been to find different 'levels' or 'senses' in the text. For example, Israel coming out of Egypt can be taken literally as referring to the saving historical event of the Exodus; and it can be taken allegorically to refer to other saving events (above all, for Christians, salvation through Jesus); and it can be referred forwards to the eventual consummation of salvation in heaven or the Kingdom of God; and it can be seen as a moral image representing the transition from sin to virtue.

New movements also arise which emphasize particular books,

teachings, or practices and use them to interpret everything else in the Bible. The last chapter mentioned the huge influence of the Reformation's focus on Paul's idea of 'justification by faith', and also the Pentecostal emphasis on the role of the Holy Spirit. Likewise, major events lead to new readings – statements about 'the Jews' have new resonances after the Holocaust.

So the ramifications of biblical interpretation continue without end, and the company which words such as 'creation' or 'God' keep is limitless. It is important to try to decide what the words meant in a particular sentence or book at a particular time, but it is impossible to draw boundaries around their further meanings. There is what the philosopher Paul Ricoeur has called an 'excess' or 'superabundance' of meaning in classic texts which overflows their original context, and so there can be an endless series of fresh interpretations and commentaries. The scriptures have been continually applied in new situations century after century, and their significance has never been restricted to contexts which exactly parallel the ones for which they were written.

The commentary is the basic essential tool for the beginner in tackling a major text. In relation to a biblical book, a good commentary will introduce readers to the book's context in its own time and in the long history of its interpretation. In my terms, the commentary traces as sensitively as possible the company that the book and its component words keep. It brings into play many disciplines in order to do this: studies of Greek or Hebrew, comparisons with other Ancient Near Eastern or Hellenistic literature, archaeological results, historical studies, and so on.

That involves much complex scholarship, but the basic point is clear: the beginner who studies a text with a good commentary is learning the skills of discovering meaning by making significant connections between words, sentences, paragraphs, chapters, books, genres, contexts, traditions of interpretation, and theologies. These are skills that can go on being sharpened over a lifetime, and the only way to acquire them is by learning from those who have learnt them and then practising them for yourself. The sadness is that so many commentaries draw very restrictive limits around what they define as the meaning of the text: its 'excess' is not even sought. This gives commentaries and textual interpretation a bad name. But occasionally one finds a gem, a commentary which combines superb scholarship and rich appreciation of where the text can lead. It deals not only with what is behind the text and in the text but also what is in front of it, ahead of it, so that engagement with it can generate fresh meaning. Best of all, it might take an author's passion for God seriously enough to let God's involvement with the text become the guiding, transformative key to its meaning. I vividly remember the riveted fascination, exhilaration, and challenge that I experienced when I first read Ernst Käsemann's great commentary on the Letter to the Romans.

Must You Read it in the Original Language?

I have slid over a crucial question for any beginner: are you going to read the Bible and other sources in their original languages? It is worth facing this early on, because learning a language well is a long process and requires plenty of motivation and determination. If one looks at university courses in theology and religious studies in various parts of the world, there has been some movement away from requiring that every student learn at least one scriptural language, such as Arabic, Greek, Hebrew, Pali, or Sanskrit. The importance of each language in relation to its own tradition varies, and for Muslims, for example, it is inconceivable that anyone could claim to be teaching the Koran without knowing Arabic. But among Christians there have been long periods of history in many parts of the world when few if any in the community have known Greek or Hebrew, and today many Christian ministerial training courses also do not require learning either language. In many university academic courses, the tendency has been to require one or more languages from those concentrating on more advanced scriptural studies, and often this does not happen unless students go beyond their first degree.

There is, however, no doubt that the ideal in the study of Christianity is to learn Greek and Hebrew (at least – Latin and many other non-scriptural languages are also helpful), and there are universities and churches which insist on at least one and in some cases both. It is worth saying what can be gained by doing that before discussing how realistic an expectation it is. I will state the case in favour by referring to the experience of writing a book with a colleague on Paul's Second Letter to the Corinthians. (Frances Young and David F. Ford, *Meaning and Truth in 2 Corinthians*.)

We had decided to write on various aspects of the letter – its genre, purpose, relationship with the Septuagint (the Greek version of the Hebrew scriptures which Paul used), meaning (under various headings), historical background, social context, theology, and truth. It was fascinating how at every turn we found ourselves facing questions to do with translation. That led us to work together on our own translation, and in the course of doing so many of the major issues of the letter became clearer. The discipline of translation was in itself a creative engagement with the text. Trying to express in English what we understood the Greek to mean was a rich way of opening up its various dimensions and appreciating the problems of interpreting it. What were those problems?

First, usually a word in Greek does not convey the same sense as a word in English. So we had to play with possible translations, find out how the same Greek word was used elsewhere, and look at an expanding range of contexts in order to decide on the right English word or phrase. It was similar with the different structure and grammar of Greek in relation to English.

Second, we became more aware of the resonances in Paul's language that seemed connected to contexts and to ways of thought which had no obvious parallels in modern English. He used the 'ingroup' language of his network of young churches, he alluded to situations and disputes we could only guess at, and he had his own idiosyncrasies.

Third, close wrestling with the original text made it clearer how our understanding of it was shaped by generations of translations, interpretations, applications, and associations. Those had to be listened to and respected, and we could never forget them, but they also had as far as possible to be tested and confronted by renewed engagement with the Greek original. That engagement was in many ways liberating, and it helped to gain a new perspective on our own assumptions and conceptions of Paul's overall meaning. Time and again, key theological insights sprang from wrestling with translation.

At each point in the translation as we decided on English words, we were only too aware of the many alternatives which we were rejecting. Yet at least we still carried the knowledge of the alternatives, and our judgements about the meaning and truth of the text could be informed by what was not in our translation.

Based on such an experience, my conclusion is that the benefit of knowing Greek is basically twofold. First, it is one very important instance of what the previous section called knowing words by the company they keep. The Greek words of Paul kept company with other Greek words and with a whole linguistic and cultural world which spoke and wrote Greek. Second, when faced with a long tradition of often conflicting translations and interpretations, it is much more difficult to engage with them afresh and trust your own judgement about them if you cannot appeal to the original text.

Similar points could be made about Hebrew, with some additional benefits such as access to a vast treasury of Jewish scriptural interpretation, much of which relies on close knowledge of Hebrew.

So the ideal is clear: learn these languages as thoroughly as possible if you want to develop better theological understanding and judgement. But how essential is this?

The main dissenting argument goes as follows. It takes a long time and special skills to master ancient languages. Most people are not, in the time available, able to reach a standard which is high enough to make a difference to their habitual reading of scripture. This majority of students are better off using good commentaries written by competent specialists. They are then liberated to concentrate on other areas of the field as well and have a well-rounded education without a disproportionate amount of time being spent on learning languages. There are other tasks in theology which are as complex as learning and maintaining competence in scriptural languages, and no one can do all of them. Later, if they want to specialize in an area requiring the languages they can do so. So the conclusion is that the languages are essential but only for one specialty among many.

That is a respectable argument, none the less persuasive for being pragmatically based on a division of labour because of limited time and energy. Beginners do need to have some idea of what they are missing if they take the decision not to learn at least one scriptural language. But if they do decide for good reasons not to learn one, then there are many ways of compensating – by commentaries and other written aids, but above all by the live interpretation of a text in a group which includes fellow students who can read the original language.

A final point is that I have been concentrating on scriptural languages because it is about those that the most important decisions have to be taken by beginners. But the value of other languages is also clear, especially those which have been used most in the religious tradition being studied and in the scholarship about it. In the study of Christianity the most useful languages are probably Latin, English, German, and French.

Theological Hermeneutics

If you read a book for a second time you are often surprised at how different it seems. You may have a very different sense of how it hangs together, of its characters, which are the most significant events, its overall quality, and much else. What accounts for this? – After all, it is exactly the same book.

There are two sides to the answer to that question. First, the rereading shows that the book has a richness of meaning which can provoke new understandings and interpretations. Second, it shows that you have changed. Maybe you have been influenced by the first reading of the book itself so that you have a different perspective second time round. Maybe you have read a commentator on it, its author or its period and so have become aware of other people's interpretations of it in the past and today. Maybe, through developing new skills of interpretation or having a major life experience, you have changed in some way unrelated to the reading of the book but greatly affecting your receptivity to it. Or, if the book is in another language, you might have learnt the language and be able to compare the translation with the original.

Hermeneutics is the art and theory of interpretation. Its purpose is to relate the two aspects of understanding a text – the world of the text and the world of the reader – which are seen in that experience of rereading. As one of the best introductions to theological hermeneutics defines it, 'hermeneutics is concerned with examining the relationship between two realms, the realms of a text or a work of art on the one hand, and the people who wish to understand it on the other' (Werner G. Jeanrond, *Theological Hermeneutics: Development and Significance*, 1).

Each of those realms is complex, and their interaction multiplies the complexity.

Clearly hermeneutics embraces the skills that the earlier part of this chapter has examined: learning to understand meaning through words and the company they keep, drawing on a range of disciplines such as the study of languages (or philology), literary studies, history, archaeology, and so on. But that account did not try (except in the discussion of whether it is necessary to learn scriptural languages) to examine the dynamic interrelationship between the realm of the text and the realm of the reader. Yet there are obviously huge issues here. In the example of you rereading a book there was some limit on the complexity – one person was reading one book twice. But think of the further dimensions involved in the reception of many theological texts: widely diverse cultural settings that cross historical periods, economic and social systems, civilizations and religions; conflicts of interpretation that have deep historical roots, for which people have sometimes died, and which are maintained by powerful traditions of interpretation and education; and the many mental, psychological, and spiritual differences between various interpreters. It is no wonder that, as the awareness of the pervasiveness of this diversity has grown in recent centuries, so hermeneutics has become one of the great growth areas in theology, philosophy, history, literature, and all the human sciences.

In order to be well educated in theological hermeneutics in the Christian tradition alone (and it is important to remember that other religions have comparably complex hermeneutical traditions) you would need to move through its history. This would cover the contribution of the Hellenistic culture of the Roman Empire into which Christianity was born, where there was very sophisticated study of language, meaning, truth, and communication, and also the contribution of traditions of Jewish scriptural interpretation. These two strands, the Hellenistic and the Hebraic, have been the most profoundly formative of Christianity (and of the Western civilization to which it partly gave rise), and the way the Bible was written and has been interpreted makes a fascinating study of their interaction. Each stage of Christian history, each translation of the Bible and each cultural transposition of the church has had its contribution to make too, and there is a series of major figures whose interpretations have had special influence. This is by no means just a cumulative process – there is a good deal of forgetting and ignoring, and also massive conflict. Indeed, it is an illuminating exercise to look at contemporary biblical interpreters and see which periods and which major interpreters are most authoritative for them – some try to leap from the first to the twentieth century without reference to anything in between; others give special authority to the first five or six centuries of the church; others see the Middle Ages or the Reformation or the modern period as most worth learning from today.

The modern period has, perhaps in an unparalleled way, focused attention on the complexities of the interactions between readers and texts. This has produced a great deal of theoretical reflection on hermeneutics. The main European development began in the nineteenth century with a leading theologian, Friedrich Schleiermacher (1768–1834), and other key thinkers have included Wilhelm Dilthey (1833–1911), Martin Heidegger (1889–1976), Rudolf Bultmann (1884–1976), Hans-Georg Gadamer (b.1900), Paul Ricoeur (b.1913), and Jürgen Habermas (b.1929). But what out of all this is essential for the beginner theologian? The most important thing is to be alert to the key hermeneutical issues. If these are constantly kept alive then a combination of actually doing interpretation with these questions in mind, together with some reading in the theory, will slowly develop the skills required for doing the best theology.

What are those issues? I will summarize them in the form of guidelines as you face a text.

Guidelines for Interpreting Texts

1. Ask about the interrelation of every unit of meaning – word, sentence, and so on up to the whole corpus of literature of a period and its reception in later periods.
2. Ask about the genre of the text – was it intended as liturgy, parable, historical testimony, law, prophecy, hymn, letter, wisdom saying, prayer, or something else?
3. Ask about the author of the text. There is debate about how far understanding the author is relevant to understanding the text. At the very least, however, it is important to try to find out what the author intended to say, even if the meaning is not limited to the author's intention. Knowing something about the author, especially through other works, can be very helpful in discerning his or her intention.
4. Ask about the historical context of the text, which includes not only events behind it but also the conditions in which it was produced – how the society worked, its economic system, its cultural world, its social psychology, and so on. One of the great arts of scholarship is getting inside the 'common sense' of another period or culture.
5. Ask about the period between the text's production and now: what can be learnt from intervening interpretations, taking into account *their* contexts?
6. Ask about yourself. Try to be as honest as possible about what your own assumptions and presuppositions are. No one is neutral, everyone stands somewhere – where do you stand in relation to issues that might affect your interpretation of this text? What about your own context and its special concerns and biases? What is your 'interest' in this text? Why are you engaged with it?
7. Ask about the truth of the text. Some interpreters bracket this question out, but that is arbitrary: it is a legitimate question, and will be developed further in the next chapter. Above all, there is the question of the theological truth of the text. It is striking how many

interpreters of scripture can write volumes of commentary without ever exploring its theological truth.

8. Ask 'suspicious' questions – both of the text and of yourself. This should be part of all questioning that is alert to the vast variety of ways in which we can be mistaken and self-deceived. There has been great interest in what has been called the 'hermeneutics of suspicion', which tries to expose how texts and interpretations can be deceiving, distorting, and oppressive. The 'masters of suspicion' such as Marx, Nietzsche, Freud, and Foucault, carry on an Enlightenment tradition of radical doubt. It might be seen as an 'anti-tradition' which is concerned to liberate people from what they see as untrue, unhealthy, and oppressive traditions. Biblical interpretation has been deeply influenced by it, and, even if you end up turning the suspicion back on the masters of it and suspecting their suspicion, the questions have to be faced. One of the most influential theorists, Paul Ricoeur, sees a continuing tension between the hermeneutics of suspicion and the 'hermeneutics of retrieval' which is suspicious of the suspecters' radical rejection of traditions. He does not see it being possible to synthesize the two, and he gives priority to the hermeneutics of retrieval – yet he never forgets the radical questions of suspicion.
9. Ask about the imaginative and practical implications of the text. Texts can be transformative and can be relevant in a wide variety of ways. Unless you draw an arbitrary line around your reading of a rich text it will interact with your whole world of meaning, beauty, truth, and action. You will find that you do not just interpret the text: it questions and interprets you and your world. This is especially true of texts testifying to a God who wants to be in a transformative relationship with people through language and texts.

That may seem a tough set of demands, but in fact it is more like a checklist to make sure you are alert to the sorts of things that good interpreters did for centuries before modern hermeneutical theory.

It is also quite common to find that if your interest is, for example, mainly in what sort of God is testified to in particular texts, then some questions are not very relevant – the finer details of the geography referred to are unlikely to have a great effect on your conclusions. But there is another aspect to the apparent difficulty which leads directly into the tenth and final guideline.

10. Recognize your need for a community of interpreters. All the guidelines so far could be interpreted individualistically, as if one person could carry them all out. In fact the 'you' is plural. Language itself is inescapably social, and so is interpretation. Other interpreters are constantly with us through their textual or physical presence. You can of course be part of more than one community of interpretation – the most common combination among interpreters of the Christian Bible is of an academic community with a religious community, though many in the academy are also part of an 'anti-tradition' or a secular tradition. But whatever your allegiances, it is hard to imagine fruitful interpretation without membership in one or more communities of people whom you basically trust, however much you may differ in particular matters. The way into these communities is usually by apprenticeship to senior experienced interpreters in some educational setting, and an immense amount depends on the health and vigour of these traditions of apprenticeship.

So if you are seriously beginning theology there are few more important questions than: With whom will I study? Whom do I trust to introduce me to the best in this field? As with your parents, this by no means rules out dissent and rebellion – but for that to happen you need to have had parents in the first place. In the scholarly world, we have the added advantage and responsibility of having some say in choosing those who 'parent' us and those who become our closest 'brothers and sisters'.

History

If historical enquiry is defined very simply as the attempt to find out what was going on in the human past, then the first part of this chapter has already covered many of the skills needed to be a historian. This is because a great deal of the evidence for what happened in the human past is in textual form. So interpreting texts is an essential and major part of being a historian. History and hermeneutics use each other and overlap in complex ways. From the perspective of hermeneutics, history can be important in interpreting texts. From the standpoint of history, texts and their past interpretations are one aspect of what was going on in the past. How does the beginner get into the discipline of history?

Sources and Stories

The best answer is the one with which the previous section concluded: through apprenticeship to good historians. There is no substitute for the give and take, the arguments and demonstrations, and the examples of doing the job well that you can have among good historians. It is worth briefly sketching what is involved in that learning process.

It is important to recognize what 'academic' or 'critical' history is. All societies have had ways of remembering the past, whether orally or in writing. Individuals also are historians in so far as they remember, try to find out what was going on beyond their own experience, and tell stories that draw on the past. That might all be called 'pre-critical history' – which is not at all to downplay its importance. But critical history is different in various ways.

Critical history is a collaborative effort which aims at settling matters of fact and judging what was actually going on in a period. It is concerned first of all with sources. These include evidence from archaeology and other ways of studying material remains of the past, records made at the time and later, inscriptions, chronicles, diaries, literature, the arts, laws, newspapers, and so on – anything that testifies, however indirectly and without intending to, to what was happening and to its significance. Sources need to be understood in their context and their value as evidence for what was going on needs to be assessed. The process of critical evaluation of sources is crucial to critical history. Matters such as when a piece of evidence is dated are often vital for conclusions. In Chapter 6 an example was given in relation to Jesus: there are deep divisions about when some gospels outside the New Testament are to be dated, and the whole picture of the historical Jesus is affected by this decision on dating.

Critical evaluation of sources has to go with the attempt to make significant connections between the pieces of evidence so as to build up a reliable story. A historian's immersion in the period, so as to be at home in its 'common sense', greatly affects the quality of judgement here, as it does in evaluating sources. Likewise there are evaluations of the works of other historians who have tried to reconstruct the period or aspects of the period. Nor is the only possible connected account in terms of a story: there are statistics, and other approaches of the human sciences. But it is still generally agreed among historians, despite attacks on narrative history, that telling a story of what happened over time is the basic form of presenting historical results.

So the two vital matters for the beginner historian to become competent in are the critical evaluation of sources and the attempt to construct a reliable story of what was happening.

The Formation of Judgement and the Making of Decisions

In discussing history, the one example given from previous chapters was that of Jesus and the dating of the apocryphal gospels. There are of course endless other possible examples in Christianity and other faiths of specific factual judgements being important for theological discussions.

Some issues, however, are more complex and multifaceted. Look at Chapter 1's statements about the premodern, the modern, and the postmodern: they take for granted many factual historical judgements but go far beyond what is usually seen as the competence of specialist historians. Likewise, it requires a developed understanding of history in order to work within or between any of the five types of Christian theology discussed in Chapter 2. Chapter 3's story of the development of the Christian understanding of God as Trinity was also in part an exercise in history, as was Chapter 7's survey of approaches to salvation. In each case the student is in the present but is also trying intellectually and imaginatively to enter into the past, and huge issues are at stake in the judgements and decisions that are being made. These involve historical judgements and discernments which are closely tied up with theological, ethical, and other evaluations.

There are historians and others who would like to make a neat division between 'historical facts' and 'values'. The trouble is that values even enter into deciding what count as facts – there is a big leap involved in moving from 'raw data' to a judgement of fact. More important, one finds that the more complex and multilevelled the history is, and the more important the issues it raises for today, the less it is possible to sustain a fact-value division. But this by no means implies that there has simply to be a conflict of prejudices and biases, as the data are manipulated to suit one worldview or another. What it does mean is that, as in hermeneutics, the self of the historian is an important factor. The historian is shaped by experiences, contexts, norms, values, and beliefs. When dealing with history, especially the sort of history that is of most significance in theology, that shaping is bound to be relevant. As far as possible it needs to be articulated and open to discussion.

The best hermeneuts and the best historians are well aware of this. They are alert to many dimensions of bias and the endless (and therefore endlessly discussable) significance of their own horizons and presuppositions. A great deal can of course be learnt from those who do not share our presuppositions. Our capacity to make wise, well-supported judgements in matters of textual interpretation or historical fact and significance can only be formed over years of discussion with others, many of whom have very different horizons to our own. It is possible to have a 12-year-old chess champion or mathematical or musical genius, but it is unimaginable that the world's greatest expert on the historical Jesus could be that age. The difficulty is not just one of the time to assimilate information; it is also the time to mature judgement and come to decisions which only ring true (if ever!) after complex studies and discussions with others and with oneself.

This learning process is likely to change us in many ways. When part of the subject-matter is the involvement of God with language and history, it is unavoidable that, if we follow where the big questions lead, we will have to face questions about our theological horizon and presuppositions. Asking how we begin to cope with questions of understanding, knowledge, rationality, and wisdom which then arise leads into the next chapter.

Chapter 9
Experience, Knowledge, and Wisdom

What sorts of understanding and knowing go on in theology? That is the question for this chapter, and it has already surfaced in various forms. Chapter 3 on God paid special attention to it because the question about God's reality is of such fundamental theological importance. It became clear there and elsewhere that there is no one distinctive form of theological understanding and knowing. This is because theology asks very different types of questions. What sort of person was Jesus? What is the broadest horizon or framework within which to understand reality? How ought we to behave towards God, other people, and creation? How are our desires to be shaped? How is the Bible to be interpreted? How should different religious traditions relate to each other? What about evil? Answering those and other questions draws on contributions from many disciplines, arts, experiences, practices, and aspects of the human self. The last chapter explored what comes through texts, and how we go about understanding and knowing the past. A whole ecology of relevant factors was apparent there too.

Yet the image of an ecology also suggests that plurality and difference do not say all that is required. There are also inter-relationships, coinherence, communication, and forms of unity which need not deny or violate difference. So the last word in experiencing, understanding, and knowing is about the wisdom which is concerned for shaping life and making sense of it amidst diversity, fragmentation, and the fragility of beauty, truth, and goodness.

World, Self, and Language

One short summary of the key factors that emerged in the last chapter is: in understanding and knowing the meaning of a text or the reality of a past period, the 'known object' (the text and its world of meaning) is bound up with the 'knowing subject' (the self of the interpreter) and with the strange reality of language. In other words, the three crucial elements are world, self, and language, and they are in endless interplay.

The branch of philosophy that deals with the nature of knowing is called epistemology. In the past three centuries in the West there has been especially intense debate about epistemology, and deep differences about how world, self, and language should be understood in relation to each other.

In the triangular illustration below the main issues can be seen as they arise between the three angles – knowledge between self and world, meaning between self and language, and truth between language and world.

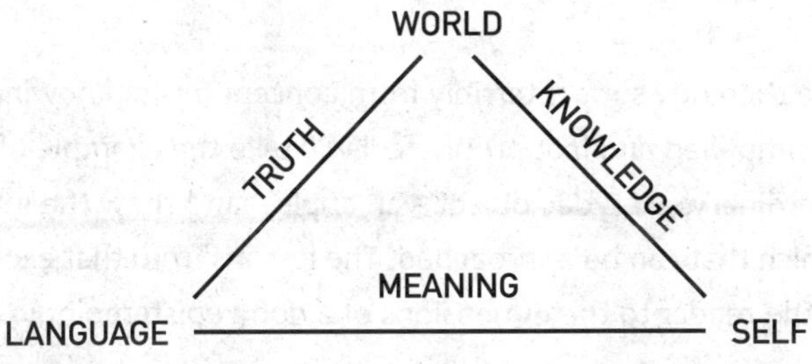

The main focus of Western epistemology from the sixteenth till the nineteenth centuries, associated with philosophers such as Francis Bacon (1561–1626), René Descartes (1596–1650), John Locke

(1632–1704), David Hume (1711–1776), Immanuel Kant (1724–1804), and G. W. F. Hegel (1770–1831), was on the relation of self and world. But in the nineteenth and especially the twentieth centuries the third element of language has come into increasing prominence. There have been some positions focused on just one of the elements – extreme objectivism, extreme subjectivism, or philosophies that see the world and the self as constructs of language. It is more common to find positions which are concerned to give an account of two of them, or all three of them, in interplay.

Theology has been deeply involved in epistemological discussion, not least through the contributions and challenges of the six thinkers just mentioned. It is predictable that whenever a new powerful philosophical epistemology is proposed the range of theological responses will follow the five basic types discussed in Chapter 2. That is, some theologians will adopt the new epistemology and will try to rethink theological questions using that philosophical position as the criterion for truth, knowledge, and meaning; others will ignore it completely; and in between there will be a range of critical uses of it.

In this complex minefield of epistemology, how does the beginner theologian get started? In the rest of this chapter I will introduce the field in three ways.

First, because theology suffers terribly from conceptions of knowing that are oversimplified and inappropriate, I will take the example of knowing an ordinary, everyday object – an apple – and show the range of ways in which that can be approached. The lessons from that exercise should alert the reader to the dimensions of a good epistemology.

Second, I will take the Christian conception of God, which has been a leading example in previous chapters, and ask what might be the outline of an epistemology which could do justice to that God.

Finally, I will suggest 'wisdom' as the most helpful single term for the sort of understanding and knowing that go on in good theology and in the engagements with those whose theological conclusions differ from our own.

Knowing an Apple

Take an apple.

You first learnt what an apple is through linking the word 'apple' to this sort of object and then building up associations with it by experience – sight, touch, taste, smell. So apple, language, and self have been involved from the start.

But what is going on in knowing a particular apple now in a bowl in front of you? It feels somewhat artificial to ask that because the process is automatic and we do not usually pay attention to its elements. Yet to know about knowing it is important to try to do so. There is a helpful three-level description, offered by the philosopher and theologian Bernard Lonergan, which will get us started. (His major philosophical work on the subject is *Insight: A Study of Human Understanding* and its application to theological method is in *Method in Theology*. Like all epistemologies it is controversial but at least it gives something clear to test out.)

Is This an Apple?

The first level is experience – in relation to the apple, probably first through seeing it. So you see something in a bowl.

But seeing can be just gaping. You only begin to know if you ask (or imply) a question – in this case: What is it?

The second level can then happen: as earlier learning links with present experience, you might have an insight: it is an apple! This is now your understanding of that object.

But the insight might be wrong. It might be an imitation apple, made of plastic or plaster. So you ask further questions to test your insight. You can touch it or smell it or bite it: how does it feel, what is its scent or taste? That can lead to a new insight into your first insight: I was right! This is judgement, the level of tested insight. Judgement is the decisive stage in knowing.

It is only at this level that it is right to speak of having knowledge, arrived at after a process of experiencing, questioning, understanding, and further, testing questions. So knowledge in response to the question 'Is this an apple?' is what we have when we have asked and answered relevant questions. There is not likely to be much controversy about the apple, but of course there is often disagreement about what those questions and answers are. Yet it is crucial to agree at least that there are such levels which pursue relevant questions: it is naïve to think that experiencing is knowing, or to think that untested understanding is knowing. Knowing is experiencing plus understanding plus judging, and the dynamism of that movement to knowledge is in questioning.

Now you can perform an experiment: see if this pattern applies to anything else you claim to know. Can you really claim to know anything without there being experiencing, understanding, and judging, with questioning present throughout?

Further Apple Questions

So far you have settled only a very simple question about the apple: what is it? Knowing that apple has many other dimensions. In line with the picture of knowing that has just been worked out it is not surprising if a critical factor is what questions we are interested in.

Some questions will lead to scientific investigation. How should it be classified in relation to other fruits? Why does it fall if it is dropped? What is its chemical makeup? What is its genetic makeup? What climate is needed for growing it? What is its nourishment value for humans or other animals?

Some will be agricultural. How was this apple grown? Was it protected by sprays? How was the tree pruned and fed?

Some questions will be economic. How much did it cost? Who produced it? Who marketed it and how much profit was made from it? Why is this type of apple available and not another? What were the pickers paid? Was import duty paid on it? These questions easily merge into political questions about minimum wages, trade policy, and agricultural policy.

Some questions will be culinary. How is an apple to be cooked? What herbs and spices and meats go well with it?

Some questions will be social and cultural. On what occasions are apples eaten? How do you eat this apple politely? If my daughter gives it to her teacher, what does that mean? If the apple has been a gift from someone you love, what does it signify then? What does an apple symbolize? What associations do you have with apples from literature, films, art?

Those questions merge into aesthetic ones. Is this apple beautiful? How can you appreciate better its colour and shape? How differently do you see this apple after you have meditated on some of Cézanne's paintings of apples?

There are historical questions. When was this type of apple first produced? What has the history of this particular apple been, from seed to your table? Has it been stolen? The economic and agricultural questions are relevant to the history too.

10. *Apples*, *c*.1877–8, by Paul Cézanne

Then there are personal questions. Do you like apples? What are the associations from your own past that this apple calls up? Have you learnt to tell apart different apple scents and tastes?

Lessons from the Apple

All of those questions are legitimately connected with knowing one apple. What lessons about knowing are to be taken from this? I will draw just eight.

First, there are many valid *interests* in knowing which are seen in the different types of question.

Second, there are many valid *methods* of knowing which serve these interests – through the natural sciences, the human sciences, history, the arts, personal experience and testimony, and so on. One danger is of seeing one interest and its methods as 'better' than others. So, for example, a scientific interest in an apple as a bundle of chemicals might be considered more genuinely about 'knowing' than is an economic interest in it as a commodity or a literary and cultural interest in it as a symbol.

Third, knowledge is both *individual and social*. The individual side is obvious (each person experiencing, understanding, and judging), but the social is often ignored. If you were to answer all those questions about the apple adequately you would be relying on many other people's research, knowledge, and testimony. So most of what we know is based on belief. In other words, we trust in numerous other people's experiencing, understanding, and judging.

Therefore a crucial element in what we know is whom we trust. A great deal of what goes on in knowing is really an attempt to judge on whom it is right to rely. There are shock waves if a reputation for reliability is dented or destroyed – when a scientist or group of scientists is found to have cheated in reporting results, when a respected reference book is found to be wrong, when an archaeologist 'plants' evidence in a dig, when the police commit perjury, when a teacher deliberately misinforms us, when a parent deceives us, when our spouse or child is caught out lying. These damage those vital bonds of confidence which alone allow us to know anything beyond our own extremely restricted experience, understanding, and judging.

Fourth, knowledge can be fairly *instantaneous* but mostly it comes to us *over time*. The dominant conception of knowledge tends to be 'taking a look'. But taking a look at that apple just gives a little basic experience. What you know about it depends on the questions you ask and the methods you use. If the question is: What is it? or What colour is it? your answer may be both instantaneous and correct; but a chemical analysis to determine how pesticides have affected the apple will take time, and moreover will depend on many years of collaborative scientific work in chemistry and on analysts who have spent years training to do such tests. Generally speaking the more important sorts of knowing take a great deal of time: knowing a language, a person, a discipline, an art, a religion. Even much of the knowing that seems instantaneous is actually the product of long experiencing, understanding, and judging, as when a doctor glances at a rash and makes a quick diagnosis.

Fifth, a unit of knowledge such as 'This is an apple' might be relatively *distinct*, but further questions usually reveal how *interconnected* one unit is with others. Knowing one apple can, just by asking questions and tracing connections, be linked to many sciences, agriculture, economics, politics, cookery, and so on. This networked nature of knowledge has given rise to a way of assessing its reliability by reference to the coherence of one unit with others – a view called coherentism. That has historically often been in tension with another view which stresses the distinctness of certain foundational experiences, beliefs, or axioms, on which other knowledge is built – a view called foundationalism.

Sixth, the more the interconnectedness of knowledge is recognized the more essential to it *language* appears. The whole discussion of the apple was in language, and language was an essential constituent in the various forms of knowing discussed. Some extreme views suggest that language 'constructs reality' – we can never get outside it, it pervades our thoughts and perceptions, and shapes our 'world'. Most views want to have some notion of how language refers to reality other than language, so there are huge debates about how language might be said to 'correspond' to reality.

Seventh, the whole process always presupposes *human knowers*. There is no such thing as 'objective' knowing apart from particular people experiencing, understanding, and judging. What is called 'objective' is usually what a group of trusted people have judged to be real. Therefore the formation of human knowers is vital in their knowing – the training of the chemists who analyse the apple, Cézanne's rigorous artistic apprenticeship, the historian's ability to assess sources and judge what was going on.

Eighth, the whole process is also *fallible*. It can go wrong at every level and in every operation. The more complex the object and the knowing process the more difficult it is likely to be to exclude error. But how can you tell when you are wrong? The only way is to go through the process of experiencing, questioning, understanding, testing, and judging, open to the correction of others. This means that knowledge is not only fallible but is also corrigible – it can be corrected by the same sorts of operations as discover errors.

A worthwhile epistemology will try to do justice to at least those features of knowing. It will acknowledge the significance of world, self, and language; it will take account of different interests and methods, and of how knowing is social, temporal, and interconnected; and it will be constantly alert to its own fallibility.

The Future of the Apple: Decision and Action

There is yet another vital level of questioning about that apple: asking about what to do in relation to it. This is the level of decision to act. Will you eat it? Cook it? Plant it? Sell it? Paint it? Throw it at someone? Contemplate it? Experiment on it? Already some ways of knowing have involved the decision to act on the apple – touching it, biting it, analysing its chemistry. All these decisions affect the future of the apple. Is the reality of the apple only past and present, or is it future as well? How does knowing relate to the future?

The interface between present and future is where experiencing, understanding, and judging interact with deciding. This is obviously of the greatest practical importance. The future of the apple is as yet undecided. So if we want to know its future we need to recognize that the answers may be affected by our decisions. In fact there is always a future horizon in our knowing – we have some aim or interest in view in pursuing questions. So orientation to the future enters into our present knowing and it can be a crucial factor in how we question and what we find out. Language is especially important in expressing alternative futures; and self and world are both changed by practical decisions. So the recipe book gives various ways of cooking the apple, and both eater and apple are changed by the choice of one of them. World, self, and language all come together, with knowledge only part of the shaping of ongoing life.

Beyond the Apple: Appropriate Knowing

We have spent a long time with the apple, and it is well worth taking a relatively simple example in order to become sensitive to some of the most important features of knowing. But the final move in this introductory immersion in epistemology is to notice what happens when we go beyond the apple.

Experiencing, understanding, judging, and deciding still go on, but different objects require very different approaches – experiencing a bereavement, a dream, a legal system, a song, or a lover will be very different from experiencing an apple, and so will be the relevant questioning, understanding, judging, and deciding. For example, feeling and imagination are hugely important in life and affect our knowing profoundly, but they are not usually very relevant to knowing an ordinary apple.

Cézanne's apples just began to open the question of how the arts and various communications media shape our knowing. Novels, films, videos, and television are influential in forming our world pictures, but how do we begin to do justice to their richness and test the reliability of what we receive through them? I have spoken of language as one angle of the triangle above, but that obviously needs to be broadened to include other powerful means of communication in images, music, dance, and gesture.

So, in terms of that triangle, the world is more complex than an apple; language is only one aspect of communication; and of course the third angle, the self, is also extraordinarily varied in forms and dimensions. Who we are and how we experience is affected by our previous life, our gender, our age, our health, and dozens of other factors. The self is always social, so the communities and traditions of understanding of which we are part add further complications.

There is one massively important conclusion from all this: our knowing, because there are so many diverse factors involved in each case, has to have a great respect for particulars. Knowing has to be appropriate to the particular thing being known, and has also to take into account all the other relevant specifics of self and language. I have tried to make some generalizations about the structure and dynamics of knowing in terms of experiencing, understanding, judging, and deciding, and I see that as helpful in raising self-awareness about knowing. But those operations cover a multitude of diversity, and in any particular instance referring to them is something like trying to find your way around a garden by using a map of the world. Global maps have their uses, but most knowing our way around is at the level of gardens and localities.

So 'appropriate knowing' is the watchword. Following it will take a great deal of trouble, but it will also help safeguard against those many damaging errors that afflict epistemology and which can be summed up under the heading of 'inappropriate knowing'. In theology this is of special importance. There many disciplines converge, passionate interests and commitments are in question, massive long-term global communities and traditions are considered, and the very nature and reality of world, self, and language are at stake. There is a great temptation to oversimplify the questions of knowing that it raises, and this occurs among believers, unbelievers, and all the disciplines of the academy.

The previous chapter considered what appropriate knowing is in relation to texts and history. (For Lonergan's way of applying his four-level epistemology of experiencing, understanding, judging, and deciding to texts and history, see his *Method in Theology*, chapters 7–10.) This chapter has so far only looked in detail at an apple. Clearly texts, history, and apples are only three types of particularity, and it would be fascinating to examine the ways of knowing appropriate to other things that are relevant to theology. These would include human behaviour and psychology; states, societies, economies, institutions, and cultures; the natural world and its evolution; music, architecture, and film. In relation to all of them there are also complex philosophical debates. Here I will pass over those important areas in order to focus on knowing God.

Knowing God

What is appropriate knowing in relation to God? Chapter 3 already raised this question, and discussed the various meanings of 'god' before concentrating on the Christian conception of God as Trinity. Then it explored what might be involved in affirming the reality of that Trinitarian God. Now that exploration can be extended in the light of this chapter's lessons in epistemology.

Being Known

One obvious difference between the apple and God is that God is not an object in the world like the apple. God is not just there for us to inspect and verify – anything verifiable in that way might be called 'god' but would not be God the Trinity. Rather the situation is reversed: what is believed by Christians is that the most important feature of human knowing in relation to God is that people are known by God. The apple does not know us and does not have any say in how it is known. The Christian God is more like a human being than an apple in this regard. But one of the differences between knowing a human being and knowing the Christian God is that God is conceived to have the complete initiative in how God is known. And knowing God always includes knowing that one is comprehensively known by God.

There is therefore a radical passivity, receptivity, or dependence, comparable to being created, at the heart of knowing this God. It does not rule out all sorts of active questioning, searching, understanding, judging, and deciding (see the discussions in Chapters 3, 4, and 5), but it does rule out imagining ourselves as somehow in control of the process of knowing God. This can be offensive to anyone whose only idea of appropriate knowing is that the knower is in charge, dictating the criteria and the methods. If, however, the knower somehow comes to trust that he or she is already known by a God who wants to be known in certain ways, that transforms the knowing process. At the very least, empathetic understanding of what theological knowing is requires an exercise in trying to imagine such 'knowing while being known by God'. In theological terms it involves trying to think oneself inside ideas of creation, revelation, and grace.

Yet that still might not be a concept of knowing appropriate to the Christian Trinitarian God. I will now recapitulate the eight lessons learnt above from knowing the apple, together with the lesson about decision and action which immediately followed them, in order to explore how they might be relevant to knowing God as Trinity.

Nine Lessons in Knowing God

The aim of this section is to sketch the main avenues of enquiry and principles of knowing appropriate to the Christian God.

(i) Interests and Questions

Clearly the most appropriate interest here as in other enquiries is in the truth. That interest, when oriented towards this God, includes asking about the truth of creation as a whole in its origin, character, sustaining, and purpose, about the truth of history with special reference to Jesus Christ, and about the truth of human flourishing with special reference to participation in God's Spirit. These interests in God as creator, saviour, and source of continuing transformation and blessing presuppose or lead to an embracing interest in who God is. They also involve an interest in many other enquiries, for example into the truth of the testimony of scripture and other witnesses to God, and into the challenges and alternatives to the various Christian answers.

But 'interests' also carry a more critical thrust, suggesting that we examine suspiciously the ways we are likely to be self-interested, biased, prejudiced, or just very restricted as we enquire into God. Neither believers nor non-believers are immune to distortions due to 'vested interests' which are hostile to full openness to where questioning about God leads.

(ii) Methods

If the interest in truth is to be pursued thoroughly many methods will be relevant. They will guide in interpreting texts, making judgements about creation and historical events, assessing arguments, understanding ourselves better, and much else. When it comes to questions about the truth of this God all methods are likely to reach their limits in the face of God's freedom to reveal who God is in God's ways.

There are deep differences among Christian theologians about this interface between God's freedom and methods of human enquiry. One extreme says that such methods are not important, since God is quite free to bypass them and habitually does so; another extreme says that not only is there no competition between God's freedom and human methods but even that God habitually works through them. And of course beyond the Christian sphere many argue that human methods fail to support affirmations about this God as true at all.

For the beginner it is hard to do better than to grapple with a very few classic thinkers and texts, trying to learn from past and present interpreters of them, slowly accumulating insights, making important connections, and taking seriously the 'questioning back' by the text. Facing those questions will include considering the role of prayer in theology.

(iii) Individual and Social Knowing

In the case of the apple it was seen that the further enquiries went the more we had to rely on trusting what was found out by others. If socially-transmitted belief is important in such an instance it is not surprising that it is even more so in claims about God. Knowing the Trinitarian God is inescapably social, involving trust in the testimony of others, membership in a community of worshippers and interpreters of scripture, and obligations in relation to all people. Knowing *about* the Trinitarian God is also social, through traditions of interpretation (including those who reject this understanding of God) and through academic and other communities which study theology.

Beginners in theology need to be as honest as possible about their allegiances and the influences on them. There can be conflicts between loyalties to religious, academic, and secular traditions. Within belief in the Trinitarian God there can be tensions between, on the one hand, the creator God's summons to see the whole human race in the context of the whole of creation as one's community, and, on the other hand, the community created by the call to follow Jesus Christ. And within the latter community there are deep divisions, many due to the further attempt to discriminate between those who are or are not 'holy' or 'Spirit-filled'. So built into the concept of the Trinitarian God are dynamics of community which easily get out of harmony. Theology conducts its discussions of God within and between all these varied communities, and asocial theology is not an option.

(iv) Instantaneous and Longer-Term Knowing

The temporal aspect of knowing the Trinitarian God was clear in Chapter 3. This God is identified through the histories and stories of people and communities, and the Trinity as doctrine took hundreds of years to develop. The lesson is that, while all sorts of moments of illumination can occur, it is not to be expected that knowing this God will be instantaneous or immediate. Rather, it is cumulative, long term, tested in many situations and discussions, and weaving together diverse strands. The idea of this God entails God's self-communication over time, unfolding through the contingencies of history. This is closely linked to the sociality of knowing God: in Christianity primacy is not, for example, given to 'interior' immediate or private experience but to what happens between people over time. Yet the relation between the immediate and the longer term is a constant matter for dispute.

This has consequences for the sorts of investigation that are appropriate in theology, with the emphasis on what is longer term tending to give priority to the study of texts, liturgies, lives, communities of faith, and other testimonies to God produced over the centuries, as well as lending authority to the judgement of those who have proved themselves faithful and wise over many years. Claims to illumination direct from God, or brilliant arguments which seem instantly convincing, are not discounted but are required to stand the tests of time and the criteria developed through a history of debate.

(v) Distinct and Interconnected Knowing

How far the knowledge of God should be understood as distinct and how far it can be seen as interconnected with other forms of knowing is one of the perennial issues in theological debate. One form of this issue is how to relate faith (understood as a distinctively theological apprehension) and reason (understood as what is common to all human knowing). Some schools of thought see faith as contrasting with reason, some see them in a paradoxical relationship, some see one having priority over the other, and others affirm their complementarity or non-competitiveness.

The five types of theology discussed in Chapter 2 can be read as showing how diverse faith–reason relationships distinctively structure whole theologies. Of the major twentieth-century theologians mentioned in Chapter 2, Barth emphasizes the specialness of Christian theology and its knowledge of God. He rejects what is called natural theology, in which there is reasoning from various other areas of knowledge to show the existence and nature of God, and he centres his theology on revelation of the Trinitarian God as testified in scripture. Karl Rahner, on the other hand, is also thoroughly Trinitarian but makes many more connections between theology and other areas of knowledge, and is concerned to show the intelligibility and rationality of faith in philosophical and other terms, yet without allowing other frameworks to dictate to faith.

It may well be that the health of Christian theology requires both these approaches to be present. The doctrine of the Trinity can be read both ways: God the Father and Creator is radically transcendent and different, but also sponsors the search to interconnect all areas of reality with each other and with God; God the Son and Logos (Word, reason, rationale) is a particular first-century Jewish saviour but also the one through whom the coherence of creation and history is seen; the Holy Spirit is both breathed by Jesus Christ on particular people and identified with the Spirit of God involved in creation.

(vi) Language and Reference

There are many issues of 'religious language' which need to be discussed in relation to any religion and any sophisticated worldview. These include how metaphors ('God is a rock') and other figurative language (symbolism, typology, parable, allegory, and others) are to be understood, the role of analogy (expressions which acknowledge both similarities and dissimilarities – ' God is personal but not simply in the same way as you are'), and the pervasive question of how language refers or corresponds to reality.

The discussion of God as Trinity has always provoked debate about those topics, as well as having some distinctive features. There has been much grappling with how language can do some justice to the transcendence of God as the Creator who is beyond all human categories. How avoid the illusion that you have 'captured' God in words? Should you only use negatives in order to be appropriately modest? Should silence always be the culmination, acknowledging the inadequacy of all words? Yet belief in Jesus Christ has given confidence that, without claiming to be exhaustive, human language – especially in the form of testimony to him – can reliably refer to God.

Belief in the 'speech-giving' Holy Spirit has added a further dimension to the discussion of God's relationship to human language. If God is conceived as intimately and freely involved with the communicator, then there can be continually new 'language events' through which God comes to expression – and these can be expanded to include liturgies, music, buildings, and significant actions and lives.

There can be formative events which are constituted by language. I promise you; I forgive you; I bless you. These are called 'performatives' in which language *does* things rather than referring to them in any obvious way. They are of immense importance in relating to God.

One conclusion is that language can relate to God in many ways, and it is not possible to reduce all the genres of expression to one form of reference. Just as the Trinity is about dynamic interaction of its members, so there is a complex dynamic interaction of types of language. The main types are analogies and metaphors, narratives, imperatives, and 'performatives', and theology and philosophy have developed ways of discussing, testing, and criticizing instances of each in relation to God. Yet it is important for the beginner to note that, for all the technical complexities in the discussion, the basic issues here are theological judgements. For example, if one believes Jesus Christ to be the self-communication of God, that is likely to be the determining factor in one's view of how language refers to God.

(vii) Human Subjectivity

Those who look at this page and cannot read or do not know English will understand it very differently from those who read English. That is an example of something that has been repeatedly remarked in earlier chapters: knowing relates to who the knower is. In knowing the Trinitarian God what are the analogies to reading English? Clearly the basic requirement is that other people who know this 'language' have spoken it and taught it. No one affirms this God without having 'heard and believed'.

There are obviously many different ways into (and out of) faith in this God – they are not our concern here. What is crucial is to note that there is no neutrality: every self has been formed in certain ways. In considering God it will matter greatly what our 'practices of self' have been, what has fed into our experiencing, understanding, judging, and deciding. Above all, in view of the social nature of knowing, it will matter whom we have trusted. Knowing the Trinitarian God involves being part of a community which trusts in certain testimonies, allows its subjectivity to be formed by certain practices (worshipping, believing, hoping, loving, repenting, studying scripture, and so on) and recognizes in all this the primacy of being known by a God who is always greater than human comprehension.

Knowing *about* this God also involves subjectivity, and in academic theology that means having learnt skills concerned with texts, history, philosophy, and much else. A great deal in theology is influenced by how the subjectivity of faith and the subjectivity formed by academic training interact. This is, of course, an interaction that goes on not only between different people but also often in the same person, and is the subjective side of the relation of faith and reason.

(viii) Fallibility and Corrigibility

Fallibility in claiming to know the Trinitarian God is obvious to those who reject this God or have other gods, and correcting the error involves abandoning the claims to knowledge. But for those who are convinced of God's reality there is also vast scope for fallibility, as centuries of debate have shown – all sides in these debates cannot be right. Any of the many dimensions of knowing God can go wrong – distorted or inadequate experience, misunderstanding, misjudgement, unwise decision-making, and bad or inappropriate practices.

But there is also a further dimension of fallibility built into the very idea of God. If this is a God 'than which nothing greater can be conceived', then all conceptions inevitably fall short. One of the most important principles in classical Christian theology is summed up in the Latin phrase *docta ignorantia*, 'learned (or educated) ignorance'. That underlines how crucial it is to know what one does not know; a basic mark of true knowledge of this God is recognition of one's vast ignorance, which always surpasses and encompasses any knowledge claimed. It is seen as more dangerous to have a little knowledge and think it is adequate than to disclaim any knowledge of God. Acknowledging ignorance, narrow assumptions, one-sided images, limited intellectual capacity, and the possibility that others have deeper knowledge: that is seen as requiring a radical transformation of self and above all the virtue of humility before the truth.

(ix) Decision and Action

Qualifying all the other eight lessons is the dimension of practice. You are shaped profoundly by what you decide and do. Your major decisions turn you into a different person. You then find yourself in a position to know what otherwise you would not know. If you decide to study medicine and become a doctor that will mark you for life, and you are likely to understand yourself and others in ways that were unimaginable in advance. If you marry one person rather than another you will know that person and be affected by him or her in ways that would have been impossible without the decision and commitment. It is similar with believing in God and taking part in associated practices and relationships.

In theology there have been deep differences about the relative priority of different aspects of faith in the believer – intellect, feeling, imagination, and decision or commitment. Clearly some types of Christianity and some theologies stress one more than the others. But the view that commitment is intrinsic to knowledge of this God is not in dispute. The rationale for this is as clear as in human friendship or marriage: this God of love is known through loving and being loved.

Theology as Wisdom

This has been the longest chapter of this book. That should not be surprising, because questions of understanding and knowledge are bound to arise at every turn in theology. It has also, perhaps, been the most complex chapter, with a great many factors simultaneously in play. The final question is: how might all of them be held together?

My suggestion is that the most helpful single idea here is that of wisdom. Wisdom is about the good shaping of understanding and of life in the midst of the multiple overwhelmings discussed in Chapter 1. Wisdom is not just concerned about more information and knowledge but also about how they relate to other dimensions of reality, and above all how they can serve the sort of comprehensive flourishing described in Chapter 7 as salvation. Wisdom therefore deals with dimensions of life that much academic learning tends to bracket out, such as suffering, joy, or the purpose of existence. It might be seen as the most satisfactory overall 'interest' for a theologian to have, embracing truth, beauty, and practice in relation to the whole ecology of reality before God. This could also be put in the form of a warning: beware of any pursuit of theological information and knowledge that is not somehow in the service of wisdom.

Theology as wisdom resonates deeply with major religious and philosophical traditions. Seeking wisdom is a universal pursuit. This is by no means a cosy truth: the pursuit gives rise to passionate disputes and differences. But by this time it should be clear that a theology which tries to avoid such differences by claiming some unquestionable certainty, or an overview of everyone else, is implausible and unwise. The obvious need is for wisdom about how such differences are to be faced while also allowing the particularities and depths of specific traditions to have justice done to them. Theology at its best is a discipline which enables this to happen. The learning, teaching, and enriching of such wisdom is its most essential characteristic. When this happens, even in small ways, one begins to appreciate the passionate, even ecstatic praise of wisdom that overflows in so many communities, scriptures, classic texts, liturgies, and personal testimonies.

Part IV
Prospect

Chapter 10
Theology for the Third Millennium

Theology at its broadest is thinking about questions raised by and about the religions (see Chapter 1). If theology is taken as being concerned with questions within that area, then there is no doubt that, if the human race continues, theology will be at least as common and as necessary in the third as in any previous millennium. The numbers of those identified with the world's religions, already a majority of the world's population, continue to increase. The questions raised are not likely to diminish in interest, significance, or potential for controversy. Therefore the scope for theological thinking is likely to continue to be immense, even if much of it would never dream of adopting the label of theology.

Theology deals with questions of meaning, truth, beauty, and practice raised in relation to religions and pursued through a range of academic disciplines (see Chapter 2). If that is a broad definition of academic theology then this too is likely to flourish in the third millennium. It will be pursued in a wide range of settings, ranging from those where a particular theological tradition is the normative framework to those where theology of any sort is seen as a relatively unimportant aspect of intellectual history. Conforming to neither of those patterns will be that type of academic theology, beyond the 'theology and religious studies' dichotomy, which was the subject of special discussion in Chapter 2. The twentieth century has seen a huge increase in the number of academic institutions where theology is studied in some form, and, looked at globally, this trend shows no signs of being reversed. On the contrary, institutions and courses continue to multiply, and academic output in theology is likewise expanding.

Yet those quantitative assessments do not say much that is theologically significant about the future. If, as the last chapter argued, theology is most comprehensively concerned with wisdom, then more need not mean better. For beginners and others the vast quantities can be very confusing. Pressures to publish more, together with diverse interests of publishers, the media, academic 'senior management', religious leaders, guilds of scholars, benefactors in the private or public sectors, and others who sponsor theological work, can easily work against the pursuit of wisdom. The 'hermeneutics of suspicion' needs to be applied to the conditions in which theology is produced.

Rather than attempt quantitative or qualitative prediction I will engage in the interrogative mood with the prospect for theology. As has been stressed in previous chapters, the questions which guide enquiry are crucial. I will pose just five of the most important questions facing theology in the next millennium, most of which emerge naturally from what has already been said. The main focus of previous chapters has been on Christian theology, for reasons explained in Chapter 1, but the questions below are intended to apply (with appropriate modifications) to theology concerned with other religious traditions too. (They are based on the questions I raise in the Epilogue to *The Modern Theologians*.)

1. Will the question of God, and enquiry into all else in relation to God, be central to the field?

This may seem a surprising question, but a survey of courses and other developments in the field shows that it can by no means be taken for granted that God (or whatever analogous term or terms might be used in various religious traditions for what is most embracingly true) is central to it. There are of course many academic 'interests' in religions which properly bracket out this question. But if those interests dominate to the exclusion of what the religions themselves take as most important, then theology is being controlled by an ideology which itself requires theological critique. This by no means excludes atheist and other sceptical or suspicious discourses from theology; it simply ensures that they do not dictate the terms of discussion, which must, as a minimum requirement, be able to do justice to the self-understanding of particular communities of faith.

Once 'God' is genuinely on the agenda, there can be no arbitrary limiting of enquiry. It will lead into the sorts of issues which have been raised in this book – worship, ethics and politics, desire and responsibility, evil and human flourishing, and matters of history, textual interpretation, knowledge in many disciplines, and wisdom about truth, goodness, and beauty. Previous chapters have hardly given more than a taster of the exciting possibilities that are being explored as theologies engage with those spheres.

2. How can theology be thoughtfully responsible in many spheres?

Academic disciplines have become increasingly aware that they are by no means 'value-neutral'. There are ethical questions about why and how a field is cultivated, and Chapter 2 suggested for theology a 'moral ecology' of responsibilities towards the academy, religious communities, and societies. There are great challenges in trying to fulfil each of those responsibilities.

In the academy it is by no means clear that theologians are up to the tasks involved in engaging with the best thought and research in a multiplicity of rapidly developing fields. Nor is it clear that contemporary universities, research institutes, or seminaries can be

11. Millennium Dome, Greenwich

adequately hospitable to enquiry and education which are broadly oriented towards the pursuit of wisdom.

As societies become more knowledge-based, pour more resources into education, and are saturated with information it might be thought that religious communities would see the urgency of becoming better at learning, teaching, and thinking. Some do, but there is often among religious people massive suspicion of academic education, especially when it has theological content. This makes theological responsibility towards them often a risky matter, especially when it requires public discussion of controversial matters.

In society as a whole, theology's responsibility is not just to contribute to public discussion of issues labelled 'religious'. If the understanding of theology offered in this book is accepted, then it is clear that there should be contributions to the shaping of industries, nations, institutions, professions, cultures, and practices of all sorts. Theology is obviously concerned too with the shaping of ordinary life in families and relationships, griefs and joys, leisure and work. The wisdom traditions of religions, and their improvisations in response to new situations and events, help to shape all levels of society and daily life. The need for informed understanding in the deliberations to which they all give rise is limitless. One of the results of the expansion of theological education and literature beyond those preparing for institutional religious roles is that there are now some who are well educated in theological thinking distributed among the diverse roles of complex societies. Add to them the many millions who have an intelligent, educated interest in theological questions and it is clear that the demand for theological thoughtfulness in engaging with the issues of society is always likely to outstrip the supply.

3. How can academic institutions be shaped so as to serve their threefold responsibility?

This is the question of the most appropriate 'polity' for theology in its various settings. There will need to be different balances between responsibilities to academy, religious community, and society according to the type of institution, its history, funding, allegiance, and purpose. But it is hard to see ignoring one or more of those responsibilities ever being completely right, and each usually benefits from the others being taken seriously. In shaping the balance in a particular institution the scope for controversy and fierce political conflict is immense, and this is intensified when several traditions are cohabiting.

One major challenge of the next century is to find the institutional creativity that can form environments in which theological wisdom can be pursued with integrity by those with different commitments. Institutions are not just neutral frameworks for human activity; they embody norms and theologies, and the quest for appropriate theologies of academic institutions has not yet got far.

4. How can dialogical and comparative theology flourish?

Mutual hospitality, conversation, facing differences, rigorous argument, friendship with integrity: if those are not possible between people who pursue theological wisdom in different disciplines, faith communities, and nations, then what hope is there for the world? Earlier chapters have only touched on that complex form of theology which tries to think across the great theological divides. Each theological tradition needs to develop its own rationale and ethic for such engagement, and those who claim some sort of overview – whether from outside all or inside one – need to recognize that theirs too is one 'tradition'.

Wisdom in dealing with other wisdoms and their perversions is one of the great tests of any wisdom. Around the world at present such wisdom is being pursued in often costly ways, and the peace of societies and regions is at stake. Academic theology is just one small niche in this large ecology, but still its health is important. The immense labour needed to be educated and wise within even one tradition and its contemporary thought and practice is multiplied in comparative theology (which presupposes comparative religion). But it is not appropriate to expect individuals to be immersed in more than one way of comprehensively shaping life and thought. So there have been developing many sorts of groups, networks, centres, conferences, consultations, and exchanges. Among these, some academic institutions have also become places where generous and even daring hospitality can occur between those with radically different theologies, and it is clear that the third millennium will continue to have urgent need of such places.

5. Who will do theology?

Presupposed in the previous questions about the central subject-matter of theology, its responsibilities, institutions, and dialogues, is the person of the theologian. The third millennium's theology will obviously be shaped by those who do it, including perhaps the reader of this book. I have portrayed the theologian located anywhere in society, since theological questions occur everywhere. The ideal answer to the 'Who?' question is: those who are gripped by the questions and who desire to pursue understanding, knowledge, and wisdom by trying to answer them responsibly. In fact, of course, there will be all sorts of mixed motives, and very mixed results – including disillusionment with the whole enterprise.

But the student of theology also should beware, especially if the first question above is answered in the affirmative, giving the issue of God centrality. One possible answer to the question 'Who will do theology?' is: God will. If the student comes to affirm that, then the whole horizon changes so that the interrogative field is shaped through being questioned, known, judged, and affirmed by the source of all wisdom. Such comprehensive receptivity is acknowledged by many of the great theologians as the inspiration of their wisdom. They in turn stand before beginner theologians, confronting them with that mysterious, overwhelming concern – the question of God.

Further Reading

These suggestions are intended to take readers on from where they might have reached through reading this book. The main concern is to suggest some books which might develop the reader's theological thinking. It does not include any of the large number of dictionaries, encyclopaedias, handbooks, and other works of reference which can be of great assistance. Nor does it try to cover the specialisms (in languages, literature, arts, natural and human sciences, philosophy, and history) which are essential to good theology. Its principal focus, like that of the book, is thinking through Christian theology.

* An asterisk indicates those works especially helpful to beginners.

Part I Describing the Field

Edward Farley, *The Fragility of Knowledge: Theological Education in the Church and the University* (Fortress Press, Philadelphia 1988).

Hans W. Frei, *Types of Christian Theology*, ed. George Hunsinger and William C. Placher (Yale University Press, New Haven and London 1992).

Colin Gunton (ed.), *The Cambridge Companion to Christian Doctrine* (Cambridge University Press, Cambridge 1997), Part One.

* Trevor Hart, *Faith Thinking: The Dynamics of Christian Theology* (SPCK, London 1995).

David H. Kelsey, *Between Athens and Jerusalem: The Theological Education Debate* (Eerdmans, Grand Rapids 1993).
Ursula King (ed.), *Turning Points in Religious Studies* (T&T Clark, Edinburgh 1990).
* Jaroslav Pelikan, *The Christian Tradition: A History of the Development of Doctrine*, 5 vols. (Chicago University Press, Chicago 1989).

Part II Theological Explorations

On Many Topics

Karl Barth, *Church Dogmatics* (T&T Clark, Edinburgh 1936–69, 1975–).
Rebecca S. Chopp and Sheila Greeve Davaney (eds.), *Horizons in Feminist Theology: Identity, Traditions and Norms* (Fortress, Minneapolis 1997).
* David F. Ford, *The Modern Theologians: An Introduction to Christian Theology in the Twentieth Century* (Blackwell, Oxford 1997).
Colin Gunton (ed.), *The Cambridge Companion to Christian Doctrine* (Cambridge University Press, Cambridge 1997), Part Two.
* Peter C. Hodgson and Robert H. King (eds.), *Christian Theology: An Introduction to its Traditions and Tasks* (Fortress, Philadelphia 1996).
* —— (eds.), *Readings in Christian Theology* (Fortress, Philadelphia 1985).
* Hans Küng, *Christianity: Its Essence and History* (SCM, London 1995).
* Alister E. McGrath, *Christian Theology: An Introduction* (Blackwell, Oxford 1994).
* —— *The Christian Theology Reader* (Blackwell, Oxford 1995).
Karl Rahner, *Foundations of Christian Faith* (DLT, London 1978).
* Ninian Smart, *The World's Religions* (Cambridge University Press, Cambridge 1998). Jon Sobrino and Ignacio Ellacuria, *Systematic Theology. Perspectives from Liberation Theology* (SCM, London 1996).
Geoffrey Wainwright (ed.), *Keeping the Faith* (Fortress, Philadelphia 1988).

God

* Christopher Cocksworth, *Holy Holy Holy: Worshipping the Trinitarian God* (DLT, London 1997).
Elizabeth A. Johnson, *She Who Is: The Mystery of God in Feminist Theological Discourse* (Crossroad, New York 1992).
Nicholas Lash, *Believing Three Ways in One God* (SCM, London 1992).
* David Pailin, *Groundwork of Philosophy of Religion* (Epworth, London 1986).

Worship and Ethics

* Dietrich Bonhoeffer, *Letters and Papers from Prison* (SCM, London 1971).
* David F. Ford, *The Shape of Living* (Fount, HarperCollins, London 1997).
Catherine Mowry LaCugna, *God For Us: The Trinity and Christian Life* (Harper, San Francisco 1991).
* Susan T. White, *Groundwork of Christian Worship* (Epworth, London 1997).
* Stanley Hauerwas, *The Peaceable Kingdom: A Primer in Christian Ethics* (University of Notre Dame Press, Notre Dame 1983).
* Robin Gill, *A Textbook of Christian Ethics* (T&T Clark, Edinburgh 1995).
L. Gregory Jones, *Embodying Forgiveness: A Theological Analysis* (Eerdmans, Grand Rapids 1995).
Hans Küng, *Global Responsibility: In Search for a New World Ethic* (SCM, London 1991).
* Rowan Williams, *Open to Judgement* (DLT, London 1994).

Evil

John Hick, *Evil and the God of Love* (Harper & Row, New York 1966).
Ignaz Maybaum, *The Face of God after Auschwitz* (Pollak & Van Gennep, Amsterdam 1965).
Reinhold Niebuhr, *The Nature and Destiny of Man*, vol. i (Prentice Hall, New York 1941).
Paul Ricoeur, *The Symbolism of Evil* (Harper & Row, New York 1967).
Peter Sedgwick (ed.), *God in the City* (Mowbray, London 1995).

Kenneth Surin, *Theology and the Problem of Evil* (Blackwell, Oxford 1986).

Jesus Christ

* Markus Bockmuehl, *This Jesus: Martyr, Lord, Messiah* (T&T Clark, Edinburgh 1994).
Dietrich Bonhoeffer, *Christology* (Collins, London 1971).
Aloys Grillmeier, *Christ in Christian Tradition* (John Knox Press, Atlanta 1975).
* Jaroslav Pelikan, *Jesus through the Centuries* (Harper & Row, New York 1987; illustrated edn. 1997).
E. P. Sanders, *The Historical Figure of Jesus* (Allen Lane/Penguin, London 1993).
Edward Schillebeeckx, *Jesus: An Experiment in Christology* (SCM, London 1979).
Rowan Williams, *Arius: Heresy and Tradition* (DLT, London 1987).

Salvation

* Paul Fiddes, *Past Event and Present Salvation* (DLT, London 1989).
John McIntyre, *The Shape of Soteriology* (T&T Clark, Edinburgh 1992).
Jürgen Moltmann, *The Crucified God* (SCM, London 1974).
Edward Schillebeeckx, *Christ: The Christian Experience in the Modern World* (SCM, London 1980).
* Stephen Sykes, *The Story of Atonement* (DLT, London 1997).

Part III Skills, Disciplines, and Methods

Karl Barth, *Church Dogmatics* (T&T Clark, Edinburgh 1975), vol. i. 1.
* Stephen Barton, *Invitation to the Bible* (SPCK, London 1997).
John Bowker, *A Year to Live* (SPCK, London 1991).
Carl E. Braaten and Robert W. Jenson, *Christian Dogmatics* (Fortress, Philadelphia 1984), vol. i.
* Werner Jeanrond, *Theological Hermeneutics: Development and Significance* (Crossroad, New York 1991).

Ernst Käsemann, *Commentary on Romans* (SCM, London 1980).
David H. Kelsey, *The Uses of Scripture in Recent Theology* (Fortress, Philadelphia 1975).
Bernard Lonergan, *Insight: A Study of Human Understanding* (London and New York 1957).
—— *Method in Theology* (DLT, London 1972).
Robert Morgan, with John Barton, *Biblical Interpretation* (Oxford University Press, Oxford 1988).
Wolfhart Pannenberg, *Theology and Philosophy of Science* (DLT, London 1976).
F. E. Peters, *Judaism, Christianity and Islam: The Classical Texts and their Interpretation* (Princeton University Press, Princeton 1990).
Paul Ricoeur, *Essays on Biblical Interpretation* (Fortress, Philadelphia 1980).
Anthony C. Thiselton, *The Two Horizons: New Testament Hermeneutics and Philosophical Description* (Eerdmans, Grand Rapids 1980, 1993).
Anthony C. Thiselton, *New Horizons in Hermeneutics: The Theory and Practice of Transforming Biblical Reading* (Eerdmans, Grand Rapids 1992).
Paul Tillich, *Systematic Theology* (Chicago University Press, Chicago 1951), vol. i. Frances M. Young and David F. Ford, *Meaning and Truth in 2 Corinthians* (SPCK, London 1987).

Part IV Prospect

* David F. Ford (ed.), *The Modern Theologians. An Introduction to Christian Theology in the Twentieth Century* (Blackwell, Oxford 1997) 'Epilogue: Christian Theology at the Turn of the Millennium'.
* Hans Küng, *Theology for the Third Millennium: An Ecumenical View* (SCM, London 1991).

“牛津通识读本”已出书目

古典哲学的趣味
人生的意义
文学理论入门
大众经济学
历史之源
设计，无处不在
生活中的心理学
政治的历史与边界
哲学的思与惑
资本主义
美国总统制
海德格尔
我们时代的伦理学
卡夫卡是谁
考古学的过去与未来
天文学简史
社会学的意识
康德
尼采
亚里士多德的世界
西方艺术新论
全球化面面观
简明逻辑学
法哲学：价值与事实
政治哲学与幸福根基
选择理论
后殖民主义与世界格局

福柯
缤纷的语言学
达达和超现实主义
佛学概论
维特根斯坦与哲学
科学哲学
印度哲学祛魅
克尔凯郭尔
科学革命
广告
数学
叔本华
笛卡尔
基督教神学
犹太人与犹太教
现代日本
罗兰·巴特
马基雅维里
全球经济史
进化
性存在
量子理论
牛顿新传
国际移民
哈贝马斯
医学伦理
黑格尔

地球
记忆
法律
中国文学
托克维尔
休谟
分子
法国大革命
民族主义
科幻作品
罗素
美国政党与选举
美国最高法院
纪录片
大萧条与罗斯福新政
领导力
无神论
罗马共和国
美国国会
民主
英格兰文学
现代主义
网络
自闭症
德里达
浪漫主义
批判理论

德国文学
戏剧
腐败
医事法
癌症
植物
法语文学
微观经济学
湖泊
拜占庭
司法心理学
发展
农业
特洛伊战争
巴比伦尼亚
河流
战争与技术
品牌学
数学简史
儿童心理学
时装
现代拉丁美洲文学
卢梭
隐私
电影音乐
抑郁症
传染病
希腊化时代
知识
环境伦理学
美国革命
元素周期表
人口学
社会心理学
动物
项目管理
美学
管理学
电影
俄罗斯文学
古典文学
大数据
洛克
幸福
免疫系统
银行学
景观设计学
神圣罗马帝国
大流行病
亚历山大大帝
气候
第二次世界大战
中世纪
工业革命
传记
公共管理
社会语言学